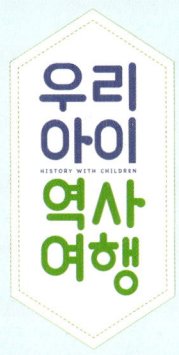

당일여행으로 가볍게 떠나는
서울·경기 역사 체험 가이드

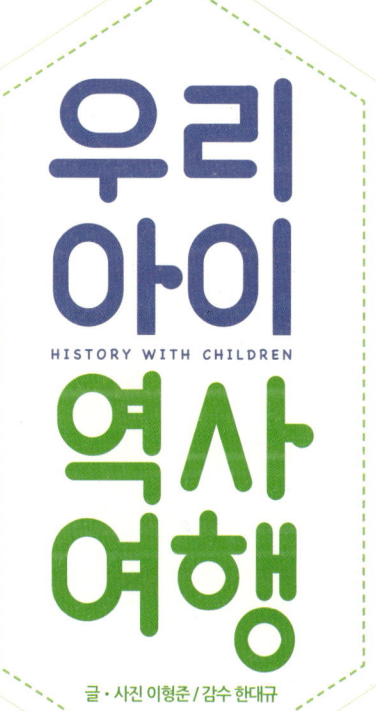

우리 아이 역사 여행

HISTORY WITH CHILDREN

글·사진 이형준 / 감수 한대규

시공사

시작하며

우리 역사와 문화를 바르게 알려주는 것이야말로
아이의 미래를 여는 일입니다

세상 어느 나라 부모보다 자식 사랑에 유별난 한국 사람들. 지금은 어느 곳을 방문해도 아이를 동반하고 현장학습이나 체험현장을 찾아 온 가족을 쉽게 접할 수 있습니다. 하지만 26년 전만 해도 아이를 동반하고 주요 유적지와 명소를 찾아다니는 유럽과 미국인을 부러워했던 기억은 이루 다 헤아릴 수 없을 정도였습니다.

그동안 지구촌 구석구석을 돌아다니며 자연경관, 풍물, 문화유산, 시골마을 등을 주제로 10여 권에 달하는 책을 썼습니다. 그러나 고백하건대, 26년 동안 지구촌을 돌아다니며 보고 느낀 점을 책으로 담아냈다고는 하나 그들의 역사와 문화, 현지인의 삶을 얼마나 이해했는지 스스로 질문할 때면 너무 부끄럽고 창피해 말문을 열 수 없습니다.

그런 고민 속에 빠져 있던 와중에 출판사로부터 이번 책을 의뢰받고 나름 많은 생각 끝에 집필을 수락하였습니다. 아이와 함께 여행하는 부모들을 위해 서울과 경기도의 문화유적지를 소개하는 책을 집필하기로 결심하게 된 이유는 크게 두 가지가 있습니다.

첫째는 우리의 자랑스러운 유적지와 부끄러운 유적지를 있는 그대로 담아보고 싶었기 때문입니다. 우리 문화와 유적지를 언급한 책 중에는 객관적인 측면에서 접근한 책도 많지만 좋은 점을 일방적으로 부각하는 경향도 없지 않습니다. 자라는 아이들에게 긍정적인 문화 자긍심을 심어주는 것은 무엇

보다 중요합니다. 그러나 더 소중한 것은 바르게 알려주는 것입니다. 잘못된 역사와 문화를 바르게 알려줌으로써 다시는 아픈 역사를 되풀이하지 않을 수 있습니다.

둘째, 선조들의 혼이 담겨 있는 문화재는 그 중요도를 떠나 철저하게 연구 검증해 완벽하게 관리해야 한다는 것을 알리고 싶었습니다. 그런데 우리의 현실은 어떻습니까? 방문객 유치에 혈안이 되어 조사와 연구, 검증은 고사하고 소중한 문화재를 잘못 복원한 곳이 한두 곳이 아닙니다. 시간이 지나면서 일부 시행착오가 개선되고 있지만 아직은 갈 길이 멉니다.

선조들이 남겨준 문화유산은 정도의 차이는 있지만 어느 것 하나 소중하지 않은 것이 없습니다. 농촌 마을 입구에 세워진 이름조차 생소한 망부석과 열녀비부터 국가 차원에서 지정한 국보와 보물, 그리고 유네스코 세계문화유산까지. 조상들이 우리에게 물려준 문화유산은 겉으로 드러난 것이 전부가 아닙니다. 세계가 인정한 아름다운 궁궐 창덕궁이나 새로운 개념의 도시를 잘 보여주는 수원화성 같은 명소는 말할 것 없고, 커다란 돌덩어리로 보이는 고인돌처럼 무심코 지나치기 쉬운 유적지 하나하나에 담긴 역사와 문화는 우리가 생각하는 것보다 훨씬 다양한 이야기를 품고 있습니다.

서울과 경기 지역은 고대부터 오늘에 이르기까지 우리 민족 문화의 중심지로 끝없이 발전해 온 대표적인 고장입니다. 우리 문화의 보고 서울, 경기도로 여러분을 초대합니다.

숭례문이 새롭게 단장된 2013년 가을
이형준

추천사

여행을 통해
역사 공부를 즐겁게 해보세요

지금까지 우리는 사건이 일어난 연대나 왕의 이름을 외우는 것처럼 온통 단편적 사실의 암기 위주로 역사를 배워 왔습니다. 그것이 중요했지만 역사는 낯설고 재미없다는 생각은 떨칠 수 없었습니다. 잘못된 방법으로 역사를 접했기 때문입니다.

사실 역사는 그 자체가 이야기이므로 이야기로 배워야 합니다. 그래야 역사가 재미있고 쉬워져서 머릿속에 오랫동안 남게 됩니다. 역사책을 통한 공부도 좋지만 간접체험으로 채워 줄 수 없는 재미도 있습니다. 이때 자녀와 함께 역사 유적지로 여행을 하는 것은 좋은 방법이 됩니다. 실제로 가서 보고, 듣고, 만지고 느낀 경험은 교실에서 배우는 역사 수업에서도, 책에서도 느끼지 못한 재미를 안겨줄 것입니다.

물론 처음부터 뭔가 배워 오겠다는 부담감은 잠시 내려놓는 것이 좋습니다. 그런 생각을 하다보면 지겨운 공부의 연속이 될 수 있기 때문입니다. 하지만 '아는 만큼 보인다.'라는 말처럼 아이와 함께 이런 저런 자료를 검색하며 예습한다면 역사 공부가 당연히 즐거울 수밖에 없습니다. 그러나 실제로 오

랜만에 역사 여행을 계획하다보면 어디로 가야할지 어떤 것을 공부해야 할지 막막합니다. 막상 유적지에 와서는 아이가 궁금해하는 질문에 답을 하지 못해서 난감한 일도 생깁니다.

《우리 아이 역사 여행》은 부모님들이 자녀와 함께 여행하기 쉽도록 서울과 경기 지역의 중요 역사 유적지를 선정해 소개하고 추천 여행 코스와 각종 여행 정보까지 꼼꼼하게 담았습니다. 그리고 무엇보다, 초등학교 교육과정과 연계해서 반드시 아이가 알아야 할 역사 배경지식을 이야기로 재미있게 들려주고 있습니다. 유적지를 다니며 한 장면 한 장면 읽으면서 역사 속 사건에 함께 분노하고 때로는 함께 기뻐하게 될 것입니다.

아이는 이러한 과정을 통해 역사 속 사건이나 인물들의 행동에 대해 스스로 평가하고 비판하게 하며, 원인과 결과를 되짚어 보면서 그 논리의 깊이와 판단력이 쑥쑥 자라게 될 것입니다. 아이와 함께 《우리 아이 역사 여행》을 들고 가까운 역사 유적지로 떠나보는 것은 어떨까요?

우리 역사를 사랑하는 교사
한대규

이 책을 활용하는 방법

우리 아이 여행 시리즈는 만 3세부터 초등학생까지 자녀와 부모가 세상 밖으로 나가는 첫걸음이 되어 주는 가족 체험 여행서 시리즈입니다. 책을 통해 여행도 하고, 해당 장소의 역사와 문화, 자연을 배우며 아이가 한 걸음 더 성장하길 바랍니다.

★ 이 책의 특징 ★

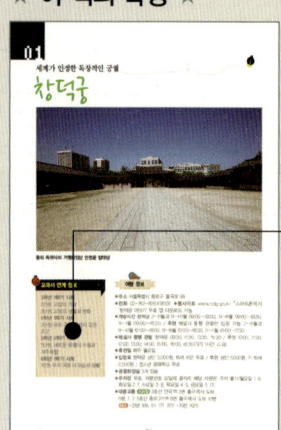

교과서 연계 정보

중요 여행지 20곳에는 교과서 연계 정보가 소개되어 있습니다. 국사 과정이 들어가는 초등 3~6학년 사회 교과서 중 관련 내용이 들어있는 학년과 학기, 단원명을 소개하니 여행 전후 학습에 참고해 보세요.

출발 전, 엄마가 먼저 알아둘 역사 상식

부모가 먼저 읽어보는 역사 이야기입니다. 아이가 알아둬야 할 역사 포인트를 3~4가지 짚어주므로 부모님이 먼저 알아두시고 여행하면서 아이들에게 들려주세요.

한대규 선생님의 역사 가이드

현직 초등학교 선생님이 들려주는 도움말입니다. 역사 유적지를 여행하면서 아이와 함께 체험해 보거나 이야기할 수 있는 흥미로운 내용이 소개됩니다. 아이의 창의력과 논리력, 사고력을 키울 수 있습니다.

★ 일러두기 ★

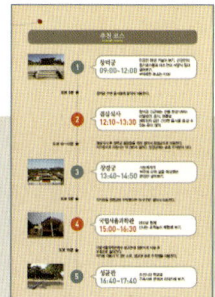

간략한 약도
각 장의 도입부에는 간략한 약도가 있습니다. 추천 코스에 소개된 각 여행지들이 대략 어디에 위치하는지 봐두면 코스를 파악하는 데 도움이 됩니다.

여행 정보
여행 소요시간과 여행하기 좋은 시기, 4인 가족 기준 예상경비를 소개하여 짜임새 있는 여행계획을 세울 수 있도록 도와줍니다.

교통 정보
코스에 따라 편리한 교통수단을 안내합니다. 일부 대중교통을 이용하기 힘든 곳은 자가용을 이용할 경우에 유용한 팁을 제공합니다.

당일여행 추천 코스
당일여행으로 적합한 일정과 코스를 소개합니다. 아이의 체력과 개인 일정을 고려해 코스를 줄여도 좋습니다.
*단, 남산, 서울성곽, 남한산성은 전 코스가 하나의 여행지와 같으므로 당일여행 추천 코스는 생략

이 책의 여행 정보
책 속의 정보는 2013년 8월까지 취재한 내용을 기준으로 합니다. 이후 변경될 가능성이 있으니 유의하시고, 중요한 정보는 전화나 인터넷 홈페이지를 통해 다시 한번 확인하는 것이 좋습니다.

상세 관람 코스
각 추천 코스에서 가장 중요한 여행지 한 곳을 선정, 그 안에서 효과적으로 관람하기 위한 상세 코스를 소개합니다.

꼼꼼히 둘러보기
상세 관람 코스와 동일한 순서로 각 장소를 소개합니다. 여행지 설명은 물론 그속에 담긴 역사를 이야기로 쉽고 재미있게 들려줍니다.

아이와 함께 가 볼 만한 맛집
당일여행 추천 코스에는 점심시간이 포함되어 있습니다. 아이와 함께 가기에 무난하고 가격대도 부담스럽지 않은 맛집들을 소개합니다.

contents

BEST HISTORIC SITE

아이와 함께 꼭 가 봐야 할 유네스코 문화유산 12
아이와 함께 꼭 가 봐야 할 궁궐 14
아이와 함께 꼭 가 봐야 할 명당 16
아이와 함께 꼭 가 봐야 할 박물관 18
아이와 함께 꼭 가 봐야 할 항일운동 유적지 20
아이와 함께 꼭 가 봐야 할 출입문 22
아이와 함께 꼭 가 봐야 할 성곽 24
아이와 함께 꼭 가 봐야 할 선사 유적지 26
아이와 함께 꼭 가 봐야 할 안보 유적지 28

서울 지역

창덕궁 ★ 31
창경궁 50 국립서울과학관 52 성균관 53

경복궁 ★ 55
국립민속박물관 73 국립고궁박물관 74 사직단 75

종묘 ★ 77
탑골공원 94 운현궁 96 우정총국 98 조계사 99

덕수궁 ★ 101
중명전 118 숭례문 120 환구단 121 명동성당 123

서대문형무소역사관 ★ 130
서대문독립공원 140 농업박물관 142 경찰박물관 143 경희궁 144 서울역사박물관 145

남산 ★ 147
장충단공원 145 N서울타워 156 안중근의사기념관 160 남산골한옥마을 162

국립중앙박물관 ★ 165
어린이박물관 180 전쟁기념관 181 용산신학교 182 백범김구기념관 184

서울성곽 ★ 187
흥인지문 194 혜화문 196 말바위 197 숙정문 197 창의문 199 국사당 200

선·정릉 ★ 205
봉은사 218 방이동 고분군 220 석촌동 고분군 221 헌·인릉 222

암사동유적 ★ 225
풍납토성 236 몽촌토성 237 몽촌역사관 239 한성백제박물관 240

경기·인천 지역

수원화성 ★ 243
화성행궁 258 수원화성박물관 258 용주사 260 융·건릉 261

고려궁지 ★ 263
강화성공회성당 275 강화산성 276 전등사 277 초지진 278

부근리고인돌군 ★ 281
강화역사박물관 290 장정리 석조여래입상 292 장정리5층석탑 293
교산리고인돌군 294 오상리고인돌군 295

행주산성 ★ 297
서오릉 310 반구정 312 도라전망대 314 임진각 평화누리공원 315

자운서원 ★ 317
파주삼릉 332 윤관유적지 333 용미리 마애이불입상 334 보광사 335 흥국사 337

전곡리유적 ★ 339
숭의전 351 고구려 성곽 352 경순왕릉 353

동구릉 ★ 355
태·강릉 368 봉선사 369 홍유릉 370 다산유적지 372

남한산성 ★ 375
남한산성행궁 383 남한산성역사관 386 현절사 386 장경사 387

영릉 ★ 393
신륵사 406 명성황후생가 408 고달사지 409 파사성 410

칠장사 ★ 413
석남사 426 청룡사 427 안성남사당공연장 428 미리내성지 429

찾아보기 341

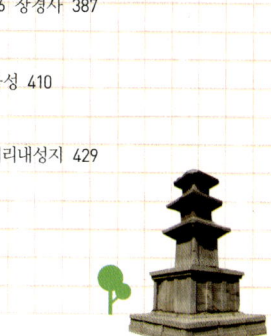

BEST HISTORIC SITE

아이와 함께 꼭 가 봐야 할
유네스코 문화유산

종묘 P.77
조선 왕조 역대 왕과 왕비의 신주를 모시고 제사를 지내던 곳으로, 화려하진 않지만 절제미와 엄숙함을 느낄 수 있다.

수원화성 P.243
개혁과 실용을 중시했던 정조와 실학자들이 뭉쳐서 실현시킨 계획 도시로, 조선 후기 건축기술의 꽃으로 불린다.

부근리고인돌군 P.281
고인돌 유적이 많은 강화도에서도 대표적인 유적지로, 북방식 고인돌의 상징인 탁자식 고인돌로 유명하다.

BEST HISTORIC SITE

아이와 함께 꼭 가 봐야 할
궁궐

창덕궁 P.31
자연경관과 잘 어우러진 독창적인 궁궐 건축을 보여주며,
예비 궁궐임에도 인기가 높아 왕과 왕족들이 가장 오랫동안 머물렀던 곳.

경복궁 P.55
한양(서울)에 세워진 다섯 궁궐 중 최초이자 최대를 자랑하는 곳이며, 왕이 주로 머물며 나랏일을 돌보는 유일한 공식 궁궐이었다.

덕수궁 P.101
우리 역사의 파란만장한 이야기를 보여주는 덕수궁은 조선 궁궐 중 가장 많이 변해 버린 곳이기도 하다.

BEST HISTORIC SITE

아이와 함께 꼭 가 봐야 할
명당

건원릉(동구릉) P.355
조선의 제1대 왕인 태조 이성계의 무덤으로, 동구릉 안에 있다. 주변 전망이 뛰어난 명당이며 무덤 위에 잔디가 아닌 억새풀을 심어 놓은 것이 특이하다.

영릉 P.393
세종대왕과 인선왕후를 한 능에 함께 모신, 조선 최초의 합장릉이다. 풍수지리설에 따라 서울에 있는 능을 경기도 여주로 옮겨왔다.

건릉(융·건릉) P.261
효성이 지극했던 정조와 효의왕후는 사후에 아버지가 묻힌 융릉 옆에 묻혔다. 본래 건릉은 융릉 동쪽에 있었으나, 풍수적으로 좋지 않다는 이유로 융릉 서쪽 지금의 자리로 옮겨 왔다.

BEST HISTORIC SITE

아이와 함께 꼭 가 봐야 할
박물관

국립중앙박물관 P.165
우리 선조들의 삶과 문화, 역사를 보여 주는 방대한 양의 유물을 소장하고 있는 국립중앙박물관은 대한민국의 보물창고다.

국립고궁박물관 P.74
조선 왕실의 역사와 문화를 만나 볼 수 있는 곳이다. 직접 왕실 문화를 체험할 수 있는 공간도 마련되어 있다.

서울역사박물관 P.145
620년 동안 우리 문화의 중심지였던 서울에 관한 흥미로운 자료를 보여 준다. 시대별 서울 백성들의 생활 모습도 살펴볼 수 있다.

BEST HISTORIC SITE

아이와 함께 꼭 가 봐야 할
항일운동 유적지

서대문형무소역사관 P.130
일제강점기 우리나라 선열들의 희생을 직접 눈으로 확인하고 민족의 슬픔과 자긍심을 동시에 느낄 수 있는 살아 있는 역사 교육장.

백범김구기념관 P.184
나라의 독립을 위해 한평생을 바친 백범 김구 선생은 우리 아이가 꼭 알아둬야 할 인물이다. 이곳에는 그의 삶과 우리 민족 근대사가 잘 정리되어 있다.

안중근의사기념관 P.160
위기에 처한 나라를 위해 목숨을 걸고 침략의 원흉인 이토 히로부미를 저격했던 안중근 의사의 삶을 확인할 수 있다. 안중근 의사의 나라 사랑을 체험할 수 있는 코너도 있다.

BEST HISTORIC SITE

아이와 함께 꼭 가 봐야 할
출입문

숭례문 P.120
조선왕조의 심장이자 대한민국 수도의 정문인 숭례문은 2008년 어이없는 방화사건으로 잿더미가 되었다가 2013년 새롭게 복원되었다.

흥인지문 P.194
적으로부터 성문과 성곽을 튼튼하게 지키기 위해 옹성을 갖추고 있는 흥인지문은 군사적으로도 매우 중요한 곳에 있었다.

장안문(수원화성) P.252
수원화성의 4개 출입문 중 한양으로 통하는 관문. 적으로부터 백성을 지키기 위해 다양한 군사 시설을 갖추고 있다.

BEST HISTORIC SITE

아이와 함께 꼭 가 봐야 할

성곽

서울성곽 P.187
방대한 규모의 성곽으로서의 의미도 크지만, 주요 유적지와 문화재의 대부분이 이 성곽 안에 몰려 있어 문화재로서의 가치도 매우 높다.

남한산성 P.375

조선시대 산성 중 최대 규모를 자랑하는 남한산성은 처음 축성한 이후 여러 차례 보수 과정을 거치면서 시대별 건축기술을 엿볼 수 있어 가치가 높다.

BEST
HISTORIC
SITE

아이와 함께 꼭 가 봐야 할
선사유적지

암사동유적 P.225
서울에 흩어져 있는 유적지 가운데 가장 오래된 곳으로, 대표적인 신석기시대 주거지이다. 그 외에도 청동기, 철기시대 때 사용했던 다양한 유물도 발굴되었다.

전곡리유적 P.339
우리나라에서 현재까지 발견된 유적지 가운데 가장 오래 된 곳 중 하나이다. 우리나라의 다른 구석기 유적지에서는 찾아볼 수 없었던 가공된 주먹도끼와 냇돌 등이 발견되었다.

BEST HISTORIC SITE

아이와 함께 꼭 가 봐야 할
안보유적지

임진각 평화누리공원 P.315
6.25전쟁의 흔적이 고스란히 남아 있는 기차와 철로, 통일을 기원하는 평화의 종 등 우리의 아픈 과거와 현재를 보여주는 곳이다.

도라전망대 P.314
남북의 젊은 군인들이 코앞에서 대치하는 광경을 볼 수 있는 곳으로, 남북분단의 현실을 몸소 체험할 수 있다.

서울

창덕궁

창경궁 / 국립서울과학관 / 성균관

창덕궁 주변을 여행하는 방법 :

자연 친화적인 궁궐 창덕궁과 그 주변의 창경궁, 국립서울과학관, 성균관을 돌아보자.

나라의 공식 행사가 열렸던 창덕궁 인정전의 겨울 풍경

여행 정보
travel information

여행 소요시간 | 총 8~9시간
여행 시기 | 연중 어느 때 가도 무방하다.
신록이 가득한 봄부터 울창한 숲을 감상할 수 있는 여름, 단풍이 아름다운 늦가을, 설경이 멋진 겨울 어느 때 방문해도 매력적이지만, 신록과 단풍이 아름다운 6~11월이 가장 좋다.
예상 경비 | 4인 가족 기준(성인 2명, 어린이 2명)
• 입장료 : 26,000원
(창덕궁 성인 3,000원, 어린이 무료/후원 성인 5,000원, 어린이 2,500원/창경궁 성인 1,000원, 어린이 무료/국립서울과학관 성인 1,000원, 어린이 500원/성균관 무료)
• 식비 : 30,000~40,000원
• 총 경비 : 56,000~66,000원(차량유류비 및 주차비, 대중교통비 제외)

교통 정보
traffic information

창경궁과 주변 유적지 관람에는 자가용보다 지하철과 도보로 둘러보는 것이 효과적이다. 지하철 1·3·5호선 종로3가역 6번 출구, 3호선 안국역 3번 출구에서 도보로 5분 거리에 창덕궁 입구와 매표소가 나온다. 자가용을 이용할 경우는 한곳에 주차시킨 후 도보로 이동하는 것이 편리하다. 창덕궁 무료 주차장에 주차한 후 창덕궁부터 관람한다.

당일여행 추천 코스
travel route

1 창덕궁
09:00~12:00
인정전 마당 거닐어 보기. 선정전의 청기와지붕과 대조전의 서양식 침대 살펴보기.
☞상세 관람 코스는 P.37

도보 5분 ★ 창덕궁 주변 음식점에 걸어서 이동한다.

2 점심식사
12:10~13:30
창덕궁 인근에는 전통 한정식부터 이탈리안, 중식, 면류와 샌드위치 같은 간단한 음식을 즐길 수 있는 곳이 많다.

도보 10~15분 ★ 점심식사 후 창덕궁 돌담길을 따라 걸어서 창경궁으로 이동한다.
자가용으로 이동시는 약 3분이 걸린다. 창경궁에는 유료 주차장이 있다.

3 창경궁
13:40~14:50
사도세자가 뒤주에 갇혀 삶을 마감했던 문정전 살펴보기.

도보 5분 ★ 자가용을 창경궁에 주차했다면 이 구간은 걸어서 이동한다.

4 국립서울과학관
15:00~16:30
아이와 함께 신나는 과학놀이 체험해 보기.

도보 10분 ★ 국립서울과학관에서 성균관대 정문으로 이동 후 우측으로 들어간다.
자가용 이용시 약 3분 소요. 성균관 유료 주차장을 이용한다.

5 성균관
16:40~17:40
조선시대 학교와 기숙사에 관하여 이야기해 보기.

출발 전, 엄마가 먼저 알아 둘 역사 상식

창덕궁에 담긴 역사 이야기

비극적인 권력 다툼 속에 탄생한 창덕궁

새로운 조선왕조를 세운 태조 이성계는 1394년 수도를 개경(지금의 개성)에서 한양으로 옮기고 경복궁을 지었다. 태조가 머물며 정무를 보았던 곳이 바로 공식 궁궐인 경복궁이었다. 태조가 경복궁에서 나랏일을 돌보는 동안 아들들 간에는 왕위 계승을 놓고 권력 다툼이 벌어졌는데, 급기야 '왕자의 난'으로 표면화되었다. 두 번에 걸쳐 일어난 왕자의 난 중심에는 태조의 다섯째 아들 이방원이 있었다. 이방원은 두 번의 왕자의 난을 통해 형제들과 신하들을 무참히 살해하였고, 그의 세력을 확고히 하여 훗날 3대 왕이 된다.

 왕이 된 태종 이방원은 형인 2대 왕 정종 때 개성으로 옮겨 갔던 수도를 다시 한양으로 옮겨 왔다. 하지만 차마 형제의 난이 일어났던 경복궁으로 돌아갈 수 없어 새로운 궁을 짓기로 했다. 1404년 10월 태종의 명으로 시작된 창덕궁 공사는 1년 후에 모습을 드러냈다. 이렇듯 창덕궁은 왕위를 둘러싸고 왕자들 사이에 벌어진 비극의 역사 속에서 탄생한 궁궐이다.

우리 아이가 알아야 할 역사 포인트

왕자의 난

왕자의 난은 태조 이성계의 아들들 사이에서 왕위를 두고 벌어진 싸움이다. 태조는 첫째 부인 한씨로부터 방우, 방과, 방의, 방간, 방원, 방연, 이렇게 아들 여섯을 얻었고, 둘째 부인 강씨에게서 방번과 방석 두 아들을 두었다. 이성계는 방석을 유달리 귀여워해 그에게 왕위를 물려주려고 했다. 조선을 세울 때 이성계를 도와 가장 큰 공을 세운 방원은 이에 불만을 품게 되었다. 결국 방원은 태조 7년(1398년) 사병을 이끌고 난을 일으켜 이복동생인 방석, 방번, 그리고 방석을 지지했던 정도전 등 개국 공신들을 무참히 살해하는 제 1차 왕자의 난을 일으켰다. 제 1차 왕자의 난을 계기로 이성계는 왕위에서 물러났으며, 권력을 잡은 방원은 욕심이 없는 둘째 형 방과를 억지로 조선 2대왕 정종으로 추대했다. 왕위에 오른 정종은 형제끼리 피를 뿌려 가며 싸웠던 한양에 머무르기 싫어 수도를 고려의 수도였던 개경으로 옮겼다.

 방원의 견제를 받던 형 방간이 또다시 난을 일으키자, 방원은 군대를 이끌고 나가 방간의 군사들을 무찔렀다. 이것이 정종 2년(1400년)에 일어난 제 2차 왕자의 난이다. 두 번의 왕자의 난 이후, 더 이상 왕의 자리에 미련이 없었던 정종은 즉위한 지 2년 만에 동생 방원에게 왕위를 넘겼고, 결국 방원은 조선 3대 왕의 자리를 차지하게 되었다. 왕이 된 태종 이방원은 자신이 왕자의 난을 일으킬 수 있었던 사병제도를 철폐하고 모든 군대를 국가에 귀속시켰다.

② 조선왕조의 독창성을 보여 준 창덕궁

왕과 그 가족이 머무는 곳이라면 어떤 곳이든 방대한 규모를 빼고서도 많은 자랑거리를 갖추고 있다. 창덕궁을 높게 평가하는 이유는 자연과의 조화를 중요하게 생각한 궁궐이라는 점이다. 중국 궁궐을 바탕으로 건설한 경복궁처럼 일직선으로 건축물이 늘어서 있지 않고, 산의 지형에 맞추어 궁궐의 건물 하나하나가 자연스럽게 산속에 살포시 자리를 잡고 있다. 또한 주합루로 가는 출입문을 낮게 만드는 등 백성을 향한 겸손함과 애민정신을 나타내는 유교 정신도 볼 수 있다. 그리고 서양 궁궐에서나 볼 수 있는 넓은 정원인 후원을 갖추고 있는 점도 빼놓을 수 없는 창덕궁만의 자랑거리다. 이렇듯 창덕궁은 유교적이면서도 자연과의 조화를 이루어, 틀에 얽매이지 않은 독창적인 건축양식을 보여 주고 있다.

내전에서 후원으로 이어지는 계단. 후원으로 통하는 공간이 지극히 사적인 공간임을 잘 보여 주는 작은 문은 소박하고 은밀한 느낌을 갖게 해 준다.

③ 조선의 궁궐박물관인 창덕궁

창덕궁의 유일한 석조문. 불로장생을 의미한다.

창덕궁은 조선왕조의 파란만장한 역사를 고스란히 담고 있다. 창덕궁은 임진왜란 때 많이 파괴되고, 여러 번의 화재로 대부분 소실되었으나, 여러 임금에 의해 계속 복원되었다. 이후에도 일제강점기 때는 문화말살정책의 하나로 경복궁에 있던 주요 건물을 이곳으로 옮겨 오기도 했다.

이렇게 모진 역사 속에서도 복원 노력을 통해 원래의 모습을 되찾아 가는 과정에서 창덕궁은 조선왕조의 다양한 궁궐 건축양식을 보여 주는 사적지로서의 가치도 갖추게 되었다.

01

세계가 인정한 독창적인 궁궐

창덕궁

왕의 즉위식이 거행되었던 인정문 앞마당

교과서 연계 정보

3학년 1학기 사회
2단원 고장의 자랑
3단원 고장의 생활과 변화

5학년 1학기 사회
3단원 유교 전통이 자리 잡은 조선

5학년 2학기 사회
2단원 새로운 문물의 수용과 자주독립

6학년 1학기 사회
1단원 우리 국토의 모습과 생활

여행 정보

- **주소** 서울특별시 종로구 율곡로 99
- **전화** 02-762-8261(9513)   ● **웹사이트** www.cdg.go.kr   *스마트폰에서 '창덕궁 이야기' 무료 앱 다운로드 가능
- **개방시간** 창덕궁 2~5월과 9~10월 09:00~18:00, 6~8월 09:00~18:30, 11~1월 09:00~16:30 / 후원 해설사 동행 관람만 입장 가능. 2~5월과 9~10월 10:00~18:00, 6~8월 10:00~18:30, 11~1월 10:00~17:30
- **해설사 동행 관람** 창덕궁 09:30, 11:30, 13:30, 15:30 / 후원 10:00, 11:00, 12:00, 13:00, 14:00, 15:00, 16:00, 16:30(각각 1시간 소요)
- **휴관일** 매주 월요일
- **입장료** 창덕궁 성인 3,000원, 18세 미만 무료 / 후원 성인 5,000원, 7~18세 2,500원 / 청소년 문화학교 무료
- **공중화장실** 3개 있음
- **주차장** 무료, 차량번호 요일제 끝자리 해당 차량은 주차 불가(월요일 1·6, 화요일 2·7, 수요일 3·8, 목요일 4·9, 금요일 5·0)
- **대중교통** 지하철 3호선 안국역 3번 출구에서 도보 5분, 1·3·5호선 종로3가역 6번 출구에서 도보 10분
  버스 간선 109, 151, 171, 272 • 지선 7025

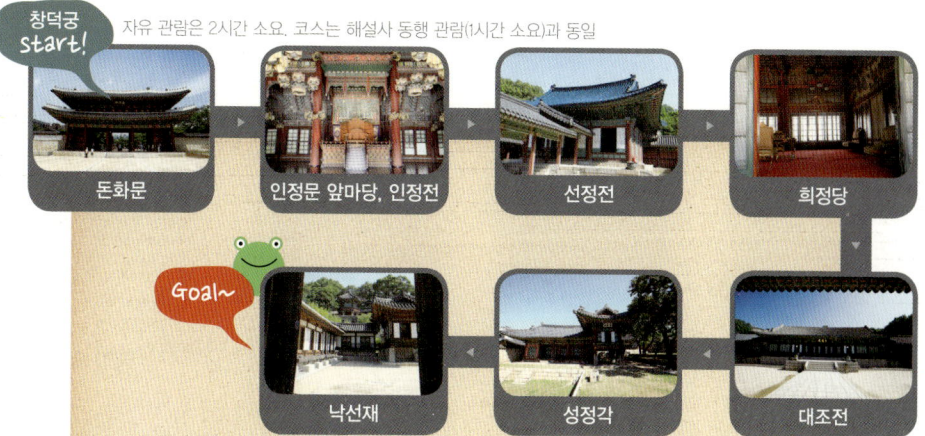

자유 관람은 2시간 소요. 코스는 해설사 동행 관람(1시간 소요)과 동일

상세 관람 코스
소요시간 창덕궁 2시간, 후원 1시간

창덕궁은 자연과 인공건축물이 완벽하게 조화를 이룬 아름다운 궁궐인 만큼 여유를 가지고 꼼꼼히 둘러보자. 창덕궁은 해설사 동행 관람과 자유 관람 모두 가능하다. 먼저 해설사를 따라 한번 둘러본 후 관심 있는 곳을 다시 찾아 둘러보는 방법도 좋다. 후원의 경우 정해진 시간에만 해설사와 함께 입장할 수 있으므로 출발에 앞서 관람 시간 등을 미리 확인하고 떠나도록 한다. 창덕궁과 후원을 모두 관람하는 데 소요되는 시간은 약 3시간. 더 여유 있는 관람을 원한다면 4시간 정도로 계획하는 것이 좋다. 창덕궁에서 무료로 제공하는 안내책자를 살펴본 후 관람하는 것도 도움이 된다.

해설시 동행 관람만 가능(1시간 소요)

창덕궁 꼼꼼히 둘러보기

조선왕조의 수도였던 서울에는 5개의 주요 궁궐이 모여 있다. 경복궁, 창덕궁, 창경궁, 경희궁, 덕수궁 모두 각자의 개성을 지니고 있지만, 그 독창성을 세계적으로 인정받은 궁궐은 창덕궁뿐이다.

창덕궁은 경복궁에 이어 두 번째로 모습을 드러낸 궁궐로, 공식 궁궐이 아닌 이궁이다. '이궁'이란 화재나 전염병 등 긴급한 상황이 발생하는 비상시에 정궁을 사용하지 못하는 경우를 대비해 만든 예비 궁궐로, 정치적인 이유로 이용되기도 했다. 주변 자연경관과 잘 어우러진 창덕궁은 인기가 높아 왕과 왕족들이 가장 오랫동안 머물렀던 궁궐이다. 조선시대에는 경복궁의 동쪽에 있는 궁궐이란 의미로 창경궁과 더불어 '동궐'이라고도 했다.

창덕궁은 임진왜란과 화재로 여러 번 잿더미가 되었지만, 그 후 여러 번 복원 과정을 겪으면서 조선왕조의 궁궐이 어떻게 변화되었는지 보여 주었다. 결국 창덕궁은 어디에서도 찾아볼 수 없는 독특한 궁궐 건축물로 인정받아 우리나라 궁궐 가운데 유일하게 세계문화유산으로 등재되었다.

돈화문과 진선문 사이를 이어 주는 금천교

자연과 어우러진 아름다운 궁궐

course 돈화문

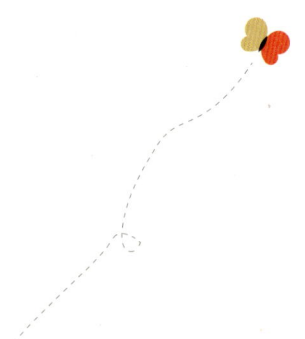

창덕궁을 들어가기 전에 먼저 돈화문 남쪽 약 300미터 지점에 있는 떡박물관 앞으로 걸어가 보자. 그곳에서 창덕궁을 바라보면 북한산과 매봉산을 배경으로 자연의 품에 안겨 있는 궁궐의 모습을 볼 수 있다. 건물의 위치나, 나무 한 그루, 작은 돌 하나까지도 자연과 조화를 이루고 있는 것이 창덕

궁 안쪽에서 바라본 돈화문. 창덕궁의 정문이다.

떡박물관 앞에서 바라본 돈화문. 일제강점기 때 도로가 생기면서 주변 경관이 예전과 많이 달라졌다.

궁의 특징이다.

돈화문은 현존하는 궁궐 문 가운데 가장 오래된 것으로, 태종 때 처음 모습을 드러냈다. 이후 임진왜란으로 소실되었던 것을 광해군 때 재건하였다. 본래 돈화문은 지금보다 훨씬 웅장했다. 위풍당당했던 돈화문이 그 위용을 잃게 된 것은 일본인들이 돈화문 앞에 도로를 만들면서 돈화문의 기초에 해당하는 단을 흙으로 덮어 버렸기 때문이다.

창덕궁의 상징 인정전

course 인정문 앞마당 → 인정전

창덕궁 건축물은 외전과 내전으로 구성된다. 외전은 왕과 신하가 직무를 수행했던 공간을 말하고, 왕과 왕족이 생활했던 개인적인 공간을 내전이라 한다. 외전의 시작이라고 할 수 있는 돈화문에 서면 정전인 인정전이 보이지 않는다. 이것은 경복궁과 다른 점이다. 또한 경복궁은 건물들이 일직선으로 정렬되어 있지만, 창덕궁의 건물들은 통일성 없이 지형과

인정전의 내부. 왕의 자리 뒤에 '일월오봉병'이라는 병풍이 장식되어 있다.

공간의 크기에 따라 제각기 다른 형태로 세워져 있다. 창덕궁이 자연환경을 활용한 궁궐임을 보여 주는 좋은 예이다.

돈화문에서 금천교를 건너고 진선문을 통과하면 인정문 앞마당에 이른다. 인정문의 앞마당은 단순한 마당이 아닌 중요한 역사의 현장이다. 효종, 현종, 영조, 고종 등 여덟 명의 왕이 인정전이 아닌 바로 이곳, 인정문 앞마당에서 즉위식을 거행했기 때문이다.

단순한 출입문이 아니라 왕위에 오르는 의식 등이 거행되었던 인정문 앞마당

특이하게도 인정문의 앞마당은 직사각형이 아니라, 동쪽이 짧고 서쪽이 긴 사다리꼴 모양이다. 그 이유에 대해서 주장이 다양하지만, 그중 많은 학자들이 인정하는 것은 자연을 해치지 않고 건물을 지은 결과라는 점이다. 사다리꼴 마당을 확인하려면 동쪽 숙장문 앞이 제격이다.

인정전 계단에 새겨진 용은 왕을 상징한다.

인정문을 통과하면 창덕궁의 상징인 인정전이 나타난다. 인정전은 창덕궁의 정전으로, 창덕궁 건축물 가운데 최대 규모를 자랑한다. 인정전은 새해맞이와 왕의 즉위식 같은 경

국가적인 공식행사를 열었던 인정전의 겨울 풍경

사스러운 날에 왕이 신하들로부터 축하인사를 받거나 외국 사신을 접견하는 장소로 이용되었다.

건물은 단 위에 세워져 있는데, 그 단을 '월대'라고 한다. 월대는 달을 바라보는 곳이라는 유래를 가진 낭만적인 이름이지만, 궁의 각종 행사 때 사람들이 행사에 참여하기 위해 올라가는 곳이다.

인정전의 외관은 경복궁 근정전에 비해 작다. 하지만 왕실의 무병장수와 번영을 축원하는 병풍 '일월오봉병'이 중심에 있고 아름다운 우물 모양 천장으로 꾸며진 실내는 근정전보다 세련되었다. 또한 이씨 왕조를 상징하는 배꽃 문양을 비롯하여 다른 궁궐에서는 찾아볼 수 없는 유리문, 전등, 커튼이 장식되어 있다. 이는 서양문물이 도입되었음을 보여 주는 증거이자, 왕조의 마지막 궁궐임을 말해 주는 것이기도 하다.

왕의 집무실, 선정전과 희정당

course 선정전 → 희정당

조선의 왕들은 수시로 신하로부터 보고를 받고 의견을 경청한 후 지시를 내렸는데, 그렇게 나랏일을 논하던 장소를 편전이라 한다. 창덕궁 편전은 인정전 동쪽에 아담하게 자리

왕이 실질적인 업무를 수행했던 편전, 선정전의 내부

선정전 입구 천장 앞에는 이씨 왕조를 상징하는 배꽃 이화가 새겨져 있다.

창덕궁에서 유일하게 청기와지붕을 가진 선정전

선정전 동쪽에 있는 희정당

한 선정전이다. 선정전은 창덕궁에서 유일하게 청색 기와를 하고 있는 건물이다. 내부는 왕이 앉아 집무를 보는 중앙 어좌와 왕을 알현하는 공간으로 구분되어 있다. 훗날 왕의 집무실을 희정당으로 옮기면서, 선정전은 돌아가신 왕과 왕후의 신주(죽은 사람을 기리는 위패)를 모신 장소로 사용되었다. 선정전 입구에는 구리로 만든 물 항아리가 놓여 있다. 궁궐 주요 건물 앞에 커다란 항아리를 놓는 것은 불이 나면 빨리 끄기 위한 것이지만, 그렇게 물을 보관해 둠으로써 화재를 막을 수 있다는 상징적인 의미가 더 크다.

선정전 동쪽에는 희정당이 있다. 이곳은 본래 왕이 잠을 자는 곳이었는데, 조선 말에는 편전으로 사용되었다. 선정전이 처음 지어졌을 당시에는 아름다운 연못이 함께 있는 낭만적인 공간이었다. 그러나 우리의 전통 문화를 말살하려는 일본인들에 의해 전혀 다른 모습으로 복원되어 지금은 건물만 남아 있다. 희정당 안에는 초대형 그림 두 점이 걸려 있다. 해강 김규진이 마지막 왕 순종의 명을 직접 받아 제작한 산수화로, 그 크기가 폭 1.95미터, 길이 8.8미터에 이른다. 동쪽 벽에 걸린 '총석정절경도'와 서쪽 벽을 장식한 '금강산만물초승경도'는 섬세하면서도 위풍당당하여 민족의 기상을 잘 표현한 작품으로 평가받고 있다.

선정전 천장에는 왕가의 번영과 발전을 상징하는 학이 그려져 있다.

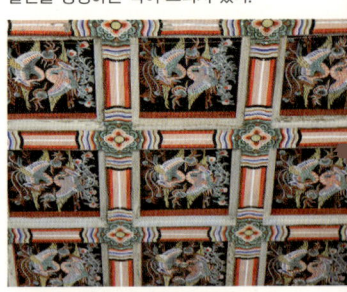

처음에는 왕의 침실로 사용하다 순조 이후 편전으로 사용했던 희정당의 내부

왕조의 맥을 잇는 대조전과 그 밖의 공간들

course 대조전 → 성정각(동궁) → 낙선재

희정당 뒤편에는 내전의 중심인 대조전이 있다. 대조전은 왕비가 자식을 낳고 어린 왕자와 공주를 교육시켰던 곳으로 정전이나 편전에 버금가는 중요한 공간이다. 조선 말기에는 왕과 왕비의 침실로도 사용되었는데, 왕과 왕비가 방을 함께 쓰지 않고 중앙 마루를 중심으로 왕은 오른편 방을, 왕비는 왼편 방을 사용했다. 한편 대조전은 우리에게 치욕을 안겨 준 장소이기도 하다. 1910년, 한일합방으로 더 잘 알려진 '경술국치'의 시작을 알리는 마지막 어전회의가 이곳에서 열렸고, 27대에 걸쳐 519년을 이어 온 조선왕조는 그 후 역사의 무덤 속으로 사라지게 되었다.

희정당과 대조전 동쪽에는 왕세자가 거처했던 성정각(동궁)이 있다. 아름다운 2층 누각 건물로 이루어진 성정각은 창덕궁의 특징인 비대칭의 미를 잘 보여 주고 있다. 일제강점기 때는 내의원(조선시대 궁중의 의료기관)으로 사용되기

대조전 안에 있는 왕의 방.
조선 말 왕의 침실로 사용했던 곳으로 서양식 침대가 보존되어 있다.

왕자와 공주를 교육시키기 위해 대조전 마당에 설치해 놓은 해시계

내전의 중심 대조전. 왕비의 침전이었던 대조전은 왕자와 공주가 탄생하고 교육을 받았던 곳이다.

곡선과 직선을 활용하여 만든 낙선재는 소박하면서 세련된 미를 보여 준다.

도 했다.

성정각에서 길을 건너면 후궁을 위해 지은 낙선재와 석복헌, 수강재가 연이어 있다. 실용주의자였던 헌종은 건물을 지을 때 화려한 외벽이나 단청을 생략하고 창살이나 벽 등 실제 사용하는 공간을 아름다운 문양으로 장식했다.

낙선재는 대한제국의 마지막 황태자 영친왕이 살던 곳이다. 고종의 일곱째 아들이었던 영친왕은 볼모로 일본에 끌려가 철저하게 일본식 교육을 받고 일본 왕족 이방자(마사코)와 정략 결혼하였다. 일본에 머물던 영친왕은 1963년 귀국하여 이방자 여사와 이곳에서 생활하다 비운의 생을 마감했다.

출입문 안으로 보이는 낙선재. 대한제국의 마지막 황태자 영친왕이 생을 마감한 장소이기도 하다.

왕세자가 사용했던 동궁 성정각. 일제강점기 때는 내의원으로 사용하기도 했다.

후원 꼼꼼히 둘러보기

부용지 연못 석축에 새겨진 물고기

창덕궁 북쪽에 있는 후원은 일반인 출입이 철저하게 금지되었던 곳으로, '금원'으로 불리기도 했다. 한때 '비원'으로 불리기도 했지만, 그것은 일제강점기 때 일본인들이 '조선 왕들의 비밀스러운 정원'이라는 부정적인 의미로 이름을 지은 것이다. 후원은 왕과 왕족이 독서와 사색을 즐기거나 휴식을 취하기 위해 찾는 사적인 공간이었지만, 때로는 제사를 올리기도 하고, 연회장이나 과거시험장으로 사용하기도 했다. 그리고 궁궐에 살았던 왕과 왕비가 백성의 생활을 체험하는 장소로도 활용했던 다용도 공간이었다.

음양의 조화 부용지

course 부용지 · 부용정

부용지는 직사각형 모양으로, 한쪽 길이가 약 33미터에 이르는 큰 인공 연못이다. 원래 이곳은 담장으로 둘러싸여 있

부용지 동쪽 영화당에서 바라본 부용지와 부용정

부용정에서 바라본 부용지와 주합루의 겨울 풍경

었으나, 지금은 담장이 사라지고 사방이 트인 모습이다. 부용지 연못에 떠 있는 둥근 섬은 소나무가 뿌리를 내린 것으로, 조성 당시에는 없었으나 훗날 만들어진 것이다. 부용지의 사각형 연못은 땅을 의미하고 중간에 있는 작은 섬은 둥근 하늘을 상징한다. 여기서 부용지가 음양사상을 담고 있음을 알 수 있는데, 하늘이 있으면 땅이 있고, 해가 있으면 달이 존재하며, 남성이 있으면 여성이 있듯 우주의 모든 것에는 서로 상반되는 것이 존재한다는 이론이다.

기둥 두 개를 부용지 연못에 담그고 있는 정자는 부용정이다. 부용정에서 바라보는 부용지와 주합루는 마치 자연의 일부처럼 주변 경관과 환상적인 조화를 이루고 있다. 부용정에서 바로 보이는 나지막한 언덕 위에 자리한 2층짜리 누각이 주합루이다. 1층은 수만 권의 서책을 보관했던 도서관으로 규장각이라고 했고, 2층은 책을 읽고 토론을 하는 장소로 우주의 이치가 합하여 한자리에 모이게 하는 곳이란 의미로 주합루라 했다. 주합루으로 가기 위해서는 문을 지나야 한다. 이때 왕은 어수문을 이용하였고, 신하들은 어수문 양옆에 있는 낮은 문으로 다녔다. 이 낮은 문을 지나려면 고개를 숙여야 하는데, 신하들이 백성을 향한 겸손한 마음을

주합루로 통하는 어수문

숙종이 직접 이름을 하사한
아름다운 애련정

갖도록 하기 위함이라고 한다. 이처럼 부용지는 사색과 휴식은 물론, 학문과 교육의 공간으로도 활용되었던 복합문화 공간이었다고 할 수 있다.

궁궐 안의 양반집 연경당

> **course** 애련지 → 연경당 → 존덕정

바위를 깎아 만든 불로문을 지나면 단아한 정자가 있는 연못, 애련지로 통한다. 애련지 남쪽으로는 효명세자가 서재로 사용했던 의두합과 창덕궁에서 제일 작은 한 칸짜리 건물 운경거가 있다. 애련지 서쪽으로는 연경당이 자리 잡고 있다. 순조는 왕비와 이곳에 머물며 손님을 맞았다. 양반집을 모델로 건축한 연경당은 사랑채와 안채, 서재, 정자 등 120칸에 달하는 큰 집으로 현존하는 민가 형태의 건축물 가운데 최대 규모이다.

애련지에서 오솔길을 따라 이동하면 존덕정 구역에 도착한다. 인조 때 지은 존덕정 구역에는 원래 다섯 개의 연못이 있

양반집을 모델로 건축해 놓은 연경당

인조 때 건축한 존덕정. 자연 친화적인 분위기를 느끼게 해 주는 휴식 공간이다.

었지만, 일제강점기 때 세 곳이 사라지고 현재는 두 곳만 남아 있다. 여러 건물 중 가장 눈에 띄는 것은 이중 지붕에 육각형 모양을 하고 있는 존덕정이다. 천장에 그려진 청룡과 황룡을 보면 이곳이 왕의 휴식 공간이었음을 알 수 있다.

존덕정 정자 천장에 그려진 용 그림은 왕의 공간임을 의미한다.

왕이 백성의 삶을 체험했던
course 옥류천

존덕정 북쪽 언덕 너머는 옥류천 구역이다. 옥류천은 부용지와 함께 후원을 대표하는 공간으로 인조 때 만들어졌다. 인조는 소요암이란 큰 바위를 깎아 홈을 파고 물길을 끌어들여 작은 폭포를 만들었다. 그리고 옥류천이란 지명을 친필로 써서 바위에 새겼다.

옥류천에는 소요정, 취한정, 청의정, 태극정, 농산정이란 정자가 있다. 궁궐에서 유일하게 초가지붕을 하고 있는 청의정 앞에는 작은 경작지가 있다. 궁궐 후원에 벼를 재배할 수 있는 경작지를 조성한 사연은 왕이 직접 농사일을 체험함으

인조가 직접 쓴 글씨가 남아 있는 옥류천. 물이 바위 앞으로 돌고 돌아서 계곡으로 떨어지도록 설계되었다.

청의정과 경작지. 백성들의 삶을 체험하기 위하여 왕이 직접 농사를 지었던 곳이다.

왕이 사용했던 우물인 어정. 옥류천 위쪽에 위치하고 있다.

750살 먹은 향나무. 창덕궁에서 가장 오래된 나무다.

로써 백성의 삶과 고충을 알기 위함이고, 창의정 지붕이 초가인 것은 벼농사 과정에서 얻은 볏짚으로 지붕을 덮었기 때문이다. 한 가지 더 흥미로운 것은 초가지붕에 어울리지 않는 주춧돌이다. 4개의 기둥을 받치고 있는 주춧돌은 우리나라 궁궐 건축에 사용된 유일한 대리석이다.

750살이나 먹는 향나무를 비롯하여 왕만 사용했던 우물인 어정 등 창덕궁에는 흥미로운 기념물이 즐비하다. 비록 지금 궁궐의 모습은 처음과 많이 다르지만, 창덕궁은 우리 아이들에게 자연을 사랑했던 선조들의 지혜와 아픈 역사를 들려줄 수 있는 더없이 소중한 문화유산이다.

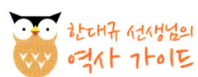

후원의 아름다움을 느끼며 휴식을 취해 볼까요?

후원은 왕이나 왕비가 쉬던 휴식 공간으로, 창덕궁의 뒤뜰 정원을 말해요. '뒤에 있는 정원'이라는 뜻을 가진 후원의 아름다움은 직접 찾아가 보기 전에는 절대 알 수 없어요. 왕들은 아름다운 후원을 산책하며 어떤 생각을 했을까요? 특히 왕자의 난을 겪은 태종의 마음은 어땠을지, 왕비나 신하와 어떤 이야기를 나누었을지 상상해 보세요.

왕실 어른들을 위해 세운 궁궐
창경궁

왕이 나랏일을 했던 창경궁 외전

여행 정보

- **주소** 서울특별시 종로구 창경궁로 185
- **전화** 02-762-4868(4869)
- **웹사이트** http://cgg.cha.go.kr
- **개방시간** 2~5월과 9~10월 09:00~18:00, 6~8월 09:00~18:30, 11~1월 09:00~17:30
- **휴관일** 매주 월요일
- **해설사 동행 관람** 10:30, 11:30, 13:30, 14:30, 15:30, 16:30(11~2월은 16:00). 1시간 소요
- **입장료** 성인 1,000원. 24세 이하 무료
- **공중화장실** 5개 있음
- **주차장** 유료

창경궁은 왕실 어른들을 모시기 위하여 1483년 성종이 세운 궁궐이다. 창경궁의 모태가 된 건물은 1418년 세종이 세운 수강궁이었으나 지금은 터만 남아 있다. 창경궁은 경복궁과 창덕궁에 비해 왕이 머물며 정무를 집행했던 외전보다 생활 공간인 내전이 더 크다. 이는 역대 왕이 창경궁에서 정사를 처리한 기간이 짧았다는 증거이자 유교를 통치이념으로 삼았던 조선왕실의 효심을 보여 주는 좋은 예다.

창경궁은 왕과 세자, 왕비와 후궁 사이에 벌어진 갈등의 현장이기도 하다. 창경궁의 정전인 명정전 남쪽에는 왕의 편전인 문정전이 있다. 이곳은 영조가 둘째 아들 사도세자를 뒤주 속에 가두어 굶어 죽게 한 곳으로 유명하다. 숙종

● 대중교통 지하철 4호선 혜화역 4번 출구에서 도보 10분
버스 • 간선 104, 106, 107, 108, 140, 143, 149, 150, 161, 162, 171, 172, 272, 301 • 지선 1018
• 광역 9410

왕의 편전으로 사용했던 문정전. 사도세자가 뒤주에 갇혀 굶어 죽은 가슴 아픈 역사의 현장이기도 하다.

창경궁 명정전. 현존하는 조선왕조 정전 가운데 가장 오래된 정각으로 광해군 때 완성되었다.

때는 통명전에서 장희빈이 사약을 받기도 했다.

창경궁은 일제강점기 때 많이 변형되었다. 왕이 친히 농사를 짓던 곳을 연못으로 바꾸고, 신성한 궁궐을 동물원으로 만들어 창경원이라 했다. 1986년 일부 복원사업으로 궁궐의 위치를 찾기는 했지만 아직도 많은 복원이 필요한 현실이다. 창경궁에는 건축물 외에도 흥미로운 유물들이 있다. 옛 수강궁 터 부근에 세워진 풍기대는 바람의 방향과 세기를 측정하던 곳이고, 문정전 남쪽에 있는 관천대는 별을 관측하던 곳이다.

명정전 내부. 경복궁 근정전이나 창덕궁 인정전에 비해 아담하다.

최초의 전각이 있던 수강궁 터. 창경궁과 주변은 물론 남산까지 조망할 수 있다.

03

아이와 함께 즐거운 과학 체험
국립서울과학관

1. 창경궁 북쪽 끝자락에 자리하고 있다 2. 2층에 전시되어 있는 각종 조류

여행 정보

- **주소** 서울특별시 종로구 창경궁로 215
- **전화** 02-3668-2200
- **웹사이트** www.ssm.go.kr
- **개방시간** 09:30~17:30
- **휴관일** 매주 월요일
- **입장료** 성인 1,000원, 7~18세 500원
- **공중화장실** 과학관과 휴게실에 있음
- **해설사 동행 관람** 현장에서 신청하거나 전화 예약
- **주차장** 유료
- **대중교통**  4호선 혜화역 4번 출구에서 도보 7분
  버스 • 간선 104, 106, 107, 108, 140, 143, 149, 150, 161, 162, 171, 172, 272, 301 • 지선 1018
  • 광역 9410

창경궁에서 돌담길을 따라 북쪽으로 200미터 올라가면 국립서울과학관이 나온다. 10개 코너로 구성된 1층 전시관에서는 아이와 부모가 다양한 체험을 해 볼 수 있다. '재미있는 수학이야기' 코너에서는 직선보다 곡선이 빠른 원리와 통계와 확률에 관한 체험을 할 수 있고, '빛과 소리를 만져 봐요' 코너에선 빛이 만들어 낸 흥미로운 변화와, 소리로 그린 그림을 경험할 수 있다. '우리 집은 과학 창고' 체험관에서는 방을 구성하는 벽 속 구조며, 싱크대 배수관의 원리, 냉장고와 형광등이 작동하는 원리까지, 과학이 일상생활과 얼마나 밀접한지 느낄 수 있게 해 준다.

2층 전시관은 자연, 우주, 과학을 이해할 수 있도록 구성되어 있다. 우주와 지구 탄생, 생명 탄생, 인류 출현과 진화, 바다, 조류 전시관은 관람을 위한 공간이며, 체험놀이, 마법의 손, 도예교실은 직접 체험도 가능하다.

과학관 옥상에는 1960년대까지 시민들의 주요 이동수단이었던 전차와 철로 폭이 좁은 협궤열차, 그 밖에도 전투기, 태양발전기, 풍력발전기를 관람하고 작동해 볼 수도 있다.

04

조선 최고의 교육기관

성균관

1. 성균관 유생들이 머물며 생활했던 기숙사 서재 2. 공자를 비롯한 유교학자 39인의 신주를 모시고 있는 대성전

 여행 정보

- **주소** 서울특별시 종로구 명륜3가 53번지
- **전화** 02-760-1472
- **웹사이트** www.skkok.com
- **개방시간** 09:30~17:30
- **휴관일** 매주 월요일
- **해설사 동행 관람** 없음
- **입장료** 무료
- **공중화장실** 유림회관 화장실 이용
- **주차장** 유림회관 유료 주차장 이용
- **대중교통** 지하철 4호선 혜화역 4번 출구에서 도보 9분 버스
  - 간선 104, 106, 107, 108, 140, 143, 149, 150, 161, 162, 171, 172, 272, 301 • 지선 2112

대성전 중앙에 있는 유교를 창시한 공자의 신주

국립서울과학관 북서쪽으로 400미터 떨어진 곳에는 조선시대 최고 교육기관인 성균관이 있다. 성균관은 크게 공자의 제사를 지내는 사당 영역과 학문을 탐구하던 교육 영역으로 나뉜다. 사당 영역의 중심은 대성전이다. 대성전의 현판은 조선 최고 명필 석봉 한호의 작품이다. 이곳에서는 공자의 신주(죽은 사람의 영혼을 모시는 나무패)를 중심으로 안자, 증자, 자사자, 맹자와 설총, 최치원 등 우리나라 유교 발전에 공이 많은 39인의 신주를 모시고 있다.

교육 영역의 중심은 명륜당이다. 18칸으로 이루어진 명륜당은 유교경전을 중심으로 인격을 향상시키는 덕목을 강연했던 곳이다. 1차 과거 시험인 소과(진사과)에 합격하여 성균관에 입학한 유생만이 명륜당에서 교육을 받을 수 있었다. 성균관에 입학이 허락된 유생은 200명으로 이중 33명이 대과인 과거시험을 통해 관료로 등용되었다. 명륜당 좌우에 배치한 동재와 서재는 유생들의 기숙사로 그들이 어떤 공간에서 생활했는지 엿볼 수 있다.

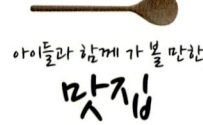
아이들과 함께 가 볼 만한
맛집

| 북촌면옥 |
담백하고 깔끔한 육수 맛이 일품인 냉면 집. 창덕궁 바로 옆에 자리 잡고 있어 찾아가기 쉽다.
손님이 많아 점심시간은 늘 긴 줄이 늘어서 있다.

●**주소** 서울시 종로구 원서동 152번지 ●**전화** 02-742-9999(9997)
●**웹사이트** www.bukchonmo.co.kr ●**영업시간** 11:00~21:00 ●**휴무** 명절
●**가격대** 7,000원~ ●**주차** 가능

| 계동피자 |
화덕에 직접 구워 기름기를 쫙 뺀 담백한 피자 집.
하루 30점시만 판매하는 초록색 면의 까르보나라 맛이 일품이다.

●**주소** 서울시 종로구 계동 82-1 ●**전화** 070-8957-8452
●**영업시간** 11:30~21:00 ●**휴무** 연중무휴
●**가격대** 8,000원~20,000원대 ●**주차** 불가능

| 용정 |
북촌길에서 제일 유명한 중국집. 초록빛을 띠는 탱글탱글한 면 요리가 맛있다.
음식 양도 많아 든든하게 점심을 즐길 수 있다.

●**주소** 서울시 종로구 원서동 136-3 ●**전화** 02-747-3000
●**영업시간** 11:00~21:30 ●**휴무** 명절
●**가격대** 7,000원~ ●**주차** 가능

| 아몬디에 Amondier |
정통 프랑스식 베이커리로 다양한 샌드위치와 빵, 케이크를 맛볼 수 있다.
매장이 넓고 좌석수도 충분해 아이들과 간단한 점심을 먹기 안성맞춤인 곳이다.

●**주소** 서울시 종로구 안국동 175-3 안국빌딩 신관 1층 ●**전화** 02-736-9651
●**웹사이트** www.amandier.co.kr
●**영업시간** 10:00~22:00 ●**휴무** 연중무휴
●**가격대** 4,000원~20,000원 ●**주차** 가능

서울

경복궁

국립민속박물관 /
국립고궁박물관 / 사직단

경복궁 주변을 여행하는 방법 :

왕조의 위용과 아픈 역사가 공존하는 경복궁과 그 주변의 국립민속박물관, 국립고궁박물관, 사직단을 함께 여행한다.

광화문을 지키는 해치

여행 정보
travel information

여행 소요시간 | 총 7~8시간
여행 시기 | 고궁과 박물관으로 이루어진 경복궁 지역은 어느 때 방문해도 좋지만 꽃이 만발하는 5~6월과 단풍과 낙엽이 어우러진 10~11월이 가장 낭만적이다.
예상 경비 | 4인 가족 기준(성인 2명, 어린이 2명)
• 입장료 : 6,000원
 (경복궁 성인 3,000원, 어린이 무료 / 국립민속박물관, 국립고궁박물관, 사직단 무료)
• 식비 : 30,000~40,000원
• 총 경비 : 36,000~46,000원(차량유류비 및 주차비, 대중교통비 제외)

교통 정보
traffic information

자가용보다 대중교통을 이용하는 것이 편리하다. 가족끼리 고궁과 서울 시내를 걷는 것 자체가 멋진 추억을 만들어 준다.
지하철 3호선 경복궁역 5번 출구나 지하철 5호선 광화문역 2번 출구에서 5~10분쯤 걸으면 경복궁 입구와 매표소가 나온다.
자가용을 이용할 경우 경복궁 유료 주차장에 주차한 후 주변 여행지는 도보로 이동하는 것이 편리하다.

당일여행 추천 코스
travel route

1 경복궁
09:00~11:30

경복궁의 상징인 근정전 둘러보기. 낭만적인 경회루와 향원정을 비교해 보기. 명성황후의 시해현장인 건청궁, 한글창제의 산실인 수정전 살펴보기.
☞ 상세 관람 코스는 P.61

도보 5분 ★ 경복궁 동쪽 출구와 국립민속박물관이 연결되어 있다.
자가용은 경복궁 유료 주차장에 주차시킨 후 걸어서 이동한다.

2 국립민속박물관
11:40~12:40

선조들의 삶을 엿볼 수 있는 생활용품 둘러보기.

도보 10분 ★ 국립민속박물관 주변의 계동, 삼청동 식당가로 걸어서 이동한다.

3 점심식사
12:50~14:00

국립민속박물관 동쪽과 북쪽으로 다양한 음식점이 있다.

도보 10분 ★ 국립민속박물관에서 광화문까지 연결된 돌담길을 걸어서 이동한다.
자가용 이용시 국립고궁박물관에 주차장이 없으므로 경복궁 주차장에 주차한 채 걸어서 이동한다.

4 국립고궁박물관
14:10~15:30

조선의 왕과 왕후가 사용했던 어보(왕실의 도장)와 생활용품 살펴보기.

도보 10분 ★ 국립고궁박물관에서 서쪽으로 조금 걸으면 사직단이 나온다.
자가용 이용시 약 10분 소요. 사직단 주차장은 유료.

5 사직단
15:40~16:10

사직단의 의미를 주제로 이야기하기.

출발 전, 엄마가 먼저 알아둘 역사상식

경복궁에 담긴 역사 이야기

조선의 으뜸 궁궐 경복궁

1. 북악산을 배경으로 한 근정전 2. 근정전으로 오르는 계단에 새겨진 학과 배꽃은 왕의 장수를 기원하는 것이다.

북쪽으로 북악산을 뒤로 하고, 남쪽으로는 광화문과 넓은 도로가 펼쳐진 경복궁은 조선왕조의 중심이었다. 태조 이성계는 개성에서 한양으로 수도를 옮기면서 경복궁을 건축하였다. 경복궁 건축은 정도전의 주도 아래 진행되었다. 경복궁이 완성되자 태조는 정도전에게 궁궐의 이름을 짓도록 명령하였으며 정도전은 왕조의 첫 공식 궁궐의 이름을 경복궁으로 정했다. 근정전, 강녕전, 교태전, 사정전 등 경복궁의 주요 건물의 이름도 정도전에 의하여 새겨졌다.
　파란만장했던 조선왕조 역사 속에는 늘 경복궁이 있다. 태조 이성계의 아들끼리 왕위를 놓고 피를 흘린 왕자의 난을 시작으로, 임진왜란 때는 궁궐 전체가 불에 타 잿더미가 되기도 했다. 오랫동안 방치되었던 경복궁은 고종황제의 아버지 흥선대원군에 의하여 재건되었다. 그러나 옛 영화를 누려 보기도 전에 경복궁 안에서는 대한제국의 국모인 명성황후가 살해되는 사건이 일어났다. 일제강점기 때 아름다운 궁궐터에는 조선총독부가 설치되었는데, 해방 이후 경복궁 복원사업으로 조선총독부는 철거되었다.

우리 아이가 알아야 할 역사 포인트

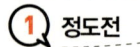 정도전

고려 말기 공민왕 때 정치에 입문한 정도전은 이성계를 도와 조선왕조를 세운 개국공신 중 한 사람이다. 그는 수도를 한양으로 옮길 것을 주장하고 실질적인 작업을 주도했다. 정도전

은 경복궁의 위치를 잡는 것부터 각 건물의 이름을 정하는 일까지, 모든 과정을 도맡아 할 정도로 이성계의 각별한 신임을 받으며, 조선왕조의 기틀을 마련했다. 그는 성균관에서 성리학을 가르치고 관료로도 활동했다. 하지만 이방석(태조의 여덟째 아들)을 왕세자로 지지했다는 이유로, 제1차 왕자의 난을 일으킨 이방원(태조의 다섯째 아들)에 의해 죽임을 당했다.

② 흥선대원군과 경복궁

여러 왕이 경복궁에 머물렀지만 임진왜란으로 90퍼센트 이상이 잿더미가 된 경복궁은 공식 궁궐로서의 직위를 상실하게 되었다. 이후 270년 동안 왕들의 마음은 잿더미가 된 경복궁 대신 창덕궁에 머물었다. 오랫동안 폐허 상태로 방치되었던 경복궁을 복원한 인물이 고종황제의 아버지 흥선대원군이다. 청나라와 일본에 끌려다니기만 했던 나라의 기상을 다잡아 보겠다는 굳은 의지로, 웅장하고 화려한 경복궁을 복원하기로 했던 것이다.

하지만 경복궁 복원에는 끝도 없이 돈이 들어갔고, 강제 기부금을 걷거나 새로운 화폐까지 발행하며 과하게 세금을 거두어들이게 되었다. 또 돈을 국가에 내는 사람에게 벼슬을 주는 등 민심을 흉흉하게 만든 원인을 제공하고 국가 경제는 파탄으로 치닫고 말았다.

③ 명성황후 시해사건

경복궁에서 발생한 사건 가운데 가장 처참한 사건을 꼽으라면 명성황후가 살해된 '을미사변'이다. 일본은 조선왕조를 지배하는 데 걸림돌이 되었던 명성황후를 1895년 10월 8일 새벽, 경복궁 북쪽에 있는 건천궁에서 살해했다. 일본 공사 미우라가 주도한 이 시해사건은 황후를 죽이는 것에 끝나지 않았다. 자행을 감추기 위하여 황후를 살해한 후 시신을 숲속으로 옮겨 불태워 버렸다. 그리고 대원군이 살해했다고 역사를 왜곡하려 했다.

④ 조선총독부

일본은 1910년 조선의 국권을 빼앗은 후 경복궁에 조선총독부를 세우고, 1945년 해방이 되기 전까지 36년 동안 정치, 외교, 국방 등 모든 국사를 원하는 대로 휘둘렀다. 해방 후에도 조선총독부 건물은 정부청사와 국립중앙박물관으로 사용되다가 50년 후인 1995년에 철거되었다. 지금은 그 건물을 볼 수 없지만 조선총독부는 경복궁의 정문인 광화문 바로 안쪽에 자리하고 있었다. 당시 실질적으로 조선을 통치했던 총독은 정치인이 아닌 군인이었다. 초대 총독은 육군대장 데라우치 마사타케이었고, 이후에도 군인들이 총독에 임명되었다. 이는 일본이 조선을 무력으로 다스렸음을 보여 주는 증거이기도 하다.

01

조선왕조의 전통을 상징하는 공식 궁궐

경복궁

영제교 다리 위에 조각되어 있는 해치

교과서 연계 정보

3학년 1학기 사회
2단원 고장의 자랑
3단원 고장의 생활과 변화

3학년 2학기 사회
1단원 고장 생활의 중심지

4학년 1학기 사회 1단원 우리 지역의 자연환경과 생활 모습

5학년 1학기 사회 3단원 유교 전통이 자리 잡은 조선

5학년 2학기 사회 1단원 조선 사회의 새로운 움직임

6학년 1학기 사회
1단원 우리 국토의 모습과 생활

여행 정보

- **주소** 서울특별시 종로구 사직로 161
- **전화** 02-3700-3900
- **웹사이트** www.royalpalace.go.kr *스마트폰에서 '고궁나들이 경복궁' 무료 앱 다운로드 가능
- **개방시간** 3~10월 09:00~18:00, 11~2월 09:00~17:00
- **휴관일** 매주 화요일
- **해설사 동행 관람** 평일 11:00, 13:00, 14:00, 15:00, 16:00
  일요일 10:00, 12:00, 12:30, 13:30, 14:30(1시간 소요)
- **입장료** 성인 3,000원, 24세 이하 무료
- **공중화장실** 주요 장소마다 있음
- **주차장** 유료
- **대중교통** 3호선 경복궁역 5번 출구에서 도보 5분, 5호선 광화문역 2번 출구에서 도보 10분
   • 간선 109, 151, 171, 272 • 지선 종로11 • 광역 8000

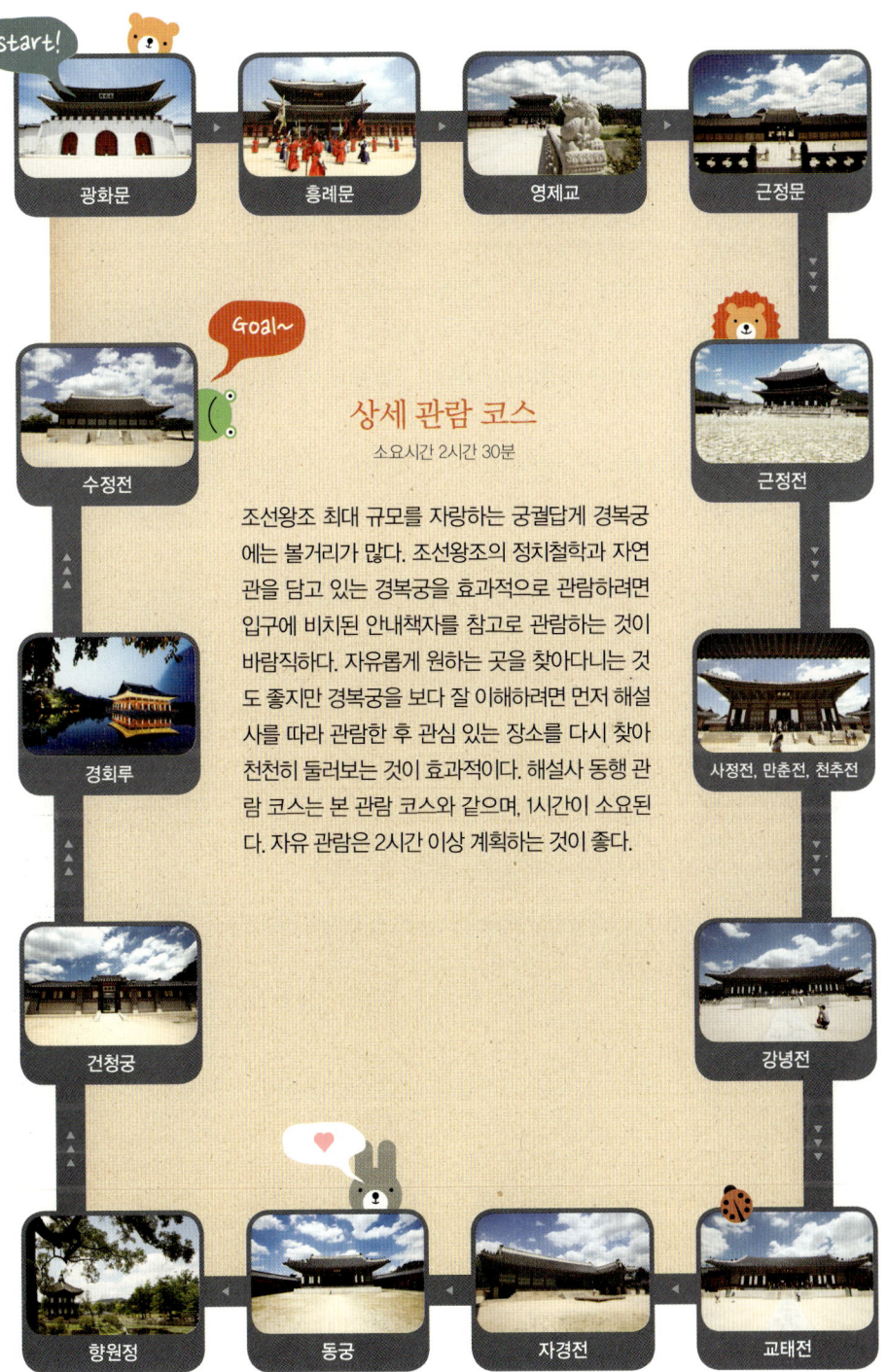

상세 관람 코스
소요시간 2시간 30분

조선왕조 최대 규모를 자랑하는 궁궐답게 경복궁에는 볼거리가 많다. 조선왕조의 정치철학과 자연관을 담고 있는 경복궁을 효과적으로 관람하려면 입구에 비치된 안내책자를 참고로 관람하는 것이 바람직하다. 자유롭게 원하는 곳을 찾아다니는 것도 좋지만 경복궁을 보다 잘 이해하려면 먼저 해설사를 따라 관람한 후 관심 있는 장소를 다시 찾아 천천히 둘러보는 것이 효과적이다. 해설사 동행 관람 코스는 본 관람 코스와 같으며, 1시간이 소요된다. 자유 관람은 2시간 이상 계획하는 것이 좋다.

경복궁 꼼꼼히 둘러보기

'새 왕조가 큰 복을 누리고 번성하라'는 뜻의 경복궁은 한양에 세워진 다섯 개의 궁궐(경복궁, 창덕궁, 창경궁, 경희궁, 덕수궁) 중에서 최초이자 최대를 자랑한다. 역대 왕들은 창덕궁을 선호했지만, 조선왕조의 정궁은 경복궁 하나이다. 정궁은 왕이 주로 머물면서 나랏일을 돌보는 나라의 공식 궁궐을 말한다.

경복궁의 특징은 중국 궁궐의 설계를 기초로 하여 완성했다는 점이다. 왕조의 정궁을 중국 궁궐에 기초하여 건설할 수밖에 없었던 까닭은 조선이 중국의 눈치를 봐야 했기 때문이었다. 그래서 조선의 왕들이 경복궁보다 우리 고유의 독창성을 살린 창덕궁을 더 선호했던 게 아니었을까.

경복궁의 출입문이었던 흥례문

북악산 아래 자리한 조선왕조의 공식 궁궐 경복궁

course 광화문

경복궁 관람은 광화문 네거리에서 시작하는 것이 가장 좋다. 이순신 장군 동상 앞 광화문 네거리에서 바라본 경복궁은 마치 북악산의 품에 안겨 있는 것 같다. 경복궁 건축에 실질적인 책임자였던 정도전은 풍수지리에도 뛰어났다. 풍수를 전혀 모르는 이가 보아도 아늑함이 느껴질 정도로 경복궁은 주변 경관과 조화를 이루고 있다.

광화문 네거리에서 북악산을 향하여 걸으면 경복궁의 정문인 광화문이 서 있다. 광화문 앞에는 한양의 가장 중심이 되는 길을 만들었는데, 이 길을 지나 광화문을 통해 경복궁으로 들어갈 수 있는 사람은 오직 왕뿐이었다. 선과 악을 판단할 수 있다는 상상의 동물 해치(해태)상이 지키고 있는 광화

선과 악을 구별하여 정의를 지키는 수호 동물로 알려진 해치

현존하는 궁궐 출입문 가운데 가장 웅장한 광화문

문은 조선 궁궐의 출입문 중 최대 규모를 자랑한다. 태조 때 처음 모습을 드러낸 광화문은 임진왜란 때 화재로 사라졌었다. 고종 때 재건한 광화문도 6.25전쟁 때 폭격으로 다시 잿더미가 되었으나, 2009년 경복궁 복원 공사로 지금의 모습을 갖추게 되었다. 경복궁에는 동서남북으로 4개의 출입문이 있는데, 그중 남쪽에 위치한 광화문이 가장 웅장하다.

경복궁의 상징 근정전

흥례문과 근정문 사이를 잇는 영제교

course 흥례문 → 영제교 → 근정문 → 근정전

경복궁도 공식 업무를 수행하는 외전과 사적인 공간인 내전으로 이루어져 있다. 외전의 출발점인 광화문에서 경복궁의 중심 근정전으로 가려면 흥례문과 영제교, 근정문을 통과해야 한다. 일제강점기 때 조선총독부가 있던 곳에 새롭게 복원한 흥례문을 들어서면 작은 다리 영제교가 나온다. 입구에 있는 영제교에 익살스러운 해치상을 조각한 것은 궁궐로 들

조선왕조 정궁인 경복궁을 상징하는 근정전

어오는 좋지 않은 기운을 막기 위해서였다. 영제교 앞 근정문을 통과하면 근정전과 마주하게 된다. '천하의 일을 부지런히 하여 잘 다스리는 곳' 이란 의미에 맞게 근정전은 국가의 공식적인 행사장이다. 왕의 즉위식, 외국사신 접견, 문무백관이 참여하는 하례와 조회가 이곳에서 열렸다.

품계석은 벼슬이 높을수록 근정전과 가까워진다.

국보로 지정된 웅장한 근정전 마당에는 호기심을 자극하는 흥미로운 것들이 많다. 근정전 마당에 깔려 있는 커다란 돌은 하나같이 매끈하지 않고 울퉁불퉁하다. 이것은 햇빛의 반사를 막아 임금의 눈을 보호하고, 신하들이 왕 앞에서 발 아래를 살피며 조심스럽게 걷도록 하기 위해서다. 중앙에 약간 높고 시원하게 뻗은 길은 왕만 다닐 수 있는 '어도'이다. 어도의 양옆은 관리 신하들의 자리로, 동쪽은 문관이, 서쪽은 무관이 섰다. 관리의 자리에는 직위를 표시해 놓은 품계석이 있다. 정1품부터 정9품, 종1품에서 종9품까지 한자로 표시되어 있는데 근정전에 가까워질수록 벼슬이 높아지는 것을 알 수 있다.

강한 햇빛이나 비를 막기 위한 천막을 설치할 때 필요한 쇠고리

근정전 천장에 장식되어 있는 용은 왕을 상징한다.

2단 월대 위에 세워진 근정전은 조선왕조 건축물 가운데 최대 규모를 자랑한다. 밖에서 보면 마치 2층 건물처럼 보이지만, 내부는 통째로 트여 있다. 근정전의 중심에는 임금이 앉았던 의자가 있다. 용상 혹은 어좌로 불리는 왕의 자리 뒤편에는 창덕궁 정전에 있는 것과 같은 '일월오봉병'이란 병풍이 세워져 있고, 천장에는 왕을 상징하는 용 그림으로 장식되어 있다.

근정전 내부를 둘러보고 난 후에는 시간을 상징하는 12마리의 동물 조각상이나, 화재를 대비한 물통 '드므', 햇빛이나 비를 막는 천막을 설치할 때 쓰는 쇠고리 등을 근정전 주변에서 찾아보는 것도 재미있을 것이다.

근정전 둘레에 장식되어 있는 13개의 조각상 가운데 하나

근정전의 내부. 어좌 뒤편에는 '일월오봉병'이란 커다란 병풍이 세워져 있다.

서울 ★ 경복궁

근정전 북쪽에서 바라본 사정문과 주변

사정전 앞에 있는 앙부일구. 세종 때 만든 해시계이다.

왕조의 정치철학을 실천했던 사정전

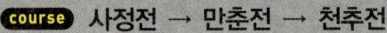
course 사정전 → 만춘전 → 천추전

'왕이 정사에 임할 때는 깊이 생각해서 옳고 그름을 가려야 한다'는 의미를 담고 있는 사정전은 왕이 실질적인 업무를 수행하던 편전이다. 사정전은 국정을 논의하는 공간으로는 약간 좁다는 생각이 들 정도로 아담하지만, 왕은 매일 이곳에서 신하들로부터 중요한 보고를 듣는 회의를 열었다.

 사정전 좌우측에 위치한 만춘전과 천추전은 사정전의 업무를 보좌하는 부속건물로 왕과 관료들이 업무를 보거나 간단한 연회장으로 사용되었다. 원래 사정전과 만춘전, 천추전은 복도로 연결된 하나의 건물이었으나 일제강점기 때 지금처럼 세 개로 분리되었다. 사정전은 온돌시설이 없지만 관

1. 사정전은 왕이 매일 아침 신하들과 업무를 논의했던 집무실이다. 2. 사정전의 내부. 조선왕조의 검소함을 볼 수 있다.

사정전 동쪽에 자리한 만춘전. 왕과 신하들이 수시로 국정을 논했던 장소이다.

료들이 업무를 보는 만춘전과 천추전은 온돌이 깔려 있다. 이는 밤낮을 가리고 않고 업무를 수행하는 관료에 대한 배려이기도 하다. 세계 최대 규모의 기록유산으로 등재된 조선왕조실록과 승정원일기가 탄생한 곳도 바로 이곳이다.

왕실의 사적인 공간들

course 강녕전 → 교태전 → 자경전 → 동궁

왕의 침전인 강녕전

사정전 뒤로는 내전이 펼쳐진다. 강녕전과 교태전은 왕과 왕비가 잠을 자는 침전이다. 편안하게 쉬는 건물이란 뜻의 강녕전에는 9개의 방이 있다. 중앙에 위치한 방이 왕의 침전이고, 일부는 독서와 휴식을 위한 공간으로, 나머지는 신하와 상궁들이 사용했다. 강녕전도 유교를 통치이념으로 삼았던 조선왕조의 검소한 삶을 대변하듯 간결하게 꾸며져 있다.

강녕전 뒤편에는 왕비가 머물며 왕자와 공주를 교육시켰던 교태전이 있다. 교태전의 자랑거리는 아미산이라고 하는 아담한 후원이다. 조선 궁궐의 정원이 하나같이 건물 뒤편에 있는 이유는 앞마당은 놀이 공간으로 사용되었기 때문이다. 후원은 계단식으로 꾸며져 있는데 계절마다 아름다운 꽃이 피는 계단이라고 하여 '화계'라고도 했다. 후원에서 눈에 띄는 것은 아름다운 4개의 굴뚝이다. 6각형으로 된 벽에는 학, 봉황, 소나무, 불로초, 사슴 등의 문양이 있으며, 각 무늬는

왕후의 사적인 공간. 교태전의 내부

1. 불교의 성지인 아미산을 형상화시켜 꾸며 놓은 교태전의 정원. 6각형의 굴뚝이 매우 아름답다. 2. 자경전의 십장생 굴뚝

벽돌을 구워 배열하고 그 사이사이는 회를 발라 면을 구성하였다. 이 굴뚝은 온돌 효과를 높이기 위해 동선을 길게 만들어 그 기능에 충실했을 뿐만 아니라, 형태와 문양이 매우 아름다워 궁궐 후원의 훌륭한 조형물로 높이 평가받고 있다.

동궁 옆 화장실 유적지

 교태전 동쪽엔 왕실의 어른인 대비가 사용하였던 자경전과 왕세자가 머물었던 동궁, 그리고 다른 부속건물이 모여 있다. '큰 어른에게 경사가 있기를 바란다'는 뜻의 자경전은 여러 건물로 이루어져 있는데, 그중 돋보이는 것은 십장생 굴뚝이다. 10개의 방과 연결된 굴뚝은 자경전의 뒷담의 한 면을 돌출시켜 만든 것으로, 만수무강을 기원하는 십장생을 새겨 넣었다. 동궁은 세자와 세자빈이 머물던 자선당과 세자가 공부를 하며 정무를 익혔던 비현각으로 구성되어 있다.

경복궁 내전 동쪽에 자선당. 왕세자가 머물던 곳으로 흔히 동궁이라고 한다.

명성황후가 비극적인
죽음을 당했던 건청궁

건청궁에서 고종황제가
사용했던 공간

낭만과 비극의 현장 건청궁 주변

course 향원정 → 건청궁

자경전 북쪽에는 연못 향원지가 있고 그 위에 정자 향원정이 한 폭의 그림처럼 자리하고 있다. 향원정은 공식적인 행사장이 아니라 왕의 사적인 공간으로, 원래는 건청궁과 다리로 연결되어 있었다. 그러나 6.25전쟁 때 다리가 파괴되었고, 후에 복원 과정에서 남쪽으로 연결되었다.

향원정 앞에는 비극적인 역사의 현장인 건천궁이 있다. 고종과 명성왕후는 강녕전과 교태전을 사용하지 않고 건청궁의 장안당과 곤녕합에서 주로 생활했는데, 1895년 일본 자객에 의해 명성황후가 살해된 곳이 바로 이곳이다. 건청궁은 명성황후 시해사건 이후 모든 건물이 헐리게 되었고, 일제강점기 때는 그 자리에 미술관을 건축해 사용하다가, 해방 후에는 민속박물관으로 사용되었다. 현존하는 건청궁은 2007년 복원된 것이다.

향원정과 건청궁 주변은 우리나라 최초로 전기를 발전했던 곳으로, 향원정 앞에서 그 표석을 찾아볼 수 있다.

경복궁 북쪽에 조성된 인공 연못 향원지 풍경

최대의 연회장 경회루와 한글이 탄생한 수정전

course 경회루 → 수정전

강녕전 서쪽에는 조선왕조의 공식 연회장인 경회루가 있다. 태종 12년(1412년)에 세운 경회루는 위치와 건물 높낮이, 기둥 하나하나까지 철저하게 주역의 원리에 따라 계산된 건축물로 우리나라 국보 제 224호로 지정되어 있다.

세종대왕이 집현전 학사들과 훈민정음을 창제했던 수정전

지금은 연못 주변에서 누구나 경회루를 감상할 수 있지만, 경회루가 처음 완성되었을 당시에는 사방이 담으로 막혀 있었다. 따라서 외국에서 온 귀한 사절단이나, 왕족과 높은 관료만이 출입할 수 있는 특별한 곳이었다. 경회루는 그 자체로도 아름답지만 이곳에서 바라본 주변 경관이 무척 빼어난 것으로 알려져 있다.

경회루 앞에는 우리가 매일 사용하는 한글이 탄생한 수정전이 있다. 한글은 세계에서 유일하게 창제한 인물과 탄생 시기, 반포일을 알 수 있는 문자로, 그 독창성을 인정받아 세계기록유산으로 지정되어 있다. 집현전 학사들이 이곳에 모

바람의 방향과 세기를 측정했던 풍기대

웅장함이 느껴지는 경회루

수정전 앞에서 전통가무를 펼치는 모습

여 한글을 창제하는 데 심혈을 기울였는데, 세종대왕은 밤낮으로 연구하는 집현전 학사들을 위하여 수정전 바닥에 온돌을 설치해 주기도 했다.

조선왕조 정궁인 경복궁에는 위에서 언급한 곳 외에도 왕실의 각종 부속건물들이 내전 주변으로 흩어져 있다. 농업 발전에 필요한 각종 농기구를 연구하고 시간을 측정했던 흠경각, 다른 궁궐에서 찾아볼 수 없는 불사를 모신 함원전, 후궁과 궁녀들의 처소인 함화당과 집경당, 그리고 행정업무 등을 담당했던 궐내각사 등 저마다 흥미로운 사연을 지닌 건물들이 즐비하다.

1. 장고. 왕실에서 사용하는 간장을 보관했던 장독대
2. 어정. 왕이 사용했던 우물

경복궁에는 지금보다 훨씬 많은 건물들이 가득했다. 지금도 경복궁에서는 전쟁과 일제강점기 때 사라진 건물을 복원하는 작업이 진행되고 있다. 경복궁의 복원작업이 끝나면 지금보다 훨씬 웅장하고 아름다운 조선왕조의 정궁을 만날 수 있을 것이다.

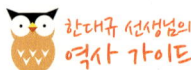

왕과 왕비의 침전을 찾아볼까요?

왕과 왕비가 잠을 자던 건물을 '침전'이라고 하는데, 경복궁에 있는 침전은 강녕전과 교태전이에요. 그런데 이 두 건물에는 지붕 맨 꼭대기에 용마루가 없어요. 용은 상서로운 동물로 나라의 가장 높은 사람, 임금을 상징해요. 그래서 집에서도 가장 높은 지붕에 수평으로 길게 누워 있는 마루를 용마루라고 하지요. 왕이 자는 곳의 지붕에 용마루를 만들게 되면 한 지붕 아래 두 마리의 용이 있는 셈이 되기 때문에 왕의 침전에는 용마루를 일부러 만들지 않았다는 이야기가 있어요. 또 왕비는 다음 왕을 낳아야 하는 분이시니, 왕비의 침전에도 용마루가 없다고 합니다. 그럼 이제 경복궁에서 교태전과 강녕전을 찾을 수 있겠지요? 용마루가 없는 건물을 찾으면 되니까요.

1. 왕이 침소인 강녕전 2. 내전의 중심 교태전 3. 왕실의 여인들 중 최고 어른이 머물렀던 자경전. 지붕 위에 용마루가 있다.

02

서민들의 생활 엿보기
국립민속박물관

외관이 독특한 국립민속박물관

여행 정보

- **주소** 서울시 종로구 삼청로 37
- **전화** 02-3704-3114
- **웹사이트** www.nfm.go.kr
- **개방시간** 3~10월 09:00~18:00, 11~2월 09:00~17:00
- **휴관일** 매주 화요일
- **해설사 동행 관람** 10:00, 11:00, 14:00, 15:00(1시간 소요)
- **입장료** 무료(오디오 해설 1,000원)
- **공중화장실** 있음
- **주차장** 경복궁 유료 주차장 이용
- **대중교통** 3호선 안국역 1번 출구에서 도보 10분, 5호선 광화문역 2번 출구에서 도보 10분 버스 · 간선 8000 · 지선 마을버스11

국립민속박물관은 선조들의 서민문화와 생활상을 엿볼 수 있는 소중한 장소로, 과거의 신기한 유물들에 아이들은 마냥 신기해하며 관람할 수 있는 곳이다.

전시관은 3개로 나뉘어 있다. 제1전시관에는 석기시대 토기를 시작으로 청동기의 대표적인 빗살무늬토기, 삼국시대의 화려한 장식품, 고려와 조선시대에 발달했던 인쇄술과 한글 창제와 발전 과정, 그리고 근대를 지나 지금까지 사용하는 물건들이 전시되어 있어, 생활용품들의 변천사를 한눈에 볼 수 있다. 제2전시관에는 농업을 중심으로 살아왔던 선조들의 생활상을 볼 수 있다. 농경사회에서 사용되었던 농기구들을 보고, 현재와 비교하여 삶의 질의 변화를 느낄 수 있다. 제3전시관은 선조들이 태어나서 생을 마감할 때까지 과정을 잘 정리해 놓았다.

조선 왕실의 역사와 문화가 고스란히
국립고궁박물관

여행 정보

- **주소** 서울특별시 종로구 효자로 12
- **전화** 02-3701-7500
- **웹사이트** http://gogung.go.kr
- **개방시간** 09:00~18:00, 주말과 공휴일 09:00~19:00
- **휴관일** 매주 월요일
- **해설사 동행 관람** 11:00, 14:00, 16:00(1시간 소요)
- **입장료** 무료
- **공중화장실** 있음
- **주차장** 유료
- **대중교통** 지하철 3호선 경복궁역 5번 출구에서 도보 3분, 5호선 광화문역 1번 출구에서 도보 10분 • 버스 • 간선 171, 272, 606, 700, 706, 707, 708 • 지선 종로11 • 광역 7025, 8000

광화문 안에 자리한 국립고궁박물관은 조선 왕실의 역사와 문화를 만나 볼 수 있는 곳이다. 2007년 문을 연 국립고궁박물관에는 12개의 전시실이 있으며, 우리나라 국보 1점, 보물 14점 등 소장한 유물만도 4만 점이 넘는다. 그중에서도 2층 제1실은 놓치지 말자. 역대 조선 왕의 권위를 상징하는 물건들과 왕의 모습을 담아낸 그림들이 전시되어 있는데 하나같이 화려하고 섬세하여 탄성이 절로 나온다. 1층 제4실도 빼놓을 수 없다. 왕실의 의례를 주제로 한 이 전시실에는 종묘제례의식에 사용되었던 각종 물건들이 전시되어 있다. 그 외에도 저마다 다른 주제로 꾸며 놓은 기획 전시들도 볼 만하다. 전시품 감상 외에도 직접 왕실 문화를 체험할 수 있는 공간이 따로 마련되어 있어, 아이들과 함께 즐길 수 있다.

04

제사를 올리는 성스러운 곳

사직단

왕이 직접 하늘과 땅의 신에게 제사를 올렸던 제단

여행 정보

- **주소** 서울특별시 종로구 사직동 1-28
- **웹사이트** www.jongno.go.kr (역사문화관광)
- **해설사 동행 관람** 09:00~17:00, 수시로 진행. 내부 입장은 해설사 동행 관람만 가능(30분 소요)
- **휴관일** 연중무휴
- **입장료** 무료
- **공중화장실** 있음
- **주차장** 없음. 주변 유료 주차장 이용
- **대중교통** 지하철 3호선 경복궁역 1번 출구에서 도보 7분, 5호선 광화문역 1번 출구에서 도보 10분 버스 •간선 171, 272, 601, 607, 706, 708 •광역 7025, 9602, 9706, 9608, 9713

사직단은 땅의 신과 곡식의 신에게 제사를 올렸던 성스러운 장소이다. 왕은 매년 네 차례씩 이곳에 직접 찾아와 나라의 평온과 풍년을 기원하는 제사를 올렸다. 종묘가 왕조의 정통성을 상징한다면, 사직단은 나라의 뿌리와 같은 중요한 의미를 지닌 곳으로 '종묘사직'이란 말 속에 있는 '사직'이 바로 사직단을 뜻한다. 현재 사직단 유적지는 임진왜란 때 화재로 소실되었던 것을 숙종 46년(1720년)에 재건한 것이다.

지금은 일부 건물과 제단만이 남아 있지만, 원래 사직단의 모습은 무척 웅장했다. 기록에 의하면 제단을 중심으로 4개의 홍살문이 있었으며, 커다란 우물과 제사에 필요한 물품을 보관했던 제기고가 자리했다. 그 밖에도 진사청, 악공청 같은 의식에 필요한 여러 건물들이 있었다.

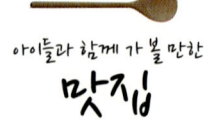

아이들과 함께 가 볼 만한 맛집

| 쿡앤하임 Cook'n Heim |

이탈리아 & 뉴욕 스타일의 수제 버거 맛집으로, 직접 만든 패티가 일품이다. 패스트푸드를 지양하며, 자연주의 요리 및 가정식 요리를 선보이는 곳이다.

- 주소 서울시 종로구 삼청동 63-28 ● 전화 02-733-1109
- 영업시간 12:00~22:00 ● 휴무 명절
- 가격대 6,500원~20,000원대 ● 주차 불가능

| 눈나무집 |

삼청동의 소문난 떡갈비 맛집. 쫄깃한 떡과 함께 내오는 달짝지근한 떡갈비와 새콤달콤한 김치말이 국수가 환상적인 맛의 조화를 이룬다.

- 주소 서울시 종로구 삼청동 136-1 ● 전화 02-739-6742
- 영업시간 11:00~22:00 ● 휴무 명절
- 가격대 5,000원~10,000원대 ● 주차 가능

| 삼청동 수제비 |

30년 전통의 수제비 집으로 항상 많은 사람으로 긴 줄이 늘어서 있다. 얇게 떠낸 쫄깃쫄깃한 수제비와 시원한 국물 맛을 내는 바지락, 아삭아삭한 야채가 큰 항아리에 가득 담겨 나온다.

- 주소 서울시 종로구 삼청동 102 ● 전화 02-735-2965
- 영업시간 12:00~21:00 ● 휴무 명절
- 가격대 7,000원~12,000원대 ● 주차 가능

| 미술관옆돈까스 |

겉은 바삭바삭, 속은 부들부들한 식감이 살아있는 돈가스가 맛있는 집. 고구마 돈가스, 고추 치즈돈가스, 날치 알 돈가스 등 다양한 돈가스를 맛볼 수 있다.

- 주소 서울시 종로구 소격동 144-6 ● 전화 02-735-5988
- 웹사이트 www.미술관옆돈까스.kr ● 영업시간 11:00~21:00(마지막 주문은 20:30까지)
- 휴무 명절 ● 가격대 6,000원~15,000원대 ● 주차 불가능

서울

종로

탑골공원 / 운현궁 / 우정총국 / 조계사

종묘 주변을 여행하는 방법

유교전통의 극치를 보여 주는 신성한 공간 종묘와 함께 탑골공원, 운현궁, 우정총국, 조계사를 둘러본다.

운현궁 남쪽에 자리한 노안당. 흥선대원군의 사랑채로 국정과 개혁정책을 논의했던 곳이다.

여행 정보 travel information

여행 소요시간 | 총 6~7시간

여행 시기 | 종묘와 주변 유적지는 어느 때 둘러보아도 좋지만 종묘의 매력을 만끽하려면 종묘제례가 열리는 5월이나 울창한 숲속에서 흘러나오는 매미 소리를 들을 수 있는 7~8월이 제격이다.

예상 경비 | 4인 기준(성인 2명, 어린이 2명)
- 입장료 : 3,400원(종묘 성인 1,000원, 어린이 무료/운현궁 성인 700원, 어린이 무료/탑골공원, 조계사, 우정총국 무료)
- 식비 : 30,000~40,000원
- 총 경비 : 33,400~43,400원(차량유류비 및 주차비, 대중교통비 제외)

교통 정보 traffic information

종묘와 탑골공원, 운현궁, 우정총국, 조계사를 둘러보는 코스는 대중교통과 도보로 이동하는 것이 최선이다. 종묘와 주변 유적지는 도심에 자리한 관계로 모든 주차시설이 유료이므로 자가용이 오히려 불편하다. 자가용을 이용할 경우 한곳에 주차 시킨 후 도보로 이동할 것을 추천한다. 지하철을 이용할 경우 1·3·5호선 종로3가역 11번 또는 8번 출구에서 광장시장 방향으로 2분쯤 걸으면 종묘공원 입구를 만날 수 있다.

당일여행 추천 코스
travel route

1 종묘
09:30~10:30

정전의 배흘림기둥과 민흘림기둥 비교해 보기. 정전 바닥이 울퉁불퉁한 이유 알아보기. 정전과 영녕전 지붕 비교해 보기.
☞상세 관람 코스는 P.83

도보 10분 ★ 종묘공원에서 종각이 위치한 서쪽으로 걸어서 이동한다.

2 탑골공원
10:40~11:10

원각사지 10층석탑의 조각 살펴보기. 독립만세운동을 형상화한 부조 찾아보기.

도보 10분 ★ 탑골공원에서 낙원상가를 지나 북쪽 방향으로 300미터 지점에 운현궁이 있다.

3 운현궁
11:20~12:10

고종황제와 명성황후가 결혼식을 올렸던 곳 찾아보기.

도보 10분 ★ 식당이 많은 인사동으로 걸어서 이동한다.

4 점심식사
12:20~13:30

인사동에서 점심식사를 한 후 거리를 구경해도 좋다.

도보 10분 ★ 인사동 지역에서 서쪽으로 도로를 건너면 우정총국이 바로 보인다.

5 우정총국
13:40~14:00

우리나라 최초의 우표 찾아보기.

도보 1분 ★ 우정총국 바로 옆에 조계사가 붙어 있다.

6 조계사
14:00~14:30

박물관에서 여러 나라의 불상 비교해 보기.

출발 전, 엄마가 먼저 알아 둘 역사 상식

종묘에 담긴 역사 이야기

조선왕조의 뿌리 종묘

유교에서는 '효'를 무척 중요하게 생각했다. 살아 계시는 부모님뿐만 아니라, 돌아가신 조상님들까지도 공경하는 것을 도리로 여겼다. 따라서 후손들이 조상들에게 효를 실천할 수 있는 공간을 두고 죽은 영혼을 상징하는 나무로 만든 신주를 보관하였는데, 역대 왕과 왕비의 신주를 모셔 놓은 곳이 바로 종묘이다.

엄숙함이 요구되는 종묘의 출입문답게 화려한 단청 대신 자색으로 칠했다.

 종묘는 조상의 영혼을 모시는 공간답게 화려한 장식을 자제하고, 신성하고 엄숙한 분위기로 조성되어 있다. 종묘의 상징인 정전은 신주를 모신 19칸짜리 태실과 동서 협실로 구성되어 있다. 그러나 처음 정전의 모습은 5칸짜리 태실과 동서쪽에 세워진 협실 2칸으로 총 7칸에 불과했다. 이유는 당시 중국에서 7칸짜리 태실을 사용하고 있었기 때문에 조선은 중국보다 작은 정전을 만들 수밖에 없었던 것이다.

 이곳에 모신 최초의 신주는 태조 이성계의 4대 선조인 목조, 익조, 도조, 환조와 그 부인들의 것이었다. 5칸에 불과했던 정전은 신주가 늘어나면서 조금씩 증축되었고, 서쪽에 별도로 영녕전을 만들어 오늘에 이르게 되었다.

우리 아이가 알아야 할 역사 포인트

 유교

유교는 수양을 통해 자신을 찾고, 이상적인 사회를 만드는 것을 목표로 하며 실천사상을 중요시했다. '부모와 자녀 사이에는 친밀함이 있고(부자유친 父子有親), 임금과 신하 사이는 의리에 있으며(군신유의 君臣有義), 남편과 아내는 자기의 본분을 다하고(부부유별 夫婦有別), 어른과 어린이 사이에는 차례가 있어야 하며(장유유서 長幼有序), 친구 사이에는 신의를 지켜야 한다(붕우유신 朋友有信)'는 내용이 바로 유교의 다섯 가지 실천 덕목 '오륜(五倫)'이다.

 유교가 우리나라에 언제 들어왔는지 정확히 알 수는 없으나, 학자들은 한자가 들어온 3세기 후반으로 추정하고 있다. 고려시대에는 최고 교육기관인 국자감에서 유교를 가르치기도 했으나, 유교가 생활 속에 깊이 뿌리 내린 것은 유교가 나라의 통치이념이었던 조선시대이다.

 신주

죽은 사람의 영혼이 의지할 수 있는 자리를 상징적으로 마련해 놓은 것을 '신주'라고 한다. 보통 죽은 사람의 이름과 죽은 날, 관직 등을 기록해 놓은 작은 나무판으로 되어 있으며, '위패'도 같은 의미로 통한다.

 종묘는 역대 조선을 다스렸던 왕과 왕후의 신주를 보관하는 곳이지만, 옛날에는 일반 가정이나 서원에서도 조상이나 스승의 신주를 모셔 두는 것이 당연한 일이었다. 이처럼 조상에 대한 예를 중시했던 조선시대에 신주는 매우 중요한 것이었다. 그래서 지금도 어떤 것을 아주 소중히 다룰 때 '신줏단지 모시듯 한다'는 말을 종종 들을 수 있다.

 종묘제례

제례는 유교 방식으로 조상들에게 제사를 올리는 의식을 말한다. 유교에서는 부모가 살아 계실 때 지극정성으로 모시는 것은 말할 것 없고, 돌아가신 후에도 정성을 다하여 제사를 모시는 것을 중요하게 생각했다.

 종묘제례란 돌아가신 역대 임금에게 제사를 모시는 종묘의 의식으로, 음식을 준비할 때도 정성 어린 마음으로 임해야 하며, 유교의 절차를 까다롭게 지키는 것도 매우 중요하게 여겼다. 한 왕조의 제례의식이 600년 넘게 이어져 온 것은 조선왕조가 유일하다.

종묘제례악

조선왕실의 종묘제례는 단순히 죽은 조상에 대한 효심을 드러낸 행사가 아니라 종합문화행사였다. 엄격한 제례 절차에 사용되었던 음악과 춤을 제례악이라고 하는데, 종묘에서 제사를 올릴 때 사용된 음악과 춤이 종묘제례악이다. 조선시대의 높은 문화 수준을 보여 주는 종묘제례악은 세상 어디에서도 접할 수 없는 독특한 문화로 이를 인정한 유네스코에서는 종묘제례와 제례악을 세계무형문화유산으로 등재시켰다.

종묘제례의식 중에 제례악을 펼치는 모습

01

조선왕조의 통치이념을 상징하는 유적지

상월대 위에 세워진 웅장한 정전

교과서 연계 정보

3학년 1학기 사회
2단원 고장의 자랑
3단원 고장의 생활의 변화

3학년 2학기 사회
3단원 고장의 생활의 변화

4학년 2학기 사회
3단원 사회 변화와 우리 생활

5학년 1학기 사회
3단원 유교 전통이 자리 잡은 조선

5학년 2학기 사회
1단원 조선 사회의 새로운 움직임

여행 정보

- **주소** 서울특별시 종로구 종로 157
- **전화** 02-765-0195
- **웹사이트** http://jm.cha.go.kr
- **개방시간** 3~9월 09:00~18:00, 10~2월 09:00~17:30(자유 관람은 토요일만 가능, 일~금요일은 해설사 동행 관람만 입장 가능)
- **휴관일** 매주 화요일
- **해설사 동행 관람** 09:20, 10:20, 11:20, 12:20, 13:20, 14:20, 15:20, 16:20, 17:00(마지막 시간은 3~9월만 운영)
- **입장료** 성인 1,000원, 18세 미만 무료
- **공중화장실** 3개 있음
- **주차장** 종묘공원 유료 주차장 이용
- **대중교통** 지하철 종로3가역 1호선 11번 출구, 3·5호선 출구에서 도보 5분
  버스 · 간선 100, 106, 109, 143, 149, 151, 161, 171, 272, 708, 710
  · 지선 7025, 2112

상세 관람 코스
소요시간 1시간

종묘는 토요일을 제외하고는 자유 관람이 허용되지 않는 만큼, 해설사 동행 관람 시간이 꽤 자주 있는 편이다. 1시간에 한 번씩 하루에 8번 해설사 동행 관람을 진행하고 있으니, 사전 예약을 통해 원하는 시간에 관람을 하길 권한다. 현장에서도 신청할 수 있다. 토요일 자유 관람을 원할 경우는 반드시 입구에서 안내책자를 받아 현장에 가서 내용을 확인하면서 관람하는 것이 좋다.

종묘 꼼꼼히 둘러보기

조선왕조는 나라를 다스리는 근본이념으로 유교를 선택했다. 유교 예법에 따르면 나라의 수도에는 반드시 왕이 머무는 궁궐과 조상에게 제사를 올리는 종묘, 그리고 백성을 위해 땅의 신과 곡식의 신에게 제사를 올리는 사직단이 있어야 한다. 이중에서도 조상을 모시는 것이 최우선시된다. 태조 이성계가 한양을 도읍으로 정하고 가장 먼저 한 일도 종묘와 사직단을 만드는 것이었다.

종묘제례의식을 올리기 위해 정전으로 이동하는 제관들

종묘는 역대 왕과 왕비의 신주를 모시고 제사를 지내던 곳으로 조선시대부터 지금까지 그 명맥이 이어지고 있다. 유교 발상지인 중국에서조차 이토록 오랫동안 조상을 섬기는 전통은 찾아볼 수 없다.

종묘는 궁궐처럼 화려하지는 않지만 주변 경관과 어우러진 조화와 절제미를 갖추고 있다. 1995년 유네스코는 그 가치를 인정하여 해인사·장경판전, 불국사와 더불어 종묘를 세계문화유산에 등재시켰다. 종묘에서 거행된 제례의식에 쓰였던 춤과 음악도 유네스코 '인류 구전 및 무형유산 걸작'으로 등록되었는데, 한 유적지에 세계문화유산과 세계무형유산을 동시에 갖추고 있는 곳은 종묘가 유일하다.

제사를 마친 후 축문을 소각했던 곳. 정전 서쪽에 있다.

이색적이고 독특한 종묘 입구

course 종묘공원 → 외대문

종묘로 입장하기에 앞서 종묘공원을 둘러보자. 공원에는 각종 조형물이 많이 있는데, 그중에 꼭 보아야 할 것이 '하마비'다. 하마비는 거기까지 타고 온 말이나 마차에서 왕이 내려서는 장소로, 사각 모양의 돌로 둘러싸여 있는 비석이다. 나

하마비. 이 앞을 지나는 모든 이들은 이곳에 경의를 표했고, 왕이 여기에 도착하면 말이나 가마에서 내려 종묘에 걸어 들어갔다.

종묘의 인공 연못 지당

혼령들이 출입할 수 있도록 출입문에 구멍을 뚫어 놓은 외대문

라의 임금이 말을 타고 종묘 안까지 입장하지 못하고 이곳에 내려 스스로 걸어가야 했었던 만큼, 종묘는 경건하고 엄숙한 자세가 필요했다.

종묘의 출입문은 외대문이다. 처음 모습을 드러낼 당시에는 조선왕조가 영원토록 푸르게 번창하기를 기원한다는 뜻을 담아 창엽문이라고 했다. 왕조를 탄생시키는 데 크게 공헌한 정도전이 직접 썼다는 창엽문 현판은 6.25전쟁 때 화재로 사라져 버렸고 지금은 외대문이란 새로운 이름을 갖게 되었다. 종묘 외대문은 광화문이나 돈화문에 비해 작고, 화려하지도 않다. 색상도 붉은색과 초록색만 사용했다. 이유는 어떤 사적지보다 신성한 공간이기 때문이다. 역대 왕과 왕후의 신주가 모셔진 출입문답게 외대문 지붕에는 악귀를 막는 잡상이 세워져 있다. 여느 궁궐 출입문과 달리 능에서나 볼 수 있는 홍살 문양이 있는 것도 독특하다.

종묘의 출입구에 해당하는 외대문. 창엽문이라고도 부른다. 지붕 왼쪽 끝에 세워진 것이 잡상이다.

제례의식을 준비하는 공간

course 향대청 → 재궁 → 전사청

공민왕의 신주를 모셔 놓은 공민왕 신당과 망묘루 앞을 지나면 향대청이 나온다. 향대청은 원래 제례의식에 필요한 제물을 준비했던 곳이었으나, 지금은 제례의식에 사용되는 비품과 정전 내부를 재현해 놓은 전시실로 사용 중이다. 향대청에서 놓치지 말아야 할 곳이 바로 정전 태실을 재현해 놓은 전시장이다.

향대청 안에 있는 제사의식에 사용했던 도구와 신주

향대청 서쪽 정전 옆에는 재궁이 있다. 재궁은 임금과 세자가 머물며 제례의식을 준비했던 공간이다. 임금이 머물렀던 어재실을 중심으로 동쪽에는 규모가 작은 세자재실이 있으며 서쪽에는 제례의식에 앞서 몸을 깨끗하게 하기 위하여 목욕을 했던 어목욕청이 있다. 궁궐이 아닌 제례의식을 올리는 장소에 목욕시설까지 갖춰 놓다니, 다시 한번 종묘제례가 얼마나 중요한지 느낄 수 있다.

종묘제례의식에 사용할 각종 향과 축문 등을 준비하여 보관했던 향대청

임금이 제례의식에 앞서 마음을
가다듬고 몸을 청결하게 했던 어재실

왕이 머물렀던 어재실의 내부

악귀를 쫓아내기 위하여
항상 물이 가득 담긴 쇠솥을 어재실
앞에 두었다.

재궁 북쪽 정전 입구에는 제례의식에 필요한 음식을 준비하던 전사청이 있다. 음식 준비에 필요한 돌절구, 우물 등의 유물은 물론 음식을 검사하고 올려놓았던 천막단과 희생대 유적이 보존되어 있다. 그리고 동쪽에는 제례음식을 만드는 데 사용했던 전용 우물인 제정도 있다.

종묘제례의식에 사용될 소, 양, 돼지 등을 검사했던 성생위. 뒤에 보이는 건물은 제례의식 때 사용할 음식을 만들었던 전사청이다.

신성하고 위풍당당한 정전

course 정전

정전에는 조선왕조 27명의 왕 가운데 공덕이 높은 19명과 왕후 30명의 신주가 모셔져 있다. 정전은 들어가는 문과 나가는 문을 구분해 사용했는데 동문은 들어가는 문, 서문은 나가는 문이었다. 정전 동문 입구에는 임금과 세자가 정전에 들어서기 앞서 마음을 가다듬었던 검정색 돌로 된 판위대가 있다. 동문을 통과하면 웅장한 정전과 마주하게 된다.

넓은 기단 위에 세워진 정전을 한마디로 표현하면 단순함이다. 천장과 바닥에는 궁궐과 달리 화려한 단청이나 장식이 없고, 온통 왕가를 상징하는 자주색뿐이다. 정전의 지붕은 검정색과 붉은색으로 되어 있으며 악귀를 막는 잡상이 있지만, 궁궐에서 흔히 보이는 석상과 같은 장식물을 정전에서는 찾아볼 수 없다. 건물을 받치고 있는 기둥과, 방의 크기도 모두 균일해 보인다. 하지만 조금만 관심을 갖고 살펴보면

제례의식을 올리는 제관들이 입장했던 동문에서 바라본 정전

자연석을 이용하여 정전 아래쪽에 깔아 놓은 하월대와 웅장한 위용을 자랑하는 정전

19칸으로 이루어진 정전의 외부. 일정한 간격으로 반복되는 기둥은 신성하고 엄숙한 분위기를 연출한다.

영혼이 지나다니는 중앙의 신도를 중심으로 대칭을 이루고 있는 정전

기둥이 조금씩 다른 것을 알 수 있다. 중간이 배처럼 튀어나온 배흘림기둥과 위아래가 똑같은 민흘림기둥이 섞여 있는데, 이렇게 한 건물에 다른 기둥이 쓰인 것은 한 번에 완성한 것이 아니라 여러 번에 걸쳐 증축했기 때문이다.

정전을 감상하려면 남문 앞이 제격이다. 남문은 사람의 출입문이 아니라 죽은 왕과 왕후의 영혼이 출입하는 문이다. 남문 앞에 서면 월대 위에 세워진 정전과 주변 경치가 한눈에 들어온다. 정전의 길이는 101미터나 되는데, 길이만 따지면 지구촌 최대 목조 건물이다. 정전을 받치고 있는 월대와 주변 바닥을 자세히 보면 울퉁불퉁한데, 그것은 신성한 장소에서 사람들이 경박스럽게 움직이지 않도록 하기 위함이다.

간결하고 단순해 보이는 정전은 해인사 장경판전과 더불어 조선시대를 대표하는 건축물로 손꼽힌다. 정전 앞에는 조선 왕조에 큰 공을 세운 신하 83명의 신주를 모신 공신당과 신에게 제사를 올리던 칠사당 등 부속건물들이 있다.

정전에 신주가 모셔진 영혼들이 출입했던 정전의 남문

정전의 자연 경사면을 이용하여 만들어 놓은 하월대 남쪽에 있는 배수시설

정감이 넘치는 영녕전 구역

course 영녕전 → 악공청

세종대왕 때에 이르러 신주를 모실 공간이 부족해지자, 옆에 영녕전을 새로 건축하였다. 영녕전은 '왕가의 조상과 자손이 함께 길이 평안하라'는 의미를 담고 있다.

16칸짜리 영녕전에 모셔진 신주는 34위로 정전에 비해 작다. 상·하월대와 검정 기와와 붉은 기둥이 보이는 영녕전의 모습은 정전보다 작을 뿐 매우 흡사해 보이지만, 영녕전은 정전과 다른 점이 있다. 우선 지붕이 정전처럼 일직선이 아니라 중앙 태실 부분이 한 단 높게 돌출되어 있다. 신주를 모신 순서도 정전과 다르다. 정전은 태조 이성계부터 고종황제까지 서쪽에서 동쪽으로 모셔져 있다. 반면 영녕전에는 중앙에 이성계 고조부에서 부모까지 4칸에 걸쳐 신주가 모셔져 있고, 나머지 왕과 왕후의 신주는 정종부터 영친왕까지 정전과 마찬가지로 서쪽에서 동쪽으로 안치되어 있다. 영녕전에

정전 서쪽에 세워진 영녕전. 34위의 신주가 있다.

음악과 춤이 어우러진 종묘제례악.
세계무형유산에 등재되어 있다.

악공들이 머물며 음악을 준비했던
악공청

는 재임기간이 짧거나 뚜렷한 업적을 남기지 못한 선조의 신주가 모셔져 있다. 하지만 조선왕조를 이끌었던 모든 왕의 신주가 정전이나 영녕전에 있는 것은 아니다. 왕위에서 폐위된 연산군과 광해군의 신주는 정전과 영녕전 어디에도 없다.

영녕전 서쪽에 있는 아담한 건물은 악공청이다. 종묘제례 의식은 정기적으로 매년 다섯 차례씩, 그리고 국가의 경사와 어려운 일이 발생할 때 수시로 열렸다. 제례의식이 거행될 때 빠질 수 없는 것이 악기 연주와 춤이었다. 종묘제례에서는 이것을 종묘제례악이라고 하는데, 이런 일에 종사하는 사람들이 제례의식에 필요한 연주와 춤을 준비하고 연습했던 곳이 바로 악공청이다.

조상을 숭배하는 제례의식은 중국에서 시작되었지만, 선왕의 영혼이 잠들어 있는 신주를 보관하고 계절마다 제사를 올리는 이 의식은 조선왕조의 정통성을 확립하는 데 크게 기여했다. 종묘제례의식은 조선이 멸망하는 날까지 이어졌으며, 조선왕조가 사라진 지 1세기가 지난 지금까지도 전통이 유지되고 있다.

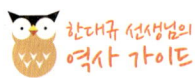
한대규 선생님의
역사 가이드

나의 뿌리에 대해 함께 이야기해 보세요

좌우로 길게 뻗은 정전의 건물을 가만히 바라보세요. 이곳에 조선왕조의 왕과 왕후의 영혼이 깃들어 있다고 생각하면 절로 경건하고 엄숙한 마음을 갖게 되지요. 정전 앞에는 뜰을 가로질러 중앙으로 쭉 이어지는 길이 있어요. 살짝 높게 형성되어 있으며 은은하게 검은색을 띠고 있어 바닥과 구별할 수 있을 거예요. 이 길은 조상의 혼령이 다니는 길, 즉 '신도'라고 하여 임금도 함부로 밟지 않았지요. 그만큼 조선시대에는 조상을 섬기는 일이 중요했답니다. 그렇다면 내가 태어나게 된 역사 속에는 어떤 분들이 있을까요? 나의 할머니 할아버지, 그 위에 증조, 고조 등 계속 되짚어 올라가 나의 뿌리를 알아보세요.

정전 앞까지 이어지는 검은색 길이 신도

하월대 동쪽에서 바라본, 장엄하면서도 절제미가 돋보이는 영녕전

02

최초의 서양식 도심 공원
탑골공원

독립선언문을 낭독했던 탑골공원의 팔각정

여행 정보

- **주소** 서울특별시 종로구 종로 99
- **전화** 02-731-0534
- **웹사이트** http://tour.jongno.go.kr (종로문화관광)
- **개방시간** 09:00~22:00
- **휴관일** 연중무휴
- **해설사 동행 관람** 없음
- **입장료** 무료
- **공중화장실** 있음
- **주차장** 없음. 주변 유료 주차장 이용
- **대중교통** 1·3·5호선 종로3가역 1번 출구에서 도보 5분
  버스 간선 100, 106, 109, 143, 149, 151, 161, 171, 272, 708, 710
  지선 7025, 2112

종묘와 보신각 사이, 종로 2가에는 우리나라 최초의 서양식 도심 공원인 탑골공원이 있다. 탑골공원은 고려시대 흥복사라는 절이 있었던 곳으로, 조선 세조 13년(1467년)에 원각사로 이름을 바꾸었다. 이후 폐허 상태로 방치되었던 사찰 터를 고종황제가 공원으로 조성하도록 명했다. 1920년 파고다공원이라는 이름으로 문을 열었고, 지금의 이름은 옛 지명을 따서 1992년에 바꾼 것이다.

탑골공원은 1919년 3월 1일 독립선언문을 낭독하고, 시민과 학생들이 모여 만세를 부르며 독립을 외쳤던 역사적인 장소이기도 하다. 이를 기념하기 위해 탑골공원 내에는 손병희 선생님 동상과 한용운 시비를 비롯하여 독립투사들의

1. 조선시대 대표 석탑인 원각사지 10층석탑(국보 제2호) 2.원각사지 대원각사비 (보물 제3호)

모습이 조각으로 새겨져 있는 것을 볼 수 있다.

  공원 안쪽에는 높이 12미터에 달하는 국보 제2호 원각사지 10층석탑이 있다. 기와지붕 모양 아래 부처와 보살 조각을 중심으로 구름, 연꽃, 모란, 새, 용 등이 각 층마다 새겨진 이 석탑은 조선시대 석탑 중 단연 최고의 아름다운 조각으로 인정받고 있다. 그 외에도 원각사 창건에 대해 기록되어 있는 보물 제3호 원각사지 대원각사비도 둘러보자.

독립선언문에 서명한
민족 대표 손병희 선생님 동상

만세를 부르며 독립운동에
참여한 시민들의 모습을 새겨 놓은
탑골공원의 부조

03

고종과 명성황후가 결혼식을 올린 곳
운현궁

운현궁의 안채 기능을 담당했던 이로당

여행 정보

- **주소** 서울특별시 종로구 삼일대로 460
- **전화** 02-766-0909
- **웹사이트** www.unhyeongung.or.kr
- **개방시간** 4~10월 09:00~19:00, 11~3월 09:00~18:00
- **휴관일** 매주 월요일
- **해설사 동행 관람** 없음
- **입장료** 성인 700원, 14~24세 300원
- **공중화장실** 있음
- **주차장** 없음. 주변 유료 주차장 이용
- **대중교통**  3호선 안국역 4번 출구에서 도보 1분
  버스 간선 109, 151, 161, 162, 171, 172, 272 • 지선 01, 02

탑골 공원 북쪽에는 조선 26대 임금인 고종이 왕위에 오르기 전에 살았던 궁궐, 운현궁이 있다. 고종의 아버지 흥선대원군은 이곳에 머물며, 1863~1873년까지 10년 동안 어린 고종을 대신해 나랏일을 돌봤다. 지금 운현궁에는 노락당, 노안당, 이로당, 수직사 등이 남아 있지만 원래 영화루, 사당을 비롯하여 현재 덕성여자대학교 본관 건물까지 포함하는 웅장한 규모를 갖추고 있었다. 궁궐로서 위용을 자랑하던 운현궁이 지금의 모습으로 변한 이유는 일제강점기에 많은 부분이 파괴되고 변형되었기 때문이다.

운현궁의 중심은 사랑채로 사용되었던 노안당이다. 노인을 편안하게 모셔야 한다는 뜻을 담고 있는 노안당은 처마 끝에 각목을 길에 대어 차양을 단 모습이 조선 후기 양반가

전형적인 양반 한옥집의 형태를 갖추고 있는 운현궁의 내부

노안당 현판. 노인을 편하게 모셔야 한다는 뜻을 담고 있다.

의 주택 양식을 잘 보여 주고 있다. 노안당 뒤에는 운현궁에서 제일 큰 건물인 노락당이 있다. 창살 문양이 아름다운 노락당은 명성황후가 신부 수업을 받고, 고종과 가례(결혼식)를 올렸던 장소이다. 운현궁 가장 안쪽에 자리한 이로당은 여성들이 생활하는 안채로, 폐쇄적인 'ㅁ'자 형태를 갖추고 있다.

운현궁 중앙에 자리한 노락당. 고종과 명성황후의 결혼식을 올렸던 곳으로 운현궁에서 제일 큰 건물이다.

04

조선 후기 우편 업무를 담당했던 곳
우정총국

근대적인 우편업무를 시작했던 우정총국

여행 정보

- **주소** 서울 종로구 견지동 397
- **개방시간** 4~10월 09:00~18:00, 11~3월 09:00~17:00
- **휴관일** 매주 월요일
- **해설사 동행 관람** 없음
- **입장료** 무료
- **공중화장실** 없음
- **주차장** 조계사 유료 주차장과 주변 유료 주차장 이용
- **대중교통** 지하철 1호선 종각역 2번 출구에서 도보 5분, 3호선 안국역 6번 출구에서 도보 5분 버스 • 간선 109, 151, 162, 172, 401, 606, 704, 708 • 지선 종로01, 종로02 • 광역 1020, 8000, 1500, 1005-1, 5500-1, 5500-2, 9000

조계사 입구 우측에는 조선 후기 우편업무를 담당했던 우정총국이 있다. 원래 국립의원인 전의감이 있었던 자리에 우정총국이 설치된 것은 고종 21년(1884년)이었다. 고종은 규획과, 발착과, 계산과 3개의 부서로 구성하고 일본·영국·홍콩 등 외국과 우편물교환협정을 체결하며 본격적인 우편업무를 시작하게 했다.

하지만 12월 4일 개국 축하행사 현장이 급진개화파들이 일으킨 갑신정변의 무대가 되면서, 11월 18일 업무를 시작한 지 불과 17일 만에 문을 닫아야 했다. 오랫동안 우편업무를 수행하지 않았던 우정총국은 128년 후인 2012년 우편업무를 재개하였다. 당시 우편물을 발송할 때 사용했던 도장과 각종 사무용품 등 다양한 자료와 유물을 전시되어 있으며, 조선시대 우편업무를 이해할 수 있는 자료 영상도 볼 수 있다.

05 최대 불교종파인 조계종의 본부
조계사

조계사의 상징인 대웅전과 450년 수령을 자랑하는 회화나무

여행 정보

- **주소** 서울특별시 종로구 견지동 45번지
- **전화** 02-732-2183
- **웹사이트** www.jogyesa.kr
- **개방시간** 24시간
  (불교박물관 09:00~18:00)
- **휴관일** 연중무휴
- **해설사 동행 관람** 없음
- **입장료** 무료
- **공중화장실** 있음
- **주차장** 유료
- **대중교통** 지하철 1호선 종각역 2번 출구에서 도보 5분, 3호선 안국역 6번 출구에서 도보 5분 버스 간선 109, 151, 162, 172, 401, 606, 704, 708 • 지선 종로01, 종로02 • 광역 1020, 8000, 1500, 1005-1, 5500-1, 5500-2, 9000

조계사는 우리나라 최대 불교종파인 조계종의 본부 사찰이다. 조계사의 역사는 일제강점기였던 1910년, 옛 중동중학교 자리에 창건되었던 각황사에서 출발한다. 각황사는 1937년 현재 조계사 위치로 옮겨 왔고, 이름도 태고사로 불리다가, 1955년 조계사로 바뀌었다.

  조계사는 초기부터 대웅전을 중심으로 출입문인 일주문, 종을 보관하고 있는 범종각, 부처님께 기도를 드리는 덕왕전, 육화당 등 전통 사찰 건축의 면모를 갖추었으며, 지금은 박물관, 불교회관 등 현대적인 건축물도 계속 늘어나고 있다. 박물관에는 부처님 몸에서 나온 진신사리를 비롯하여 불상, 불교서적, 불교의상, 각종 불교용품을 전시하고 있다. 조계사 마당에서는 사찰보다 훨씬 오래 전부터 이곳을 지키고 있는 500년 가까이 된 백송과 회화나무도 볼 수 있다.

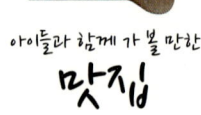

아이들과 함께 가 볼만한 맛집

| 카페 헐리우드 | Café Hollywood |

한식, 양식, 분식 등 다양한 퓨전요리도 맛볼 수 있는 카페. 인공 조미료를 사용하지 않아 모든 음식이 담백한 맛을 낸다. 식사 후 조용히 커피 한잔도 할 수 있는 곳.

- **주소** 서울시 종로구 관훈동 192-21 ● **전화** 02-737-7888
- **영업시간** 평일 7:30~21:00, 주말 8:30~21:00 ● **휴무** 연중무휴
- **가격대** 6,000원~10,000원대 ● **주차** 불가능

| 최대감네 |

상추 주먹밥을 곁들인 상추 샤브샤브가 인기 있는 집. 한옥 7채를 개조한 넓은 실내에서 연못이 있는 아름다운 정원을 바라보며 다양한 종류의 샤브샤브를 맛볼 수 있다.

- **주소** 서울시 종로구 관훈동 29-3 ● **전화** 02-733-9355
- **영업시간** 11:30~21:30 ● **휴무** 명절
- **가격대** 13,000원~ ● **주차** 불가능

| 궁 |

70년 동안 빚어온 이북식 만두 맛집. 주인 할머니가 직접 빚은 고기가 꽉 찬 만두와 쫀득한 조랭이 떡이 어우러진 만두전골 맛이 훌륭하다.

- **주소** 서울시 종로구 관훈동 30-11 ● **전화** 02-733-9240
- **홈페이지** www.koong.co.kr ● **영업시간** 11:30~21:30
- **휴무** 명절 ● **가격대** 9,000원~25,000원 ● **주차** 불가능

| 토방 |

밥값이 비싼 인사동에서 5,500원에 한식을 맛볼 수 있는 집이다. 특히 밑반찬으로 나오는 감칠맛 나는 양념게장이 이 집의 인기비결.

- **주소** 서울시 종로구 관훈동 73-1 ● **전화** 02-735-8156
- **영업시간** 12:00~21:00 ● **휴무** 명절
- **가격대** 5,500원~15,000원대 ● **주차** 불가능

서울

덕수궁

중명전 / 숭례문 / 환구단 / 명동성당

덕수궁 주변을 여행하는 방법

자주독립을 향한 황제의 꿈이 머문 곳 덕수궁과 그 주변의 중명전, 숭례문, 환구단, 명동성당을 함께 돌아본다.

중화전과 그 뒤로 보이는 서울 도심 풍경

여행 정보 travel information

여행 소요시간 | 총 5~6시간
여행 시기 | 도심 속에 자리한 덕수궁 관람은 신록으로 가득한 5~6월이나 은행나무와 단풍나무가 화려한 자태를 뽐내는 10~11월에 찾는 것이 좋다.
예상 경비 | 4인 가족 기준(성인 2명, 어린이 2명)
• 입장료 : 2,000원(덕수궁 성인 1,000원, 어린이 무료/중명전, 숭례문, 환구단, 명동성당 무료)
• 식비 : 30,000~40,000원
• 총 경비 : 32,000~42,000원(차량유류비 및 주차비, 대중교통비 제외)

교통 정보 traffic information

덕수궁 주변은 도심이므로 자가용을 이용하기보다 대중교통과 도보로 둘러보는 것이 효과적이다. 지하철 1·2호선 시청역 2번 출구로 나오면 바로 덕수궁 입구와 매표소가 나온다. 자가용 이용시는 덕수궁 주변 유료 주차장에 주차 후 덕수궁, 중명전, 숭례문, 환구단까지 둘러본 후 자가용으로 명동성당에 이동한다.

당일여행 추천 코스
travel route

1 덕수궁 10:00~11:00
중화전과 주요 전각을 둘러본 후 만원 지폐 안에 들어 있는 물시계 자격루 그림과 실물을 비교해보기.
☞상세 관람 코스는 P.107

도보 5분 ★
덕수궁 입구에서 서쪽 방향으로 직진하여 300~400미터쯤 걸으면 중명전이 보인다.

2 중명전 11:10~11:40
을사조약과 헤이그 특사단에 관하여 알아보기.

도보 10분 ★
정동이나 서소문 부근 식당가로 걸어서 이동한다.

3 점심식사 11:50~12:50
중명전과 덕수궁 사이에 자리한 정동과 서소문 지역에는 한식과 이탈리안 음식점 등이 있어 선택의 폭이 넓다.

도보 10분 ★
시청광장 방향으로 이동 후 남쪽으로 300미터쯤 걸으면 숭례문을 만날 수 있다.

4 숭례문 13:00~13:30
국보 1호 숭례문의 유례와 2008년 화재 발생에 관한 이야기를 들려주기.

도보 10분 ★
숭례문에서 시청 방향으로 올라와 프라자호텔에서 지하통로를 따라 웨스턴조선호텔로 이동하면 환구단 입구가 나온다.

5 환구단 13:40~14:10
환구단의 의미와 이곳에 옮겨진 사연을 이야기해 보기.

도보 20분 ★
버스나 지하철로 한 정거장이면 갈 수 있지만, 버스 정류장이나 지하철역까지 움직이는 시간과 내려서 다시 걷는 시간을 생각하면, 걷거나 택시를 이용하는 것이 낫다.
자가용 이용시 명동성당 유료 주차장을 이용한다.

6 명동성당 14:30~15:00
고딕 건축의 특징을 찾아보기.

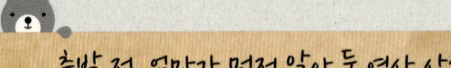

출발 전, 엄마가 먼저 알아 둘 역사 상식

덕수궁에 담긴 역사 이야기

조선왕조 격변기를 대변하는 궁궐

덕수궁은 원래 왕이 머무는 궁궐이 아니라 조선 9대 왕 성종의 형 월산대군의 저택이었다. 임진왜란으로 한양에 있던 궁궐이 모두 잿더미로 변해 머물 곳이 없던 선조가 임시 궁궐로 사용할 당시에도 정릉동 행궁(궁 밖으로 행차할 때 임시로 머무르는 궁)으로 불렸다. 덕수궁이 공식 궁궐이 된 것은 광해군 3년(1611년)부터다. 광해군은 정릉동 행궁에 '경운궁'이란 궁궐의 칭호를 내렸다. 하지만 경운궁에 머물던 광해군이 1615년 창덕궁으로 옮기면서 경운궁은 다시 비상시 사용하는 이궁으로 남게 되었다.

경운궁이 역사의 중심에 등장한 것은 282년이 지난 1897년, 19세기 말이다. 고종은 우리나라가 독립된 자주국가임을 세상에 알리고 국호를 대한제국이라

대한제국의 정전으로 사용되었던 중화전

검소하게 꾸며진 준명당 마루

칭한 후, 경운궁을 공식 궁궐로 사용하였다. 당시에는 지금의 중명전을 비롯하여 미국대사관저, 예원학교, 구세군교회, 덕수초등학교, 조선일보, 코리아나호텔까지도 궁궐에 포함되었으며 현재 면적보다 3배나 넓었다.

덕수궁이란 궁궐 명칭은 1907년 순종이 즉위하면서 사용되었다. 고종황제가 왕위에서 물러남과 동시에 대한제국 정궁으로서의 위상도 급속하게 쇠퇴하였고, 고종황제 승하를 기점으로 일본은 덕수궁의 일부 땅을 팔고 궁궐을 공원으로 만들었다. 해방 후 일부는 복원 작업을 마치고 다시금 방문객을 맞고 있지만 아직도 복원할 부분이 많다. 덕수궁은 우리 격변기 역사를 담고 있는 치욕의 현장으로 절대 잊어서는 안 될 중요한 유산이다.

우리 아이가 알아야 할 역사 포인트

① 광해군과 경운궁

덕수궁을 처음 궁궐로 사용한 왕은 선조였지만 덕수궁과 인연이 깊은 군주는 광해군이다. 선조는 임진왜란 때 평양에서 광해군을 세자로 책봉하였다. 선조가 승하하자 왕위에 등극한 광해군은 지금의 덕수궁에 머물렀다. 당시 정릉동 행궁이었던 이곳에 경운궁이란 이름을 내린 인물도 광해군이다. 왕위에 오른 광해군은 왕권을 위협하는 형제들을 처형하고 인목대비를 경운궁 석어당에 감금시켰다. 훗날 인목대비는 광해군을 석어당 앞마당에 꿇어앉히고 36가지 죄를 추궁하여 왕권을 박탈하고 인조를 즉위시켰다. 이 사건이 바로 인조반정이다.

② 대한제국

1897년 10월 12일 개국하여 1910년 8월 29일 멸망한 대한제국은 고종황제가 세운 새로운 개념의 국가이다. 짧은 기간이었지만 대한제국은 이전까지 중국 영향 아래 놓여 있던 국가의 위상이 중국과 동등함을 세상에 알렸다. 먼저 국왕의 칭호를 왕과 전하가 아닌 중국처럼 폐하와 황제로 칭했다. 그리고 왕릉의 형태와 제례의식도 중국과 동등하게 시행하였으며 무엇보다 우리나라를 둘러싼 열강들의 침략에 맞서 자주적인 외교를 주창했다. 열강의 관섭과 침략으로 뜻을 이루지 못했지만 정치, 외교, 군사, 경제 등에서 자주적인 역량을 키우려 했던 대한제국은 1910년 8월 22일 이른바 '한일병합조약'으로 멸망했다.

③ 장영실과 물시계 자격루

덕수궁에 보관된 많은 문화재 중 국보는 단 한 점뿐이다. 덕수궁 유일의 국보는 물시계 자격루로, 덕수궁미술관 옆에 있는 자그마한 전각인 광명문에 보관되어 있다.

현재 국보 제229호로 지정되어 있는 물시계는 조선 최고의 과학자 장영실이 발명한 것이다. 장영실은 부산 동래현의 관노비였지만 그의 재주를 알아본 세종대왕의 발탁으로 과학자가 되었다. 장영실은 물시계 자격루 외에도 천상시계, 금속활자인쇄 등을 발명하였다.

장영실이 발명한 자격루

01

제국을 꿈꿔 온 역사의 현장

덕수궁

중화전 천장에 장식되어 있는 용. 왕의 공간임을 의미한다.

교과서 연계 정보

3학년 1학기 사회
2단원 고장의 자랑
3단원 고장의 생활과 변화

3학년 2학기 사회
1단원 고장 생활의 중심지

5학년 1학기 사회
3단원 유교전통이 자리 잡은 조선

5학년 2학기 사회
2단원 새로운 문물의 수용과 자주 독립

여행 정보

- **주소** 서울특별시 중구 세종대로 99
- **전화** 02-771-9952
- **웹사이트** www.deoksugung.go.kr
- **개방시간** 09:00~21:00, 입장 마감은 20:00
- **휴관일** 매주 월요일
- **해설사 동행 관람** 10:00, 11:00, 13:00, 13:30, 14:00, 14:30, 16:30 (1시간 소요)
- **입장료** 성인 1,000원. 18세 미만 무료
- **공중화장실** 덕수궁, 석조전, 미술관에 있음
- **주차장** 없음. 주변 유료 주차장 이용
- **대중교통** 지하철 1호선 시청역 2번 출구에서 도보 1분, 2호선 시청역 12번 출구에서 도보 1분 버스 • 간선 101, 103, 150, 172, 263, 401, 406, 408, 421, 472, 504, 507, 600, 602, 603, 604, 607, 703 • 지선 631, 1002, 1711, 7011, 7016, 7019, 7022 • 광역 8600

상세 관람 코스
소요시간 1시간

조선의 수난과 역경을 고스란히 담고 있는 덕수궁은 다른 어떤 궁궐보다 많은 교훈을 남긴 소중한 궁궐이다. 따라서 덕수궁을 처음 찾은 방문객이건 여러 차례 찾았던 방문객이건 해설사와 동행하여 둘러볼 것을 추천한다. 해설사와 둘러본 후 주요 장소 혹은 관심 있는 곳을 찾아 천천히 다시 돌아보는 것이 효과적이다. 해설사 동행 관람이나 자유 관람 모두 1시간 정도 걸린다.

start! 대한문, 금천교 → 중화문, 중화전 → 준명당, 즉조당, 석어당 → 함녕전, 덕홍전

Goal~ 광명문 ← 석조전, 미술관 ← 정관헌

서울 ★ 덕수궁 107

덕수궁 꼼꼼히 둘러보기

조선왕조의 공식 궁궐인 경복궁을 필두로 창덕궁, 창경궁, 경희궁, 덕수궁까지, 왕과 관료들이 모여 나랏일을 논의했던 궁궐들은 하나같이 파란만장한 이야기를 담고 있다. 서울시청광장과 마주보고 있는 덕수궁도 예외는 아니다. 왕자인 대군의 저택에서 왕이 머무는 궁궐로, 그리고 평범한 이궁(비상시 사용하는 궁궐)으로, 다시금 새로운 국가의 궁궐로……. 이렇게 급변했던 우리 역사를 덕수궁처럼 잘 보여 주고 있는 곳도 드물다.

중화전 계단에 장식되어 있는 상상의 동물, 해치

덕수궁은 경복궁의 웅장함도, 창덕궁의 낭만적인 분위기도 찾아볼 수 없다. 옛 궁궐 동쪽은 도로가 되었고, 남쪽에 있던 출입문은 그 흔적조차 볼 수 없다. 일제강점기 때 여러 구역으로 나뉘어 팔렸던 궁궐이 아직도 원래 자리를 찾지 못하고 있는 것이다. 그뿐이 아니다. 경운궁이란 원래 이름도 되찾지 못했다. 덕수궁은 우리가 역사와 문화를 얼마나 소홀하게 다루는지 보여 주는 현장이기도 한 셈이다.

세상을 향하여 열린 대한문

course 대한문 → 금천교

덕수궁은 조선 궁궐 중 가장 많이 변해 버린 궁궐이다. 궁궐 터에 빌딩이 들어서고 자동차가 질주하게 된 것은 국운을 막으려는 일제의 의도도 있지만, 문화보다 경제를 앞세운 우리의 잘못도 크다.

덕수궁 대한문은 원래 정문이 아니었다. 정문은 남쪽에 있는 인화문이었다. 대한문이 정문이 된 것은 도로가 확장되고 동쪽 지역이 중심지로 떠오르면서 정문을 동쪽으로 옮겼

수문장 교대식을 위해 금천교를 지나는 덕수궁 취악대

덕수궁의 정문인 대한문. 원래 정문은 남쪽에 있었다.

기 때문이다. 대한문이란 이름도 본래의 것이 아니다. 19세기 말까지 동쪽 출입문은 '크게 편안하다'라는 의미를 지닌 대안문이라고 했다. 대안문이 대한문으로 바뀐 것은 고종이 대한제국을 선포하면서이다. '한양이 크게 발전하라'는 뜻을 담아 대한문으로 바꾼 것이다. 대한문은 대한제국이 자주독립국임을 세상에 알리고 근대화로 나가려는 고종황제의 마음이 담긴 출입문이다. 대한문을 통과하면 바로 금천교다. 창덕궁이나 경복궁의 금천교에 비해 출입문과의 거리가 짧다. 이유는 33미터에 달하던 궁궐 동쪽 지역이 지금은 도로로 변했기 때문이다.

더 높은 비상을 꿈꿨던 중화전

중화전으로 통하는 중화문

course 중화문 → 중화전

덕수궁의 정전인 중화전으로 통하는 중화문은 화재로 잿더미가 된 것을 1906년에 재건한 것이다. 중화문을 들어서면 마당이 펼쳐진다. 각 벼슬의 이름을 새긴 품계석이 좌우로

대한제국의 정전으로 사용되었던 중화전

세워진 마당은 조선왕조 정궁인 경복궁은 물론 다른 이궁인 창덕궁보다 훨씬 작다. 마당이 경복궁이나 창덕궁보다 작은 이유는 처음부터 궁궐로 건축한 것이 아니라 월산대군의 저택이었던 것을 궁궐로 바꾸었기 때문이다.

품계석이 끝나는 지점에는 나지막한 2단 월대가 놓여 있다. 월대란 행사 때 사람들이 오르던 넓은 단을 말하는데, 덕수궁 월대는 규모는 작지만 다른 궁궐에서는 찾아볼 수 없는 두 가지가 있다. 하나는 계단에 새겨진 두 마리 용이다. 경복궁, 창덕궁, 창경궁, 경희궁 월대에는 봉황이 새겨져 있지만 덕수궁 월대에만 용이 새겨져 있다.

조선왕조 궁궐 가운데 유일하게 용이 장식되어 있는 중화전 계단

돌에 새겨진 조각이 용이건 봉황이건 중요하지 않게 생각할 수 있지만 그 상징성은 매우 크고 중요하다. 정전 월대에 봉황이 아닌 용을 조각한 것은 우리가 중국과 동등함을 뜻하고 있다. 비록 군사, 경제, 외교적으로 힘없는 나라였지만 더 넓은 세상을 향하여 나아가려는 대한제국의 의지를 보여

중화전 마당의 품계석

중화전의 내부

주는 좋은 예다. 또 다른 특징은 화재를 막기 위해 월대에 설치해 놓은 '드므'이다. 이 드므에도 경복궁이나 창덕궁에서는 볼 수 없는, 오랫동안 살라는 한자어 '만세(萬歲)'가 새겨져 있다. 비록 두 글자지만 이것도 이전까지 중국 황실에서만 사용했던 단어다.

덕수궁 중화전은 경복궁 근정전이나 창덕궁 인정전에 비해 규모가 작다. 그 이유는 1904년 발생한 화재로 잿더미가 된 중화전을 복원하는 과정에서 나라의 살림이 어려워져 축소해서 지었기 때문이다.

방화수를 담아 놓은 드므. 화마(화재를 마귀에 비유한 말)가 물에 비친 자신의 모습을 보고 놀라 도망간다는 상징적인 의미를 담고 있다.

고종황제의 소박한 편전 준명당

course 준명당 → 즉조당 → 석어당

중화전 뒤편에는 세 채의 아담한 건물이 나란히 터를 잡고 있다. 석조전 옆에 위치한 준명당은 고종황제가 집무를 보던 편전이었다. 조선 왕들은 하나같이 실용적인 공간에서 집무를 수행했기 때문에 덕수궁 편전인 준명당도 아담하다. 현

덕수궁의 모태가 된 즉조당. 고종황제 때는 덕수궁의 정전으로 사용되기도 했다.

고종황제가
실질적인 집무를 보았던 편전 준명당

존하는 준명당은 1904년 덕수궁 화재 때 잿더미가 된 것을 복원한 건물이다.

준명당과 복도로 연결된 즉조당은 덕수궁의 모태가 된 곳으로, 팔각지붕을 갖춘 건물이다. 임진왜란 때 선조가 거처했던 곳으로 1904년 화재로 사라진 것을 고종황제가 복원한 것이다. 고종황제는 덕수궁의 많은 전각 중 유별나게 즉조당에 애착을 보였다. 이유는 인조 이후 조금도 바뀌지 않고 온전하게 보존된 건물이었기 때문이다. 화재로 사라진 즉조당이 복원되자 고종황제는 손수 쓴 현판을 내려 즉조당에 걸게 했다.

즉조당 동쪽에는 덕수궁에 유일하게 남아 있는 2층 건물 석어당이 있다. 아래층이 넓고 위층이 좁은 석어당은 선조와 인목대비가 사용했던 전각으로, 화재 때 소실된 것을 다시 지은 것이다. 아래층 방에서 위층으로 이어지는 계단은 독립된 공간으로 사용되었음을 보여 주고 있다. 또한 화려하지 않은 소박한 창살로 둘러싸인 실내는 조선왕조의 통치이념인 유교의 검소함을 잘 드러낸 것으로 평가되고 있다.

석어당은 덕수궁에 남아 있는 건축물 가운데 유일한 2층 건물이다.

가정집을 연상시키는 석어당

아름다운 외관과 상반되는 아픈 역사의 현장, 내전 공간

course 함녕전 → 덕홍전 → 정관헌

석어당 동쪽에는 고종황제의 침전인 함녕전이 있다. 함녕전은 1919년 68세로 고종이 돌아가신 장소이기도 하다. 함녕전 외관은 여느 건물과 비슷하지만 건물 뒤편 정원, 각종 문양으로 장식된 담장과 출입문, 굴뚝 등은 덕수궁에서 가장 아름답다.

고종황제의 침전으로 사용된 함녕전

함녕전 앞 아담한 덕홍전은 고종황제가 비운의 황후 명성황후를 위하여 만든 건물이다. 덕홍전에는 명성황후의 신주(죽은 사람의 이름이 새겨진 나무, 혼령을 상징)를 종묘로 옮기기 전까지 모셔 두었는데, 이런 건물을 궁궐에서는 혼궁이라고 부른다.

덕홍전은 명성황후의 신주를 종묘로 옮긴 후에는 고종의 접견실로 사용되었다.

함녕전 정원 북쪽에는 이색적인 건물 정관헌이 있다. 러시아 건축가 사바틴이 설계한 정관헌은 전통 건축과 서양 건축을 접목하여 완성한 독특한 건물이다. 고종황제는 정관헌

서울 도심을 배경으로 자리한 함녕전과 덕홍전

전통 한옥과 서양 건축양식이 멋진 조화를 이루고 있는 정관헌

화려한 색상과 이씨 왕조를 상징하는 배꽃 문양으로 장식된 덕홍전 내부

을 휴식 공간으로 사용했다. 기둥 양식은 서양식이지만 나무를 사용하여 만든 것이며 기둥에 새겨진 청룡, 황룡, 꽃병 등은 영락없는 우리 전통 양식이다. 반면 동, 서, 남 쪽으로 트인 테라스는 서양 건축양식을 잘 보여 주고 있다.

정관헌은 고종황제 독살을 시도했던 곳이기도 하다. 러시아 공사관에 머물며 커피 맛에 푹 빠진 고종황제는 덕수궁에 돌아온 후에도 수시로 커피를 즐겼다. 당시 통역자로 근무하면서 거액을 빼돌리다 발각되어 유배를 당하게 된 김홍륙이란 자가 있었다. 그는 유배를 떠나기 전 하수인을 사주하여 고종과 황태자(훗날 순종이 됨)의 커피에 독을 넣어 살해하려고 했지만 다행히도 화를 면했다.

함녕전과 정관헌 사이를 잇는 아름다운 출입문

아름다운 조각이 장식된 정관헌의 기둥

중화전보다 더 웅장한 석조전

조선왕조 궁궐에 세워진 석조 건물

course 석조전 → 미술관 → 광명문

덕수궁 서쪽에는 대한제국의 근대화를 상징하는 서양식 건축물, 석조전과 미술관이 있다. 중화전보다 더 웅장한 석조전은 고종황제가 업무를 수행하고 침전으로 사용할 목적으로 1900년에 공사를 시작하여 1910년 완성한 건축물이다. 3층으로 이루어진 석조전은 부속실과 접견실, 침전 등으로 사용되었다. 처음 석조전은 대한제국의 재정고문관이었던 영국인 브라운이 짓기 시작했지만 재정고문이 일본인으로 바뀌면서 오쿠라 토목회사에서 완성하였다. 석조전을 시공한 오쿠라 토목회사는 우리 문화재를 불법으로 다량 반출하여 개인의 집과 정원을 꾸미고 호텔을 조성하는 데 사용하

덕수궁 서쪽에 위치한 덕수궁미술관

보물로 지정된 흥천사 동종. 광명문에 보관되어 있다.

는 등 파렴치한 회사로 악명이 높다. 고종황제가 승하한 후 일본은 석조전을 일본 회화미술관으로 사용하였다. 석조전 옆에는 또 하나의 석조 건물인 덕수궁미술관이 있다.

　덕수궁미술관 남쪽에 있는 자그마한 건물이 광명문이다. 이곳에는 장영실이 만든 우리나라 최고의 물시계인 자격루를 비롯하여, 보물로 지정된 흥천사 동종이 보관 전시되어 있다.

　도심에 여유를 주는 공원 같은 겉모습과 달리 아픈 역사를 간직하고 있는 덕수궁은 우리 아이들에게 어떤 유적지보다 의미 있게 알려 주어야 할 곳이다. 비록 힘없는 나라의 왕이지만 독립국을 표방했던 고종황제와 그것을 실천하려는 열사들의 숨결이 녹아 있는 덕수궁. 오늘을 살아가는 우리에게 많은 것을 생각하고 반성하게 해 주는 곳이다.

다량의 총을 설치하여 동시에 발사할 수 있도록 만들어 놓은 화차. 광명문에 보관되어 있다.

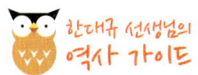

어떻게 자격루는 시간을 알려 줄 수 있었을까요?

세종대왕이 등장하는 1만 원짜리 지폐를 보세요. 세종대왕 옆을 보면 자격루가 있는데, 이것도 원래 자격루의 모습과 달라요. 시간을 알려 주는 자격 부분이 빠져 있거든요. 현재 남아 있는 것은 물을 담아 두었다가 흘려보내는 파수호와 물을 받는 수수호(용 무늬가 있는 물받이 통)만 남아 있을 뿐이에요. 자격루는 저절로 움직이는 물시계예요. 파수호에서 수수호로 물을 흘려보내면 물이 차오르면서 이곳에 있던 지렛대가 떠올라요. 지렛대가 움직이면서 쇠구슬이 구르고 여러 장치를 건드려 인형을 움직이게 하거나, 북이나 징 등을 쳐서 소리를 낸답니다.

광명문에 보관되어 있는 물시계 자격루

02

황실의 도서관
중명전

 여행 정보

- **주소** 서울특별시 중구 창경궁로 185
- **전화** 02-732-7524
- **웹사이트** www.deoksugung.go.kr
- **개방시간** 09:00~18:00 자유관람은 평일 10:00~12:00만 가능
- **휴관일** 매주 월요일
- **해설사 동행 관람** 10:00, 11:00, 13:00, 14:00, 15:00, 16:00(인터넷 사전 예약 필수. 10:00, 11:00는 평일에만 실시)
- **입장료** 무료
- **주차장** 없음. 주변 유료 주차장 이용

덕수궁 서쪽 돌담길을 따라 조금 걸으면 벽돌로 지은 건물이 나온다. 바로 황실의 도서관이었던 중명전이다. '광명이 계속 이어져 그치지 않는 전각'이란 의미가 담긴 중명전이 처음 모습을 드러낸 것은 1897년이었다. 덕수궁 정관헌을 설계한 러시아 건축가 사바틴이 설계와 시공을 한 것으로, 선진문물 수용에 앞장섰던 고종황제의 의지가 고스란히 담긴 건축물이다. 덕수궁 대화재로 1904년부터 중명전이 고종황제의 집무실로 사용되기도 했다.

1905년 11월 18일 새벽, 일본이 무장군대를 동원하여 고종황제와 신하들을 협박, 대한제국의 외교권을 강탈하는 '을사조약'을 강제 체결한 곳도 중명전이다. 일본에 외교권을

헤이그 특사단 파견에 관한 자료를
전시해 놓은 1층 전시장

중명전에 전시되고 있는 대한제국 시절의 문서

헤이그 만국평화회의에 참가했던 이준, 이상설, 이위종 특사

● 공중화장실 있음
● 대중교통 지하철 1호선 시청역
  2번 출구에서 도보 5분, 2호선
  시청역 12번 출구에서 도보 5분
  버스 • 간선 101, 103, 150, 172, 263,
  401, 406, 408, 421, 472, 504, 507,
  600, 602, 603, 604, 607, 703
  • 지선 631, 1002, 1711, 7011, 7016,
  7019, 7022 • 광역 8600

빼앗긴 치욕적인 곳이지만, 반면 고종황제와 충신들이 주권을 되찾기 위하여 투쟁했던 장소이기도 하다. 고종황제는 대한제국과 국교를 체결한 각국 원수들에게 친서를 보내 을사조약의 부당함을 알렸다.

또한 이를 세상에 알리기 위하여 제2차 헤이그 만국평화회의에 이준, 이상설, 이위종 특사의 파견을 명한 곳도 바로 중명전이다. 중명전에는 당시 헤이그 만국평화회의에 제출하려고 했던 '만국평화회의보'를 비롯하여 대한제국의 입장을 알리는 자료들이 보존 전시되어 있다.

03

대한민국 수도의 정문
숭례문

여행 정보

- **주소** 서울특별시 중구 남대문로4가 29
- **웹사이트** www.cha.go.kr
- **개방시간** 09:00~18:00, 1층 내부 관람 가능
- **휴관일** 매주 월요일
- **해설사 동행 관람** 없음
- **입장료** 무료
- **주차장** 없음, 주변 유료 주차장 이용
- **공중화장실** 없음
- **대중교통**  시청역 1호선 2번 출구에서 도보 3분, 2호선 12번 출구에서 도보 1분
  버스 · 간선 100, 104, 105, 150, 152, 163, 201, 202, 261, 401, 501, 505, 700, 701, 707
  · 지선 7011, 7017, 7022, 7027
  · 광역 1005, 5000, 5005, 5007, 7900, 9000, 9301, 9703

조선왕조의 심장이자 대한민국 수도의 정문인 숭례문은 태조 5년(1396년) 10월 상량식을 거쳐 태조 7년(1398년) 준공되었다. 태조는 숭례문 완공 행사장을 직접 찾아 공사에 참여했던 관리와 백성들의 노고를 치하할 정도로 이곳을 매우 중요시했다. 임진왜란과 병자호란 같은 대규모 전쟁에도 살아남고, 일제강점기를 비롯한 대한민국의 파란만장한 역사를 610년 동안 지켜보던 국보 제1호 숭례문은 2008년 2월 10일 밤 어처구니없는 방화로 잿더미가 되고 말았다.

나라의 국보가 화마 속으로 사라지는 광경을 텔레비전으로 지켜볼 수밖에 없었던 기억을 온 국민의 뇌리에 생생하게 각인시킨 숭례문은 5년 3개월이 지난 2013년 5월 4일 이전보다 더 웅장하고 위풍당당한 자태를 드러냈다. 더불어 일제강점기 때 전차 선로를 건설하기 위하여 파괴했던 성곽의 일부도 함께 복원되었다. 또한 화산을 상징하는 관악산의 불기운을 막기 위하여 다른 성문과 달리 세로로 걸었던 현판도 양녕대군의 친필을 바탕으로 제작해 걸었다. 새로운 모습으로 찾아온 숭례문은 우리가 문화재를 얼마나 소중하게 관리해야 하는지 잘 보여 주는 현장이다.

04

하늘에 제사를 올리던 곳
환구단

고종황제가 하늘에 제사를 올렸던 환구단

여행 정보

- **주소** 서울특별시 중구 소공로 112
- **전화** 02-3396-5881
- **웹사이트** http://tour.junggu.seoul.kr/tour/index.jsp
- **개방시간** 06:00~24:00
- **휴관일** 연중무휴
- **해설사 동행 관람** 없음
- **입장료** 무료
- **주차장** 없음.
  주변 유료 주차장 이용
- **공중화장실** 없음. 웨스턴조선호텔 화장실 이용
- **대중교통** `지하철` 1호선 시청역 2번 출구에서 도보 3분, 2호선 시청역 12번 출구에서 도보 1분
  `버스` • 간선 101, 103, 150, 172,

서울시청광장 동쪽에는 대한제국의 고종황제가 하늘에 제사를 올렸던 환구단이 있다. 책자에 따라 제천단, 원구단 등으로 표기하기도 하지만 공식적인 명칭은 환구단이다. 나라를 대표하는 왕이 하늘에 제천의식(하늘을 숭배하는 의식)을 올렸던 풍습은 삼국시대부터 시작되었지만, 국가적인 차원에서 공식적인 행사로 진행된 것은 고려 성종 때부터다. 고려시대 때 거행되었던 제천의식은 조선왕조가 들어서면서 더 이상 진행되지 않았다. 대신 조선왕조에서는 경복궁 서쪽에 사직단을 세워 유교 법규에 따라 제사를 올렸다.

제천의식인 환구제가 부활한 것은 세조 때인 15세기 중엽이다. 왕권 강화를 목적으로 시작한 세조의 환구제는 결국

263, 401, 406, 408, 421, 472,
504, 507, 600, 602, 603, 604,
607, 703 •지선 631, 1002,
1711, 7011, 7016, 7019, 7022
•광역 8600

3개의 돌로 만든 북. 광무 6년(1902년) 고종황제 즉위 40주년을 기념하여 세웠다.

| TIP |
해설사가 상주하지 않는 곳이니
자유롭게 관람(30분 소요)

신하들의 반대로 폐지되었다. 오랫동안 열리지 않았던 환구제는 대한제국으로 국가 명칭을 바꾼 고종에 의하여 다시 부활되었다. 1897년 덕수궁에 세워진 환구단은 8각 지붕을 갖춘 3층 제단이었다. 이후 고종황제 직위 40주년을 기념하여 용이 조각된 석고단을 완성하였다. 환구단은 일본이 덕수궁을 폐쇄하는 과정에서 지금의 자리로 옮기게 되었다.

환구단 출입문 천장에 새겨진 용은 왕을 상징한다.

05

대표적인 근대 종교 건축물

명동성당

1. 성당 내부 2. 우리나라의 대표적인 종교 건축물인 명동성당

여행 정보

- **주소** 서울특별시 중구 명동길 74
- **전화** 02-774-1784
- **웹사이트** www.mdsd.or.kr
- **개방시간** 연중무휴
- **해설사 동행 관람** 없음
- **입장료** 무료
- **주차장** 유료
- **공중화장실** 있음
- **대중교통** 지하철 4호선 명동역 5번 출구에서 도보 5분, 2·3호선 을지로3가역 12번 출구에서 도보 10분 버스 • 간선 203, 104, 105, 140, 202, 263, 470, 471, 472, 507, 604 • 지선 0013, 0014, 0015, 0211, 7011 • 광역 5500, 9205, 9301, 9400, 9401, 9411, 9701, 9710

| TIP |
기도하는 사람들에게 방해가 되지 않도록 조용히 관람한다 (1시간 소요).

서울 도심에 위치한 명동성당은 우리나라의 대표적인 근대 종교 건축물이다. 유럽에 자리한 유서 깊은 종교 건축물에 비교할 수는 없지만 고딕 건축양식을 충실하게 재현하여 그 가치가 높다. 여러 건물로 이루어진 명동성당을 상징하는 곳은 붉은 벽돌로 된 성당 건물이다. 1898년 모습을 드러낸 성당은 일부 보수공사 중인 곳을 제외하고 대부분이 처음 모습을 그대로 유지하고 있다.

명동성당의 진면목은 내부다. 스테인드글라스를 통해 들어온 빛과 조명이 어우러져 신비감을 느끼게 해 준다. 더욱이 입구에서 중앙 제단을 향하여 이어진 아치 양식의 천장은 경건함과 엄숙함이 느껴진다.

명동성당은 근대 종교 건축물로서의 가치 외에도 베이징에서 우리나라 최초로 사제 서품을 받은 이승훈 신부에 의하여 세례가 거행되었던 역사적인 장소이며, 소외받고 독재에 항거했던 이들의 이야기를 세상에 알렸던 민주화의 성지이기도 하다.

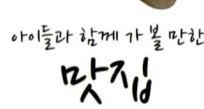

아이들과 함께 가 볼 만한 맛집

| 브라카 Braka |

엄마들이 좋아하는 영국제 가구 갤러리를 겸한 레스토랑으로 모던한 인테리어가 인상적이다.
느끼하지 않은 담백한 소스가 뿌려진 오므라이스가 이 집의 추천메뉴.

- **주소** 서울시 중구 정동 11-3 두비빌딩 지하 1층 ● **전화** 02-753-7005
- **홈페이지** www.abah-braka.co.kr
- **영업시간** 11:30~22:00(마지막 주문은 21:10까지) ● **휴무** 연중무휴
- **가격대** 6,600원~10,000원대 ● **주차** 가능

| 진주회관 |

강원도 일대에서 생산되는 콩으로 만든 콩국수 집. 고명을 전혀 올리지 않은 콩국수지만,
쫄깃쫄깃한 면발과 깊고 고소한 콩 국물의 맛이 예술이다.

- **주소** 서울시 중구 서소문동 120-35 ● **전화** 02-753-5388
- **영업시간** 10:30~22:00 ● **휴무** 연중무휴
- **가격대** 6,500원~10,000원대 ● **주차** 불가능

| 유림면 |

50년 전통의 국수 전문점. 직접 뽑은 면은 쫄깃하면서도 탱글탱글해 씹는 맛이 일품이다.
깔끔한 국물 맛을 내는 냄비국수가 이 집의 대표메뉴.

- **주소** 서울시 중구 서소문동 16 ● **전화** 02-755-0659
- **영업시간** 평일 11:00~21:00, 주말 11:00~19:00
- **휴무** 명절 ● **가격대** 7,000원~8,000원 ● **주차** 가능

| 르 풀 Le Pul |

샌드위치와 치아바타, 달콤한 케이크 등 베이커리 메뉴가 다양해 브런치를 즐기기 좋은 곳이다.
예쁘게 핀 꽃으로 인테리어를 해 놓아 화창한 날씨에 들르기 좋다.

- **주소** 서울시 중구 정동 1-28 ● **전화** 02-3789-0400
- **영업시간** 08:00~21:00 ● **휴무** 연중무휴
- **가격대** 5,000원~10,000원대 ● **주차** 불가능

서울

서대문 형무소역사관

서대문독립공원 / 농업박물관 /
경찰박물관 /
경희궁 / 서울역사박물관

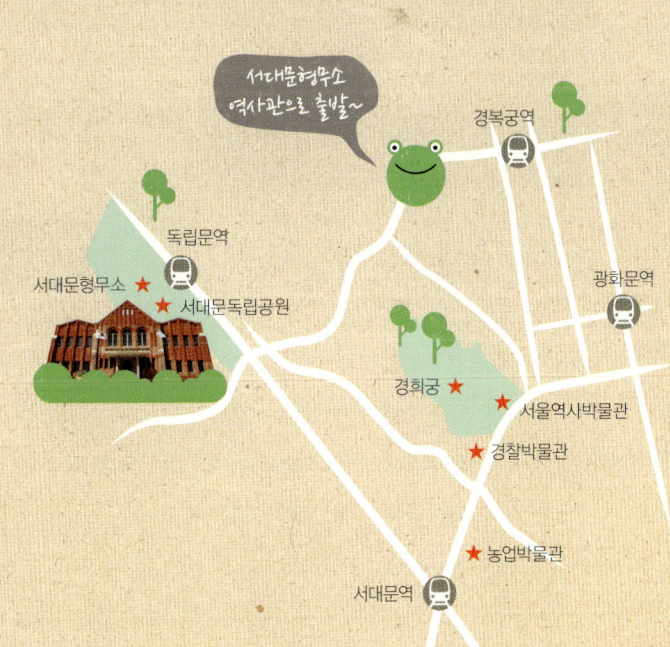

서대문형무소역사관 주변을
여행하는 방법 :

일제의 잔혹함을 보여 주는 서대문형무소역사관과 그 주변의 서대문독립공원, 농업박물관, 경찰박물관, 경희궁, 서울역사박물관을 함께 둘러본다.

인왕산 아래 자리하고 있는 서대문형무소역사관

여행 정보
travel information

여행 소요시간 | 총 8~9시간
여행 시기 | 서대문형무소역사관은 신록이 어우러진 5~7월에 찾는 것이 좋지만, 잔혹하고 열악했던 서대문형무소의 현실을 느껴 보려면 추운 겨울에 찾는 것도 나쁘지 않다.
예상 경비 | 4인 가족 기준(성인 2명, 어린이 2명)
• 입장료 : 8,000원(서대문형무소역사관 성인 3,000원, 어린이 1,000원 / 서대문독립공원, 농업박물관, 경찰박물관, 경희궁, 서울역사박물관 무료)
• 식비 : 30,000~40,000원
• 총 경비 : 38,000~48,000원 (차량유류비 및 주차비, 대중교통비 제외)

교통 정보
traffic information

서대문형무소역사관과 주변 유적지가 도심에 집중되어 있다. 대중교통을 이용해 이동한 후 각 유적지는 걸어서 이동하는 것이 편리하다. 지하철 3호선 독립문역 5번 출구에서 북쪽으로 5분쯤 걸으면 서대문형무소역사관 입구가 나온다. 자가용 이용시에는 서대문형무소역사관 옆 유료 주차장에 자동차를 주차한 다음 각 여행지들을 걸어서 둘러보는 것이 좋다.

당일여행 추천 코스
travel route

1 서대문형무소역사관
09:30~11:00
각종 고문 도구 살펴보기. 감옥의 종류를 비교해 보고 직접 체험해 보기.
☞상세 관람 코스는 P.131

도보 5분 ★ 서대문독립공원은 서대문형무소역사관에 붙어 있으니 걸어서 이동한다.

2 서대문독립공원
11:10~11:40
독립만세운동의 의미를 생각해 보기.

도보 15분 ★ 공원에서 나와 남산 방향인 남쪽으로 약 1킬로미터를 걸으면 농업박물관이 나온다.

3 농업박물관
12:00~13:00
농업문화 체험해 보기.

도보 5~10분 ★ 농업박물관 주변의 음식점으로 걸어서 이동한다.

4 점심식사
13:10~14:10
농업박물관 주변에는 각종 음식을 맛볼 수 있는 곳이 즐비하여 선택의 폭이 매우 넓다.

도보 10분 ★ 광화문 사거리 방향으로 걸어서 이동한다.

5 경찰박물관
14:20~15:10
우리 생활과 경찰의 관계를 알아보고 체험에 도전해 보기.

도보 5분 ★ 광화문 방향으로 300미터쯤 걸어서 이동한다.

6 경희궁
15:20~16:20
서울에 남아 있는 다른 궁궐과 비교해 보기.

도보 3분 ★ 광화문 방향으로 200미터쯤 걸어서 이동한다.

7 서울역사박물관
16:30~18:00
600년 수도의 발달 과정 확인해 보기.

출발 전, 엄마가 먼저 알아 둘 역사 상식

서대문형무소역사관에 담긴 역사 이야기

힘없는 나라의 현실을 잘 보여 주는 공간

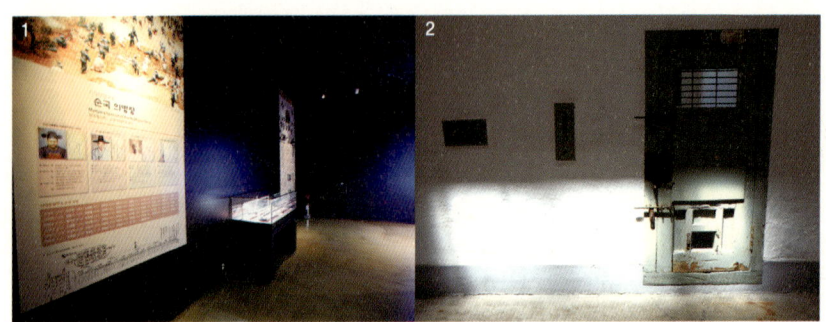

1. 서대문형무소역사관의 전시실 2. 수감자들이 투옥되었던 감옥

1908년 경성감옥으로 시작된 서대문형무소는 암울했던 우리의 근현대사를 보여 주듯, 여섯 차례나 이름이 바뀌었다. 서대문형무소에서 죽음을 맞거나 투옥된 독립운동가로는 우리가 알고 있는 유관순, 김구, 강우규, 윤봉길, 한용운 선생 같은 열사들만 있는 것이 아니다. 계몽운동과 독립운동에 앞장섰던 신민회 출신과 우리말을 지키고 발전시키는 데 노력했던 조선어학회 소속의 지식인만도 수백 명에 달한다. 그 뿐이 아니다. 평화적인 3.1만세 운동에 참여했던 평범한 시민들과 크고 작은 사건에 관련되어 투옥한 숫자는 상상을 초월할 정도다. 일제 탄압이 극심했던 1944년에는 형무소에 수용된 인원이 3,000명이 넘을 정도였다.

재소자를 이동시킬 때 머리에 쓰게 했던 가리개

　일본이 만들어 놓은 서대문형무소는 해방된 이후에도 그 기능이 이어졌다. 해방 후 서대문형무소에 투옥된 사람 중에는 범죄자가 대부분이었지만, 독립된 나라를 바르게 이끌기 위하여 노력했던 민족의 지도자와 민주주의를 외치다 투옥된 경우도 꽤 많았다. 이곳에서 모진 고초를 받다가 죽음을 맞이한 민주인사도 있었다. 서대문형무소역사관은 일본의 잔인한 침략사뿐만 아니라, 독재정권의 유지를 위해 어떤 일들이 일어났었는지 알 수 있는 중요한 유적지이다.

우리 아이가 알아야 할 역사 포인트

1 유관순

우리나라 독립운동에서 빼놓을 수 없는 인물이다. 유관순 열사는 1919년 이화학당 고등과 1학년으로 3.1만세운동에 참여한 후, 고향인 충남 천안으로 내려가 4월 1일 아우내 장터에서 벌어진 만세운동을 주도했다.

만세운동 현장에서 아버지와 어머니가 일본군에 의하여 피살되었고 유관순은 만세운동을 주동한 혐의로 공주지방법원에서 징역 3년형을 받았다. 하지만 항소심이 열린 경성복심법원에서 만세운동의 정당함을 역설하며 의자를 집어던져 법정모욕죄가 추가되었고 최종 7년형을 선고받았다. 서대문형무소에서 복역하던 유관순은 기회가 있을 때마다 독립을 외치다 혹독한 고문을 견디지 못하고 1920년 17세의 꽃다운 나이에 서대문형무소에서 생을 마감하였다.

윗줄 가운데 사진이 유관순 열사

2 신민회

신민회는 안창호 선생과 국채보상운동을 주도했던 양기탁 선생 등이 중심이 되어 1907년 서울에서 결성된 항일 비밀단체다. 1910년에 회원수가 800명에 달할 정도로 많은 지식인과 평범한 시민들까지 신민회에 가담하게 되자, 위협을 느낀 일본은 총독 데라우치 암살 음모를 신민회에 뒤집어씌우고 회원 700여 명을 검거하여 온갖 고문을 가하고 105명에게 실형을 선고하여 서대문형무소에 투옥시켰다. 데라우치 암살 음모 사건 이후 일제 탄압을 피해 많은 신민회 회원들은 만주와 중국 등으로 이주하였으나, 신민회는 그곳에서도 민족마을과 신흥무관학교 등을 세워 계몽과 함께 군사훈련에 힘쓰며 독립운동을 계속 해 나갔다.

3 조선어학회 사건

조선어학회의 뿌리는 한글을 학문적으로 연구하고 정확하게 알리기 위하여 1908년 세워진 국어연구학회였다. 이후 배달말글몯음, 한글모, 조선어연구회라는 단체를 거쳐 1931년 '조선어학회'가 되었다. 조선 말 최고의 국어학자인 주시경 선생의 제자들이 중심이 된 이 단체는 단순히 국어를 연구하고 보급하는 수준을 넘어 국어를 통해 민족정신을 고취시키는 운동을 전개하였다. 이를 못마땅하게 여겼던 조선통독부에서는 1942년 10월 우리말을 연구하는 학자들과 그들에게 도움을 준 사람들을 서대문형무소에 투옥시켜 한글을 연구하지 못하도록 했는데 그것이 조선어학회 사건이다.

01

민족정신과 민주주의의 산실
서대문형무소역사관

일제강점기 때 건축한 옛 모습 그대로 남아 있는 서대문형무소역사관

교과서 연계 정보

3학년 1학기 사회
2단원 고장의 자랑
3단원 고장의 생활과 변화

5학년 2학기 사회
2단원 새로운 문물의 수용과 자주독립

여행 정보

- **주소** 서울특별시 서대문구 통일로 251
- **전화** 02-360-8590(8591)
- **웹사이트** www.sscmc.or.kr
- **개방시간** 3~10월 09:30~18:00, 11~2월 09:30~17:00
- **휴관일** 매주 월요일
- **해설사 공행 관람** 수시로 실시(전화 예약 02-360-8586)
- **입장료** 성인 3,000원, 청소년 1,500원, 어린이 1,000원
- **공중화장실** 있음
- **주차장** 유료
- **대중교통** 지하철 3호선 독립문역 5번 출구에서 도보 5분
  버스 • 간선 471, 701, 702, 703, 704, 720, 752 • 지선 11, 7019, 7021, 7023, 7025, 7712 • 광역 9701, 9703, 9705, 9709, 9710, 9712

상세 관람 코스
소요시간 1~2시간

서대문형무소역사관은 극악무도했던 일본의 잔악상과 민주주의를 수호하기 위하여 몸을 던졌던 의인들의 삶을 보여 주는 생동감 넘치는 역사 현장이다. 지금은 상당 부분이 축소되었지만 그 잔혹상을 눈으로 확인하고 몸으로 체험해 보기에는 충분하다.

건물 12동과 기념비 등으로 이루어진 서대문형무소에 숨은 흥미로운 이야기가 궁금하다면 해설사 동행 관람을 추천한다. 사전에 전화로 예약한 후 참여할 수 있다. 자유 관람을 원할 경우 반드시 안내지도를 받아 둘러볼 곳을 확인한 후 이동해야 빠짐없이 둘러볼 수 있다. 자유 관람의 경우 2시간 정도면 충분하며, 해설사 동행 관람은 1시간 정도 소요된다.

start! 전시관 → 중앙사 → 옥사 → 공작사
Goal~ 여성옥사 ← 격벽장 ← 사형장 ← 한센병사, 추모비

서대문형무소역사관 꼼꼼히 둘러보기

광화문 서쪽 2킬로미터 지점에 자리한 서대문형무소역사관은 우리나라 선열들의 희생을 직접 눈으로 확인하고 민족적 슬픔과 자긍심을 동시에 느낄 수 있는 살아 있는 역사 교육장이다. 많은 사람들이 이곳을 떠올리면 일제강점기와 독재정권 하에서 국민들을 투옥시킨 현장이란 슬픈 사실에 비중을 두고 있다.

서대문형무소역사관은 분명 우리 민족의 수난사를 간직한 현장임에 틀림없다. 일제에 항거하여 자주독립을 주창했던 많은 독립운동가와 민족지도자들이 투옥되고 형장의 이슬로 사라진 곳이다. 뿐만 아니라 대한민국 정부수립 이후 독재정권에 대항하여 민주주의를 주창했던 인사들이 고초를

서대문형무소에 투옥된 사람들을 감시하던 망루와 높은 담장

서대문형무소 보안과 건물이었던 서대문형무소 역사 전시관

겪었던 장소이기도 하다. 그만큼 얼마나 많은 사람들이 민족의 자주성을 위해, 또 나라의 민주주의를 위해 노력했는지 아이들이 가장 직접적으로 느낄 수 있는 유적지이기도 하다.

일본의 잔혹성을 보여 주는 전시관

course 전시관

서대문형무소역사관 입구에 서면 누구나 공포와 위압감이 느껴질 정도로 폐쇄적이다. 옛날에는 독립공원과 주차장 방향으로 높은 담이 둘러싸고 있기까지 했다. 좁고 낮은 출입문을 통과하면 코앞에 붉은 벽돌로 이루어진 전시관이 나온다. 1920년대에 완성된 건물은 형무소 시절 사무실로 사용되었던 곳을 전시관으로 꾸며 놓은 것이다.

전시관 1층은 역사관과 영상관으로 꾸며져 있다. 먼저 서대문형무소의 변천 과정을 시대별로 잘 정리해 놓은 역사관을 둘러본 후 영상관을 찾아 서대문형무소에 관한 자료를 담아 놓은 영상물을 관람하고 2층으로 이동한다.

전시관 2층은 민족저항실로 모두 3개의 전시실로 구성되어 있다. 제1실은 대한제국의 충신을 탄압한 것을 시작으로 3.1만세운동이 발생했던 1919년까지, 독립운동가와 애국선열을 고문하고 탄압하는 데 사용했던 도구를 중심으로 전시

단파방송 청취 사건과 안창호 선생에 관한 자료를 모아 놓은 자료실

독립운동가와 민족지도자들이 착용했던 수갑

일제에 대항하여 투쟁했던 선열의 자료를 전시해 놓은 민족저항실

서대문형무소에 수감되었던 유관순 열사를 비롯한 여러 독립운동가의 사진이 걸려 있다.

되어 있다. 제2실은 독립운동가의 수감 자료를 비롯하여 각종 개인적인 자료들이 전시되어 있으며 선열들을 추모하는 공간으로 꾸며져 있다. 제3실은 서대문형무소에 투옥되었던 독립운동가의 사진과 사형장 등을 모형으로 만들어 전시해 두고 있다.

 1·2층을 모두 둘러본 다음에는 일본이 우리 선열과 애국지사들에게 어떤 고문을 가하였는지 보여 주는 지하 공간으로

사방이 모두
막혀 있는 서대문형무소의 독방

실제 서대문형무소에서 행해졌던 고문을 재현한 모습

과거 독립운동가와 애국선열을 고문했던 현장을 재현해 놓은 지하 감옥

이동한다. 지하 전시관에는 서대문형무소에서 실제로 행했던 여러 종류의 고문과정을 모형으로 재현해 놓고 있으며 일부는 체험도 가능하다. 실제 전기고문, 물고문이 일어났었던 장소를 전시관으로 꾸민 이곳은 보는 것만으로도 소름이 끼칠 정도로 끔찍하다. 한편 지하 전시관에는 영상에 투영하는 방법으로 독립운동을 간접적으로 체험해 볼 수도 있다.

독립운동가와 민주인사들이 투옥되었던 옥사

course 중앙사 → 옥사 → 공작사

지하 전시관을 빠져나오면 독립운동가와 민주인사들을 감시하고 통제했던 중앙사와 마주하게 된다. 1920년대에 건축된 2층짜리 붉은 벽돌 건물인 중앙사에는 간수들의 사무실과, 형무소 수감자들에게 제공되었던 옷과 식사 등이 전시되어 있다. 이곳 전시장에 진열되어 있는 유물은 얼마나 열악한 환경 속에서 애국지사와 민주인사들이 고초를 겪었는지 잘 보여 준다. 한편 일부 구간에는 이달의 독립운동가라는 주제로 매달 다른 독립운동가를 선정하여 그 인물을 집중 조명하는 유익한 공간도 마련되어 있다.

중앙사와 연결된 옥사는 3곳이 남아 있지만, 11옥사와 12옥사로 사용했던 2곳만 개방되고 있다. 11옥사는 다양한 형

재소자의 감옥과 연결되어 있는
화장실 외부

선열과 애국지사의 수감 생활을 알리는 자료가 전시되어 있는 자료관

수감자에게 식사를 넣어 주었던 작은 구멍

민주화 운동에 참여하여 투옥되었던 민주투사 자료관

태의 감방을 직접 보고 체험할 수 있도록 개방되어 있다. 독립운동가와 애국지사들이 투옥되었던 12옥사는 감방 안에서 벽을 두드려 연락을 취했던 곳으로 유명하다. 벽을 두드려 연락을 취했던 모습을 재현해 놓은 전시품도 볼 수 있다.

옥사를 빠져나오면 공작사라는 2층 벽돌 건물이 나온다. 이 건물은 서대문형무소에 투옥되었던 독립운동가와 수감자들이 작업을 했던 곳으로 당시 만들었던 벽돌과 생활용품 등이 전시되어 있다. 공작사 한쪽에는 유관순 열사가 머물렀던 지하 감옥의 모형이 전시되어 있어 방문객을 숙연하게 만든다.

억울한 죽음의 순간을 맞이했던 사형장

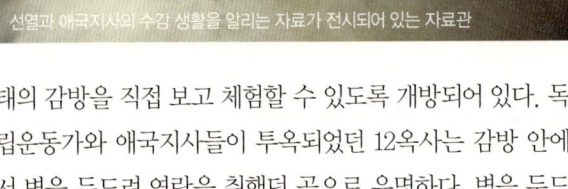

course 한샘병사 → 추모비 → 사형장

서대문형무소 서쪽 언덕에는 나병환자들을 따로 수용했던 한샘병사가 있다. 그 아래, '민족의 혼 그릇'이란 작품은 원형에 가까운 조각으로 서대문형무소에서 생을 마친 순국선열과 민주인사를 추모하는 기념비이다. 작품 안쪽에는 이곳에서 생을 마친 독립운동가들의 이름이 새겨져 있다. 추모비 남쪽에 커다란 미루나무가 서 있는 목조건물은 사형장이다.

서대문형무소에서 순직한 독립운동가, 민주화 운동가를 추모하는 추모비

많은 의병, 독립운동가, 애국지사들을 투옥했던 서대문형무소

많은 의병과 독립운동가, 민주투사들이 생을 마감한 사형장

사형을 집행했던 장소와 사형 과정을 감시하고 확인하는 사람들이 대기했던 공간이 따로 있는데, 분위기가 매우 을씨년스럽다. 사형장 옆으로는 시체를 내가는 문인 시구문이 있는데, 독립투사들을 사형시킨 후 외부에 그 사실이 알려지는 것을 막기 위해서 비밀통로로 연결되어 있다.

사형장의 시신을 몰래 처리하기 위하여 만들었던 시구문 터널

유관순 열사가 순국한 여성 옥사

course 격벽장 → 여성 옥사

사형장과 중앙사 사이에는 제법 규모가 큰 격벽장이 남아 있다. 격벽장은 수감자들이 운동하는 장소로 일반 운동장처럼

유관순 열사가 지하에 투옥되었던 여성 옥사

서로 대화를 하지 못하도록 격리시켜 놓은 격벽장

트여 있는 것이 아니라 서로 이야기를 하지 못하도록 여러 개의 칸막이를 설치해 놓았다. 일제가 수감자들에게 약간의 자유도 허락하지 않았음을 잘 보여 주는 곳이다. 그리고 중앙사와 담장 사이에는 여성 수감자이 갇혀 있던 여성 옥사가 있다. 이곳 지하 독방에서 유관순 열사가 순국했다.

조선의 수도였던 서울에 흩어져 있는 여러 유적지는 하나같이 중요하지만 그중에서도 서대문형무소역사관은 그 어떤 곳보다 소중하다. 역사를 바르게 인식하지 못한 통치자와 관료들로 인하여 탄생한 서대문형무소는 아이들에게 역사의 진실 속에서 스스로 올바른 역사관을 형성해 나가는 힘을 키워 줄 것이다.

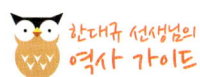

통곡의 나무, 나무가 울고 있는 걸까요?

서대문형무소역사관 가장 안쪽에는 사형장이 있어요. 애국선열들이 일제에 맞서 싸우다 투옥되어 형장의 이슬로 사라져 간 한이 서린 곳이지요. 사형장 입구에는 한 그루의 미루나무가 있어요. 사형장에 들어가기 전에 사형수들이 그 나무를 붙들고 통곡했다고 해서 '통곡의 나무'라고도 하지요. 그들의 한이 서려 나무가 잘 자라지 않는다는 말이 있을 정도로 많은 사람들이 그곳에서 죽음을 당했답니다. 잠시 나무 앞에 서서 애국선열들의 넋을 기리는 시간을 가져 보는 건 어떨까요?

02

자주독립의 의지가 담긴 곳

서대문독립공원

독립공원 서쪽에 자리한 순국선열추모탑

여행 정보

- **주소** 서울특별시 서대문구 통일로 251
- **전화** 02-364-4686
- **웹사이트** www.parks.seoul.go.kr/independence
- **개방시간** 24시간
- **휴관일** 연중무휴
- **해설사 동행 관람** 없음
- **입장료** 무료
- **주차장** 유료
- **공중화장실** 3개 있음
- **대중교통** 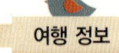 3호선 독립문역 4·5번 출구에서 도보 2분
  버스 • 간선 471, 701, 702, 703.

서대문독립공원은 원래 중국 명나라 사신을 영접했던 장소였다. 그 자리에 있던 영은문을 철거하고 파리 개선문을 모델로 한 독립문을 세운 것은 우리 민족의 자주성을 보여 주는 중요한 역사적 의미를 담고 있다. 대한제국 황실을 상징하는 배꽃 문양과 아치도 멋있지만, 무엇보다 돋보이는 것은 한자가 아닌 한글로 새겨 넣은 '독립문' 세 글자다. 독립문에는 국가의 독립을 향한 국민들의 염원이 담겨 있다.

1898년 독립협회가 주도한 독립문 건립 모금운동에는 많은 사람들이 참여하였고, 이렇게 국민의 힘으로 완성된 독립문은 우리 민족의 자주독립에 관한 확고한 의지를 보여 주독립공원 입구에 세워진 독립문.
우리나라 최초의 서양식 건축물이다.

독립신문 발행인이자
계몽운동과 독립운동에
앞장섰던
서재필 박사 동상

과거 독립협회 사무실로
사용했던 독립관

독립공원에 세워진 3.1독립선언기념탑

704, 720, 752 •지선 11, 7019, 7021, 7023, 7025, 7712 •광역 9701, 9703, 9705, 9709, 9710, 9712

| TIP |
독립문, 서재필 박사 동상,
3·1독립선언기념탑, 독립관,
순국선열추모탑 순으로 자유롭게
천천히 둘러보자. 주요 유적지마다
설명이 잘 되어 있어 관람하는 데
어려움이 없다(30분 소요).

고 있다.

　독립문 북쪽에는 독립협회를 결성하고 이끌었던 서재필 박사의 동상과 그 뒤편에 3.1독립선언기념탑이 있다. 독립선언기념탑은 탑골공원에 있던 것을 옮겨 온 것으로 탑에는 독립선언문과 민족대표 33인의 이름이 적혀 있다. 독립선언기념탑 서쪽에는 독립협회 사무실로 사용되었던 독립관이 있다. 현재 애국선열들의 위패와 전시품이 보관되어 있다.

　공원 서쪽 끝에는 순국선열추모탑이 있다. 중앙에 세워진 웅장한 탑에는 독립운동의 역정을 기록한 부조가 있는데, 보는 이들로 하여금 가슴을 뭉클하게 만든다.

03

시대별 농업의 변화를 알 수 있는
농업박물관

원시부터 오늘날까지 농업의 변화를 이해할 수 있다.

여행 정보

- **주소** 서울특별시 중구 새문안로 16
- **전화** 02-2080-5727(5728)
- **웹사이트** www.agrimuseum.or.kr
- **개방시간** 3~10월 09:30~18:00, 11~2월 09:30~17:30
- **휴관일** 매주 월요일
- **해설사 동행 관람** 없음
- **입장료** 무료
- **주차장** 없음. 이화여고 앞 유료 공영주차장 이용
- **공중화장실** 있음
- **대중교통** 지하철 5호선 서대문역 5번 출구에서 도보 1분
  버스 간선 1160, 260, 270, 271, 273, 470, 471, 600, 602, 720
  • 지선 7019 • 광역 9701, 9709

우리나라는 전통적으로 농경사회를 기반으로 발전해 왔다. 이런 농업에 관해 상세히 알 수 있는 곳이 서대문독립공원 남쪽에 자리한 농업박물관이다. 1987년 문을 연 이곳은 서울시 문화재 4점을 비롯하여 5,000여 점에 달하는 방대한 자료를 소장하고 있다.

먼저 박물관에 들어서면 농업역사관이 나온다. 이곳에는 우리나라 농업 변화가 시대별로 잘 정리되어 있다. 농업역사관 2층에는 농업생활관이 있다. 생활관은 농업에 필요한 각종 도구와 서적은 물론, 농민들이 물건을 거래했던 시장까지 모형으로 제작해 놓아 아이들이 쉽게 농경사회를 이해할 수 있다. 또한 농업박물관에는 부모와 아이들이 함께 농업을 체험해 볼 수 있는 상설체험 공간을 마련해 놓고 계절에 따라 다른 프로그램을 운영하고 있어 아이들과 즐거운 시간을 보낼 수 있다.

04

재미있는 경찰 체험

경찰박물관

경찰이 탔던 오토바이와 경찰차도 전시되어 있다.

여행 정보

- **주소** 서울특별시 종로구 새문안로 41
- **전화** 02-3150-3684
- **웹사이트** http://policemuseum.go.kr
- **개방시간** 09:30~17:30
- **휴관일** 매주 월요일
- **해설사 동행 관람** 없음
- **입장료** 무료
- **주차장** 유료
- **공중화장실** 있음
- **대중교통** 지하철 5호선 서대문역 4번 출구에서 도보 5분
  버스 • 간선 101, 160, 161, 260, 270, 271, 273, 370, 470, 471, 600, 601, 602, 702, 703, 704, 720 • 지선 7019 • 광역 631, 1002, 9602, 9709, 9710 • 공항버스 602, 605

경찰박물관은 농업박물관과 서울역사박물관 사이에 있다. 경찰은 아이들이라면 한번쯤 꿈꿔 보는 희망 직업 가운데 하나이다. 그곳에서 현직 경찰관의 수사 과정을 알 수 있는 각종 체험에 참여해 본다면, 아이에게 잊지 못할 경험이 될 것이다.

경찰박물관에 도착하면 먼저 안내데스크에서 안내책자를 받은 다음, 엘리베이터를 타고 6층으로 가서 영상자료를 둘러본 후 5층으로 이동한다. 5층 전시관은 경찰의 역사가 연대별로 잘 정리되어 있으며, 4층으로 내려가면 경찰들의 수사 과정을 알 수 있다. 2층 체험관에서는 거짓말탐지기와 범인의 몽타주 제작 과정도 체험해 보자. 또 수갑 채우기, 지문 채취하기, 유치장 체험과 시뮬레이션 사격도 있어 남자 아이들이 특히 관심 있어 한다. 마지막으로 1층에서는 경찰복을 입고 기념사진도 찍을 수 있다.

05

영조의 사랑을 받은 별궁

경희궁

정조가 즉위식을 올렸던 곳으로 유명한 숭정문

여행 정보

- **주소** 서울특별시 종로구 새문안로 55
- **전화** 02-724-0276(0277)
- **웹사이트** www.museum.seoul.kr (서울역사박물관)
- **개방시간** 10:00~18:00
- **휴관일** 매주 월요일
- **해설사 동행 관람** 입구에서 수시로 신청 가능
- **입장료** 무료
- **주차장** 유료
- **공중화장실** 있음
- **대중교통** 지하철 5호선 광화문역 7번 출구에서 도보 5분, 5호선 서대문역 4번 출구에서 도보 5분 버스 • 간선 101, 160, 161, 260, 270, 271, 273, 370, 470, 471, 600, 601, 602, 702, 703, 704, 720 • 지선 7019 • 광역 631, 1002, 9602, 9709, 9710 • 공항 602, 605

서울역사박물관 바로 옆에 자리한 경희궁은 1623년(광해군 15년)에 완성된 조선왕조의 별궁 중 하나이다. 인종부터 철종까지 경희궁을 별궁으로 사용했는데 여러 왕 가운데 경희궁에서 많은 시간을 보낸 왕은 영조다. 경덕궁이 경희궁이 된 것도 영조 때였다. 영조는 원종의 시호 '경덕'과 경덕궁의 발음이 같다는 이유로, 영조 3년(1760년) 경덕궁을 경희궁으로 바꾸도록 명을 내렸다. 경희궁은 도성의 서쪽에 위치했다고 해서 서궁으로 불리기도 했다.

처음 모습을 드러낸 경희궁에는 100여 개에 달하는 건물이 있었다. 그 많던 건물은 대부분 일제강점기 때 파괴되었는데, 무엇보다 가슴 아픈 것은 궁궐 자리를 일본 학생들이 다니는 경성중학교로 사용했다는 사실이다. 현재는 숭정전, 태령전, 자정전, 흥화문 등 일부가 복원되어 관람객을 맞고 있다.

06
수도 서울의 역사를 한눈에
서울역사박물관

서울의 역사와 문화, 시민들의 생활상을 엿볼 수 있는 다양한 자료가 전시되어 있다.

여행 정보

- **주소** 서울특별시 종로구 새문안로 55
- **전화** 02-724-0276(0277)
- **웹사이트** www.museum.seoul.kr
- **개방시간** 09:00~20:00. 주말과 공휴일은 19:00까지 (11~2월은 18:00까지)
- **해설사 동행 관람** 평일 15:30. 토요일 10:30, 14:00, 15:30
- **휴관일** 매주 월요일
- **입장료** 무료. 특별전은 유료
- **주차장** 유료
- **공중화장실** 있음
- **대중교통** 5호선 광화문역 7번 출구에서 도보 5분. 5호선 서대문역 4번 출구에서 도보 5분 버스 · 간선 101, 160, 161, 260, 270, 271, 273, 370, 470, 471, 600, 601, 602, 702, 703, 704, 720 · 지선 7019 · 광역 631, 1002, 9602, 9709, 9710

620년 동안 우리 문화의 중심지였던 서울에 관한 흥미로운 자료를 보여 주는 곳이 바로 서울역사박물관이다. 고즈넉한 마당과 3층 건물로 되어 있는 서울역사박물관 터는 원래 경희궁의 일부였다. 박물관 입장에 앞서 먼저 옛 경희궁 터에 조성해 놓은 유물을 둘러보자. 옛날 광화문을 해체한 일부 유적과 조선총독부 철거 유적, 전차, 그리고 종루 주춧돌, 비석 등은 하나같이 소중한 문화재다.

출입구에 해당하는 1층에는 기증유물전시실을 중심으로 안내소와 각종 편의시설이 있다. 2층은 역사박물관이 소장하고 있는 각종 자료를 열람할 수 있고, 간단한 체험도 할 수 있는 공간이 마련되어 있다. 3층은 조선시대의 한양, 개항과 대한제국의 한양, 일제강점기, 고도성장기 전시실로 꾸며져 있어 시대별 서울 백성들의 삶을 이해하는 데 그만이다.

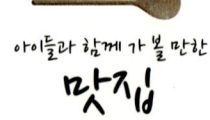

아이들과 함께 가 볼 만한 맛집

| 참맛집 |

두툼한 고기와 잘 익은 김치가 들어간 돼지 두루치기에
두툼한 두부를 사리로 추가해 먹으면, 한 끼 식사가 뚝딱 해결된다.
조미료를 사용하지 않아 아이들의 건강에도 좋다.

- 주소 서울시 서대문구 충정로2가 40 ● 전화 02-6095-8576
- 영업시간 10:30~24:00 ● 휴무 연중무휴
- 가격대 7,000원~15,000원 ● 주차 불가능

| 디제이 쿡 DJ COOK |

노란색과 화려한 조명의 인테리어가 눈에 띄는 곳이다. 자신이 먹고 싶은 토핑을 직접 고르면
푸짐한 볶음밥을 만들어준다. 맛도 좋고 가격도 저렴해 부담없이 들를 수 있는 곳이다.

- 주소 서울시 서대문구 미근동 215 ● 전화 02-366-6009
- 홈페이지 www.djcook.kr ● 영업시간 11:00~22:00 ● 휴무 연중무휴
- 가격대 5,000원대 ● 주차 불가능

| 젠 Zen |

이미 방송에 여러 번 출연할 만큼 뛰어난 맛을 자랑한다. 내부 인테리어도 고급스럽고
룸도 갖춰 편안한 식사가 가능하다. 대부분 중식요리며, 여러 가지 퓨전요리도 제공한다.

- 주소 서울시 종로구 신문로 12-4번지 3층 ● 전화 02-725-3690
- 영업시간 11:30~01:00 ● 휴무 명절
- 가격대 8,000원~ ● 주차 가능(유료)

| 텐시노 키친 Tensino Kitchen |

캐주얼한 분위기와 저렴한 가격의 이탈리안 레스토랑으로 아이들과 함께 가도 부담스럽지 않다.
담백한 리조또 종류가 맛있다.

- 주소 서울시 중구 순화동 에이스타워빌딩 1층 ● 전화 02-755-5211
- 홈페이지 http://town.cyworld.com/olive_daegu
- 영업시간 월~금요일 11:30~21:00, 토요일 11:30~15:00 ● 휴무 일요일
- 가격대 10,000원~20,000원대 ● 주차 가능

서울

남산

장충단공원 / N서울타워 /
안중근의사기념관 / 남산한옥마을

남산 주변을 여행하는 방법 :
자연과 유적을 동시에 즐길 수 있는 남산과 장충단공원, 안중근의사기념관, 남산골 한옥마을을 돌아보자.

남산에서 바라본 서울 도심

여행 정보
travel information

여행 소요시간 | 총 7~8시간
여행 시기 | 남산과 주변을 감상하는 시기는 봄부터 가을까지가 좋지만, 최적기는 꽃과 숲이 어우러진 5~8월 사이. 남산의 여행 코스는 동쪽에서 출발하는 방법과 서쪽에서 출발하는 방법이 있는데, 이 책에서는 아이의 체력을 고려하여, 남산 정상까지 순환버스나 자가용을 이용해 올라갈 수 있는 동쪽 장충단공원에서 출발하는 코스를 소개한다. 이 코스는 오전에 출발할 경우 햇살을 등지고 이동할 수 있어 더욱 효과적이다.
점심식사 | 남산 아래에 있는 돈가스 전문점이나 한식집 등에서 식사한다. 남산 북쪽 케이블카 승강장 주변으로 걸어서 이동하면 된다.
예상 경비 | 4인 가족 기준(성인 2명, 어린이 2명)

- **입장료** : 없음(남산과 주변 유적지 입장료는 모두 무료 / 단 N서울타워 입장시 성인 9,000원, 어린이 5,000원)
- **식비** : 30,000~40,000원
- **총 경비** : 30,000~40,000원(차량유류비 및 주차비, 대중교통비 제외)

교통 정보
traffic information

장충단공원에서 순환버스나 차를 타고 남산 정상에 도착한 이후에는 모든 지역을 걸어서 이동한다. 따라서 편안한
신발을 착용하는 것이 무엇보다 중요하다.
지하철 3호선 동대입구역 2번 출구 바로 앞이 장충단공원이니 여기서부터 여행을 시작하자. 자가용은 장충단공원이나 인근 유료 주차장에 주차시키면 된다.

출발 전, 엄마가 먼저 알아 둘 역사 상식

남산에 담긴 역사 이야기

한양을 지키는 남산

남산의 원래 지명은 인경산이었다. 이후 종남산, 열경산, 마뫼 등으로 불리다가 '남산'이란 지명을 갖게 된 것은 한양이 조선왕조의 도읍이 된 1394년부터다.

조선왕조는 경복궁 뒤편의 북악산, 인왕산, 낙산, 남산의 능선을 따라 성곽을 축성하였다. 이때 남산을 '목멱산'이란 애칭으로 부르기도 했다. 토속신앙으로 나라의 평안을 지켜 주는 산신 목멱대왕을 모시는 국사당이 남산에 있었기 때문이다. 그러나 일제강점기 때 황국신민화정책을 시행하는 과정에서 남산 아래 일본신사를 건설하고 정상에 있던 국사당을 파괴해 버렸다. 당시 파괴된 국사당은 인왕산으로 옮겨져 그 맥을 잇고 있다.

우리가 늘 부르는 애국가에 등장하는 유일한 산, 남산은 조선왕조 때는 주요 군사시설로서 기능을 담당했다. 전국의 주요사항을 매일 확인하여 왕에게 보고했던 봉수대를 비롯하여 적군을 방어하기 위하여 만들어 놓은 성곽과 우리 민족의 기상을 천하에 알린 안중근 의사 기념관 등 우리 아이들이 반드시 알아야 할 교육 현장으로서의 가치도 높다.

정상 주변 성곽에는 비교적 자연 생태계가 잘 보존되어 있다.

옛 남산성곽을 새롭게 복원한 성곽 유적지

우리 아이가 알아야 할 역사 포인트

1 풍수지리설

풍수지리설은 산의 모양, 땅 속의 기운, 물의 흐름 등 자연의 모양새와 동서남북 방향에 따라 인간의 길흉화복을 짐작하고 거기에 맞춰 알맞은 장소를 정하는 이론이다. 우리 민족의 생활 속에 뿌리 깊게 자리한 사상으로 중국에서 시작되어 삼국시대에 우리나라에 전해졌다.

특히 고려시대에는 왕과 왕비를 비롯하여 고위직 관료부터 일반 백성들에게까지 널리 보급되었다. 조상의 묘를 선택하는 것부터 건물을 짓는 것까지 풍수지리설이 빠짐없이 적용되었으며, 태조 이성계가 조선의 도읍을 개경에서 한양으로 새로이 정하려고 했던 것도 바로 풍수지리설을 믿었기 때문이었다.

② 봉수대

봉수대는 군사 통신수단으로, 전쟁이나 커다란 재난이 발생했을 때 그 상황을 빠르게 알리기 위해 멀리서도 볼 수 있도록 연기나 불을 지피는 곳이었다. 전국의 주요 지역에 설치되어 있는 봉수대는 크기와 모양은 조금씩 다르지만 그 기능은 모두 같았다.

특히 1394년 건설된 남산 봉수대는 약 500년 동안 우리나라에서 가장 중요한 봉수대였다.

봉수대 뒤로 보이는 서울 도심 전경

남산 봉수대는 전국에 흩어져 있는 봉수대에서 보내 온 신호를 최종적으로 종합하여 왕에게 상황을 보고했던 곳이기 때문이다. 공식적인 명칭은 옛 남산 지명에 따라 '목멱산봉수대'라고 했다.

③ 황국신민화정책

태평양전쟁을 시작하면서 물자와 인력이 부족했던 일본은 황국신민화정책으로 우리 민족의 정체성을 말살하려고 했다.

황국신민화정책이란 조선과 일본이 한 몸이라고 주장하며 일본 천왕의 백성으로서 일본에 충성을 다해야 한다는 것이다. 일본은 우리 땅에서 우리말과 우리 역사교육을 금지했으며, 이름을 일본식으로 바꾸게 하였다. 그리고 전국에 일본 왕실의 조상을 모시는 신사를 짓고 신사참배를 강요했다. 대표적인 장소가 남산에 세워진 조선신궁이었다.

일제가 황국신민화정책을 위해 세웠던 조선신궁 터. 신사는 1945년 철거되었다.

4. 토속신앙

토속신앙이란 우리나라에 종교가 들어오기 전부터 백성들이 숭배했던 민간신앙을 말한다. 우리나라를 창건한 신화 속 주인공인 단군을 비롯하여 태양, 달, 땅, 바다, 산에 사는 산신령, 곰이나 호랑이는 물론이고 바위와 나무 등도 민간인들의 숭배 대상이 되었다.

훗날 불교, 유교, 도교가 전해지면서 많은 백성들이 토속신앙을 벗어나 종교를 믿기 시작했지만 오랜 세월 서민 생활에 뿌리 내린 토속신앙은 종교와 결합되기도 했다. 그 대표적인 예가 불교 사찰에 산신을 모셔 둔 산신각 같은 곳이다.

산신에게 제사를 올렸던 국사당이 있던 자리. 현재는 팔각정이란 정자가 자리하고 있다.

오랫동안 우리 생활과 밀접했던 토속신앙이 급격하게 쇠퇴의 길을 걷기 시작한 것은 기독교가 들어오고 근대화가 시작되면서부터였다. 하지만 아직도 태양신이나 산신 같은 토속신앙을 숭배하는 사람들은 여전히 남아 있다.

01

서울의 상징에 오르다
남산

남산을 찾는 이들이 소망을 기원하며 걸어 놓은 열쇠

교과서 연계 정보

3학년 1학기 사회
2단원 고장의 자랑
3단원 고장의 생활과 변화

3학년 2학기 사회
2단원 이동과 의사소통

4학년 1학기 사회 3단원
더불어 살아가는 우리 지역

5학년 1학기 사회
1단원 하나 된 겨레
2단원 다양한 문화를 꽃피우는 고려
3단원 유교 전통이 자리 잡은 조선

5학년 2학기 사회
2단원 새로운 문물의 수용과 자주독립

여행 정보

- **주소** 서울특별시 용산구 남산공원길
- **전화** 02-3783-5900, 02-753-2563
- **웹사이트** http://parks.seoul.go.kr
- **개방시간** 24시간
- **휴관일** 연중무휴
- **해설사 동행 관람** 없음
- **입장료** 무료
- **공중화장실** 있음
- **주차장** 유료
- **대중교통** 버스 회현동, 숭례문, 후암동에서 갈 때 • 간선 402, 405 • 지선 02 / 한남동에서 갈 때 • 간선 402, 405 • 지선 110A, 용산3 / 장충단공원, 국립극장, 자유센터, 장충테니스장에서 갈 때 • 간선 144, 301, 420 • 지선 02, 03, 05

상세 관람 코스

소요시간 7~8시간

남산을 꼼꼼히 탐방하려면 걷는 것 외에는 뾰족한 방법이 없다. 아이들의 체력을 고려하여 지하철 3호선 동대역과 연결된 장충단공원을 관람 후 순환버스를 이용해 남산 정상에 오르는 것이 바람직하다. 남산 정상에서는 N서울타워에 올라가 보는 것도 좋다. 팔각정, 봉수대를 천천히 둘러본 후 서쪽으로 내려오면서 성곽을 감상하다 잠시 휴식을 취하고, 계단을 내려온 후에는 남쪽 문학비 구역을 둘러본 후 안중근의사기념관을 찾는 것이 효과적이다. 남산에서 남산골한옥마을까지는 계절에 따라 다른 분위기를 느낄 수 있는 숲속 산책로를 이용할 것을 추천한다.

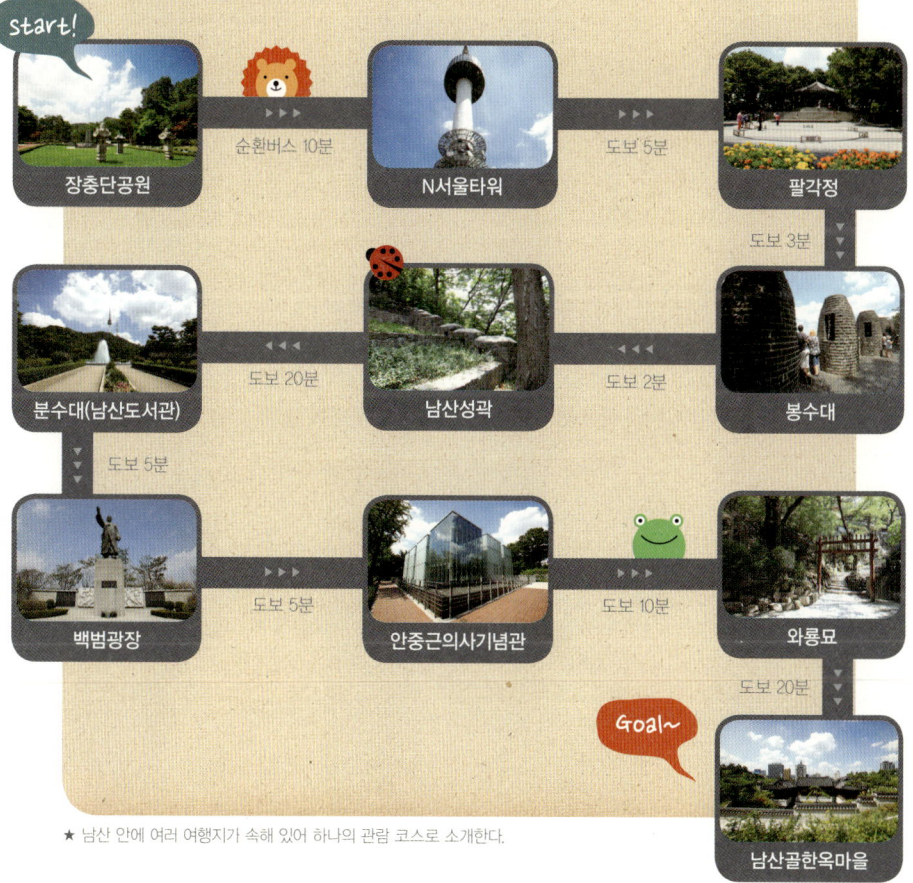

★ 남산 안에 여러 여행지가 속해 있어 하나의 관람 코스로 소개한다.

남산 꼼꼼히 둘러보기

서울에 거주하지 않는 사람들에게 '서울'하면 첫 번째로 떠오르는 곳은 어디일까? 바로 남산타워(지금의 N서울타워)가 아닐까? 그만큼 남산은 오랫동안 서울의 상징이 되어 왔다. 서울 어느 곳에서나 쉽게 바라볼 수 있는 탓에 남산은 유적지보다는 당연한 자연의 일부로 느껴진다. 그래서 서울 시민들은 남산이 얼마나 중요한 곳인지 깨닫지 못하는 것 같다. 남산에는 국가에 긴급한 일이 발생하면 어김없이 알려 주었던 봉수대가 있다. 또한 백성과 왕실의 안녕을 기원하는 국사당이 있었던 곳으로 토속신앙의 중심지이기도 했다.

옛 남산 성곽을 새롭게 복원해 놓은 성곽 유적지

일제시대의 아픈 역사가 서린 곳

course 장충단공원 → N서울타워

남산 동쪽에 위치한 장충단공원은 원래 한양의 남쪽 군사 진영이었던 곳에 명성황후 시해사건 때 목숨을 잃은 병사들

장충단공원에 조성해 놓은 전각은 모두 소실되고 단을 표시해 놓은 비석과 석등 일부만 남아 있다.

공원 서쪽에서 장충단공원을 내려다 보고 있는 이준 열사 동상

장충단공원 입구에 세워진 장충단비

을 추모하기 위해 1900년 고종황제가 만든 것이다. 고종황제는 봄과 가을 이곳을 찾아 제사를 올렸으나 일제강점기가 시작되면서 곧 폐쇄되었다. 장충단이 다시금 개장된 시기는 1920년 후반이었다. 일본은 장충단에 벚나무를 심고 상해사변 때 전사한 일본 군인들의 동상을 세우는 등 공원을 일본화하여 개장하였다. 25년 동안 일본의 선전장으로 활용되었던 흔적들은 해방과 함께 모두 철거되었다.

장충단공원 초입에는 장충단비가 있다. 아담한 이 비석은 영빈관에 있던 것을 옮겨 놓은 것으로 장충단이란 글씨는 순종이 황태자 시절 직접 쓴 것이다. 장충단은 '충성스런 장수들을 위한 제단'이라는 뜻이다. 뒷면에는 이곳에 안치된 애국선열들을 기리기 위해 143자로 새겨진 민영환의 글이 있다. 장충단공원이 본격적으로 바뀌게 된 것은 1959년 청계천 복개공사로 철거하게 된, 길이 27미터 폭 7미터짜리 수표교를 공원 동쪽으로 옮겨오면서부터다. 이어 이준 열사 동상, 사명대사 동상 등이 세워지면서 지금의 모습을 갖추게 되었다.

서울 청계천 복개공사로 사라질 위험에 처했던 수표교

장충단공원에서 순환버스나 차로 10분 정도 올라가면 남산 정상에 도착한다. 남산 정상에는 하늘을 향하여 우뚝 서 있는 N서울타워가 있다. 오랜 역사를 가진 문화재는 아니지만, N서울타워는 서울 관광의 상징과 같은 곳으로, 특히 야경이 유명하다. 날씨가 좋으면 타워에서 서울은 물론 멀리 인천과 서울 외곽, 경기도 일부 지역까지 눈에 들어온다. 타워에 올라 서울을 조망하면, 서울이 어떤 자연조건을 갖춘 도시인지 알 수 있으며, 또 서울이 이렇게 아름다운 곳이었나 새삼 느끼게 될 것이다.

N서울타워
- 주소 서울특별시 용산구 남산공원길 105
- 전화 02-3455-9277
- 웹사이트 www.nseoultower.com
- 개방시간 월~목·일요일 10:00~23:00, 금~토요일 10:00~24:00
- 입장료 성인 9,000원, 청소년 7,000원, 어린이 5,000원
- 주차장 없음. 인근 유료 주차장 이용
- 공중화장실 있음
- 대중교통 버스 3·4호선 충무로역 2번 출구나 3호선 동대입구역 6번 출구에서 02번 순환버스 / 1·4호선 서울역 9번 출구, 6호선 한강진역 2번 출구, 6호선 이태원역 4번 출구에서 03번 순환버스 / 4호선 명동역 3번 출구, 충무로역 2번 출구에서 05번 순환버스

국가의 안녕을 책임졌던 남산

course 팔각정 → 봉수대

해발 243미터의 남산 정상에는 팔각지붕을 한 소박한 팔각정이 있다. 평범한 정자를 연상시키는 이곳에 특별한 점은 없어 보인다. 지금은 시민들이 주변을 전망하거나 휴식을 취하는 공간으로 사용되지만, 원래 이곳은 남산의 산신인 목

일제강점기 초반까지 민속신앙의 성지였던 국사당터. 산신에게 제사를 올렸던 곳으로 지금은 팔각정이 있다.

새로운 남산의 명물인 N서울타워

조선시대 대표적인 통신시설이었던 봉수대

멱대왕을 모셨던 사당, 국사당의 터였다. 국사당은 일제강점기 때 인왕산으로 강제 이전되기 전까지 수많은 무속 신앙인들이 국가의 안녕과 발전을 기원했던 곳으로, 오랜 세월 서민 생활의 믿음이 되어 준 장소였다. 태조 이성계가 건립한 남산 국사당은 1925년 철거하기 전까지 토속신앙의 성지와 같은 곳이었다.

팔각정 북서쪽에는 조선시대 최고의 봉수대, '목멱산봉수대'가 있다. 제1봉수대가 설치된 함경도의 소식부터 제5봉수대가 설치된 전라도 지방에서 올라온 소식을 총괄하는 곳으로, 요즘으로 말하면 전국의 소식을 종합하는 일종의 국가 위기관리 종합상황실 같은 장소였다. 보기에는 단순해 보여도, 통신이 발달하지 못했던 조선시대에 전국에서 발생한 중요한 일이 12시간 안에 임금에게 보고될 수 있는 중요한 시설이었다. 봉수대는 당시 어떤 국가보다 앞선 통신문화를 보여 주는 유적지이다.

국사당 표석. 남산의 산신인 목멱대왕에게 제사를 올렸던 장소임을 알리고 있다.

조선왕조 최후의 방어선 남산성곽

course 남산성곽 → 분수대(남산도서관)

팔각정과 봉수대가 자리한 정상에서 서쪽 남산도서관을 향하여 이동하다보면 옛 성곽과 마주하게 된다. 남산의 성벽은 현존하는 서울 성곽 유적지 중 가장 볼품없이 방치된 성곽 지역이다. 남산성곽이 이렇게 된 것은 전쟁을 겪으며 파손되고 도로확장이 된 탓도 있지만, 일제강점기 당시 남산에 조선신궁이란 신사를 조성하는 과정에서 상당 부분 파손된 것이 그 시작이었다.

주옥 같은 시상으로
많은 이들에게 문학적인 감성을
자극했던 김소월의 시비

남산성곽이 끝나는 지점과 남산도서관 사이에는 민족지도자와 애국선열, 그리고 근현대문학을 이끌었던 시인과 문학가의 시비가 세워져 있다. 잠시 이곳에서 쉬어 가며 모처럼 차분하게 우리 시를 한 수 읊조려 볼 수 있는 것도 남산에서만 경험할 수 있는 독특한 매력이다.

남산도서관 위쪽에는 시원한 물줄기를 뿜어내는 분수대가 있다. 광장이 연상되는 넓은 이곳은 2007년까지 남산식물원이 있던 장소다. 남산 허리에 해당하는 지점을 일부러 깎

남산 서쪽에서 바라본 남산성곽과 N서울타워

일제강점기 시절 일본 신사를 건축하기 위해 남산을 깎아 평지로 만들었다.

아 식물원을 만들었다는 것이 이상하겠지만, 여기에는 역사적인 사연이 있다. 남산 중턱이 이렇게 훼손된 것은 식물원을 위한 것이 아니었다. 일제강점기 때 일본은 남산에 거대한 신사를 세우기 위해 남산을 훼손하였고, 그 신사를 조선신궁이라 이름 지었다. 해방과 함께 조선신궁은 사라졌지만, 그 자리를 복원하지 않고 식물원을 만들었다. 해방이 된 지 수십 년이 지난 지금까지 국가는 물론 지방단체에서조차 이곳의 역사를 제대로 알리는 작은 푯말 하나 만들어 놓지 않았다는 것은 참으로 아쉬운 부분이다.

나라의 독립을 위해 목숨을 바친 선열들의 흔적

course 백범광장 → 안중근의사기념관 → 와룡묘

옛 조선신궁과 식물원이 있던 분수대에서 안중근의사기념관을 지나면 백범광장이 나온다. 우리나라 독립사에 커다란 업적을 남긴 백범 김구 선생을 기리기 위한 이 광장에는 김구 선생님의 동상을 비롯하여 독립운동가로 초대 부통령을 지낸 성재 이시영 선생님의 동상, 그 밖에도 나라의 독립을 위해 목숨을 바친 선열들의 흔적을 만날 수 있다. 백범광장을 찾는 방문객의 숫자는 남산 N서울타워와 봉수대를 찾는 사람들의 숫자에 비하면 비교조차 할 수 없을 정도로 적다. 그

안중근의사기념관에 서 있는
안중근 의사의 손도장이 있는 비석

안중근의사기념비

안중근의사기념관
- **주소** 서울특별시 중구 소월로 91
- **전화** 02-3789-1016
- **웹사이트** www.patriot.or.kr
- **개방시간** 3~10월 10:00~18:00, 11~2월 10:00~17:00
- **입장료** 무료
- **해설사 동행 관람** 입구에서 수시로 신청 가능
- **주차장** 없음. 남산 유료 주차장 이용
- **공중화장실** 있음
- **대중교통** 지하철 1·4호선 서울역 11번 출구에서 도보 15~20분, 4호선 회현역 5번 출구에서 도보 15분 버스 ·간선 402, 405 ·지선 02, 03, 05 ·광역 9409 지하철·버스 1호선 서울역 버스정류장과 2호선 시청역 8번 출구 앞에서 402번 환승 가능. 4호선 회현역 5번 출구 앞에서 402, 405번 환승 가능

래도 최근에 이곳을 찾는 방문객의 숫자가 늘어나는 추세라는 것은 상당히 고무적이다. 저마다 방문 목적이나 생각하는 관점은 다르지만, 남산에 왔다면 다른 어떤 지역보다 백범광장에 꼭 들러 아이들과 함께 김구 선생님의 독립 열정을 느껴 보길 권하고 싶다.

　광장을 둘러본 후에는 안중근의사기념관으로 가자. 기념관에 들어가기 전, 안중근 의사의 손바닥 도장이 새겨진 비석을 볼 수 있는데, 거기에는 '국가의 안위를 걱정하고 애를 태운다'는 의미를 담은 '국가안위노심초사'라는 글자가 새겨져 있다. 기념관 안에는 위기에 처한 나라를 위해 목숨을 걸고 침략의 원흉인 이토 히로부미를 저격했던 안중근 의사의 삶을 보여주는 자료들과 그가 남긴 글귀 등이 전시되어 있다. 2층에서는 삼흥학교 졸업하

안중근의사기념관 입구에 세워진 안중근 의사의 동상

남산공원 서쪽에 자리한 안중근의사기념관

기, 대한국인 안중근, 단지혈서 엽서 만들기, 편지 쓰기 등의 체험을 통해 아이들이 안중근 의사의 나라 사랑을 조금 더 가깝게 느낄 수 있다.

백범광장에서 숲속 산책로를 따라 동쪽으로 이동하다보면 계곡 사이에 세워진 자그마한 건물이 보인다. 이곳은 우리 민족이 신화 속에서 섬겨 왔던 단군과 산신령, 그리고 중국 영웅 제갈량과 유비, 인도 부처님까지 모셔 놓은 와룡묘라는 사당이다. 여러 나라에서 추앙받고 존경했던 인물을 함께 모신 와룡묘는 우리 민족의 문화적 포용력을 보여 준다.

단군, 산신령, 제갈량, 유비, 부처님을 동시에 모신 사당, 와룡묘

서울의 전통 가옥 박물관

course 남산골한옥마을

숲속 산책로를 따라 산을 내려오면 남산골한옥마을이 나온다. 이곳은 옛날 학이 놀던 곳이라고 하여 백성들 사이에서 청학동이라 불렸는데, 남산에서 흐르는 시원한 계곡이 있어 봄부터 가을까지 남산골 피서지로도 인기였다. 현재의 전통 가옥들은 원래 이곳에 세워진 것이 아니라 서울 다른 지역에 있던 다섯 채의 가옥을 옮겨 와 조성했으며 일부는 새롭게 건축한 것이다.

유교를 통치이념으로 삼았던 조선시대 가옥들은 집주인

남산골 한옥마을 전경

남산골한옥마을
- **주소** 서울특별시 중구 퇴계로 34길 28
- **전화** 02-2264-4412
- **웹사이트** http://hanokmaeul.seoul.go.kr/
- **개방시간** 4~10월 09:00~21:00, 11~3월 09:00~20:00
- **휴관일** 매주 화요일
- **해설사 동행 관람** 사전 예약이나 현장에서 신청하는 것 모두 가능(30분 소요)
- **입장료** 무료
- **주차장** 입구의 유료 주차장 이용
- **공중화장실** 있음
- **대중교통** 지하철 4호선 충무로역 4번 출구에서 도보 2분
  버스 • 간선 104, 105, 263, 400, 604 • 지선 0013, 0211, 7011

조선 후기 가옥 양식을 볼 수 있다.

한옥마을 후문 쪽에는 서울천년타임캡슐광장이 있다. 서울을 수도로 정한지 600년이 된 것을 기념하여 오늘날의 서울과 시민생활을 보여주는 문물 600점을 담은 타임캡슐을 보관하고 있다.

내부에는 예스러운 가구들이 배치되어 있다.

의 신분에 따라서, 또는 집의 용도에 따라서 크기, 형태, 방향, 구조 등이 저마다 달랐다. 겉으로는 모두 비슷해 보여도 꼼꼼히 살펴보면 저마다의 독특한 특징이 있으니 아이들과 함께 차이점을 찾아보는 것도 재미있을 것이다.

남산은 우리의 다양한 역사와 문화가 공존하는 곳이다. 외적의 침략으로부터 나라를 지키는 데 크게 기여했던 군사시설 봉수대와 독립운동가들의 발자취, 토속신앙과 절대 잊지 말아야 할 일제강점기 유적지까지. 다양한 의미의 유적이 공존하는 남산은 서울의 종합문화 휴식처라고 말할 수 있다.

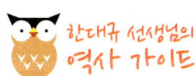

남산 봉수대에서 봉수를 어떻게 사용했을까요?

봉수대는 밤에는 횃불, 낮에는 연기를 이용해서 통신을 했어요. 상황이 급할수록 많은 봉수대에 불을 지폈지요. 남산의 봉수대를 가까이에서 살펴보며 당시 봉수를 사용했던 방법에 대해 이야기 나누어 보세요. 평소에는 1개, 적이 국경에 나타나면 2개, 적이 국경에 가까이 오면 3개, 국경을 넘어왔을 경우 4개, 싸움이 일어날 때는 5개에 불을 지폈답니다.

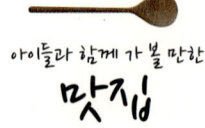

아이들과 함께 가 볼 만한
맛집

| 남산 원조 왕돈가스 |

36년의 전통을 자랑하는 이곳이 남산의 원조 왕돈가스 집이다.
원조답게 돈가스의 크기도 클 뿐 아니라 감칠맛 나는 소스가 뿌려진 돈가스 맛도 좋다.

- **주소** 서울시 중구 예장동 8-53 **전화** 02-755-3370
- **영업시간** 11:30~23:00 **휴무** 연중무휴
- **가격대** 6,000원~10,000원 **주차** 가능

| 미나미야마 |

매일 아침 교체한 깨끗한 기름으로 튀겨낸 돈가스 맛이 담백하고 맛있다.
다양한 종류의 돈가스뿐 아니라 일본 라멘과 우동도 판매한다.

- **주소** 서울시 중구 예장동 8-57 **전화** 02-318-6696
- **영업시간** 11:00~22:00 **휴무** 연중무휴
- **가격대** 7,000원~15,000원 **주차** 가능

| 목멱산방 |

남산 산책로에 있는 고풍스러운 분위기의 한식집이다.
식당 내부도 깔끔하고 한옥의 아늑한 분위기가 곳곳에 잘 녹아들어 있다.
대표 메뉴인 불고기 비빔밥이 정갈하게 차려 나온다.

- **주소** 서울시 중구 예장동 산 5-6호 **전화** 02-318-4790
- **영업시간** 11:00~21:00 **휴무** 명절
- **가격대** 6,000원~25,000원 **주차** 불가능

| 산채집 |

남산의 맛집 중에서도 인기 있는 음식점으로 메인요리인 산채 비빔밥 이외에
왕돈가스도 판매한다. 손님에게 친절한 서비스를 베푸는 주인의 인심만큼 상차림도 푸짐하다.

- **주소** 서울시 중구 예장동 산 8-16 **전화** 02-754-1978
- **영업시간** 11:00~21:00 **휴무** 연중무휴
- **가격대** 7,000원~25,000원 **주차** 가능

서울

국립 중앙박물관

어린이박물관 / 전쟁기념관 /
용산신학교 / 백범김구기념관

국립중앙박물관으로 출발~

★ 백범김구기념관
효창공원앞역
남영역
★ 전쟁기념관
★ 용산신학교
삼각지역
신용산역
어린이박물관
국립중앙박물관
이촌역

국립중앙박물관 주변을 여행하는 방법 :

5000년 한민족의 역사와 문화를 담고 있는 거대한 보물 국립중앙박물관과 그 주변의 어린이박물관, 전쟁기념관, 용산신학교, 백범김구기념관을 돌아본다.

우리나라 최대 유물을 보유하고 있는 국립중앙박물관 전경

여행 정보
travel information

여행 소요시간 | 총 8시간

여행 시기 | 국립중앙박물관과 주변 유적지는 대부분 박물관과 기념관으로 이루어져 계절에 관계없이 어느 때 찾아도 좋지만 야외정원이 아름다운 5~6월이나 단풍이 멋진 10~11월이 최고이다.

예상 경비 | 4인 가족 기준(성인 2명, 어린이 2명)
- 입장료 : 없음(국립중앙박물관, 어린이박물관, 전쟁박물관, 용산신학교, 백범김구기념관 모두 무료)
- 식비 : 30,000~40,000원
- 총 경비 : 30,000~40,000원(차량유류비 및 주차비, 대중교통비 제외)

교통 정보
traffic information

지하철과 버스를 이용하여 이동하는 것이 편리하며 시간을 절약하기 위하여 1~2구간은 택시를 이용하는 것이 좋다.
지하철 4호선 이촌역 2번 출구에서 도보로 10분쯤 이동하면 국립중앙박물관이 나온다.
자가용 이용시는 주요 유적지 주차장을 이용하고 전쟁기념관과 용산신학교, 백범김구기념관에는 차량으로 이동해야 시간을 절약할 수 있다.

당일여행 추천 코스
travel route

1 국립중앙박물관 09:00~11:30
고구려, 백제, 신라의 유물 비교해 보기. 야외전시장에 흩어져 있는 국보와 보물 찾아보기.
☞ 상세 관람 코스는 P.171

도보 1분 ★
어린이박물관은 국립중앙박물관과 같은 건물에 있다.

2 어린이박물관 11:30~12:20
다양한 문화 체험에 참여해 보기.

도보 5~10분 ★
박물관 주변 음식점으로 갈 경우 걸어서 10분 이내 소요.

3 점심식사 12:30~13:30
국립중앙박물관 안에 있는 음식점이나 주변 음식점 이용

지하철 10분 ★
지하철 4호선 삼각지역에 내린 후 1번 출구에서 도보로 5분이 걸린다. 자가용 이용시 10~15분 소요. 전쟁기념관 유료 주차장을 이용한다.

4 전쟁기념관 13:40~15:10
야외전시장에 전시된 전시품에 직접 들어가 보기.

마을버스 10분 ★
봄이나 가을에는 산책하는 기분으로 걸어서 가는 것도 좋다(30분 소요). 자가용 이용시 10분 소요. 용산신학교 주차장은 무료.

5 용산신학교 15:20~15:50
용산신학교에서 성당과 기숙사 건물 둘러보기.

마을버스 10분 ★
천천히 걷거나(30분 소요) 마을버스를 이용한다. 자가용 이용시는 10분 소요. 백범김구기념관 주차장은 유료.

6 백범김구기념관 16:00~17:00
일제강점기와 항일투쟁에 관한 이야기 나누기.

출발 전, 엄마가 먼저 알아 둘 역사 상식

국립중앙박물관에 담긴 역사 이야기

역사와 선조들의 삶이 공존하는 공간

국립중앙박물관의 모태는 1908년 9월 창경궁에서 시작된 '이왕가박물관'으로 왕가에서 내려온 유물과 미술품 등을 전시하는 곳이었다. 그러나 아쉽게도 일제강점기에 접어들면서 이왕가박물관은 문을 닫았다. 그후 박물관은 1945년 2월 국립박물관이란 이름으로 다시 개관하였다. 당시 박물관은 경복궁에 있었는데 6.25전쟁 때 폭격으로 상당 부분이 사라지고 남은 유물은 우여곡절 끝에 부산으로 옮겨져 보관되었다. 전쟁 중에 폐관되었던 국립박물관은 전쟁이 끝난 후 덕수궁 석조전으로 옮겨 와 다시 문을 열었다. 1972년에는 명칭이 국립박물관에서 국립중앙박물관으로 변경되었다. 오랫동안 국립중앙박물관으로 사용했던 건물은 일제강점기 조선총독부 건물이었다. 1995년 일제의 잔재를 청산하기 위해 총독부 건물을 파괴하면서, 2005년 현재의 위치로 옮겨 와 관람객을 맞고 있다.

1. 왕비가 착용했던 금으로 된 왕관. 섬세하고 화려함이 돋보인다 2. 삼국시대의 풍요로움을 단적으로 보여 주는 금으로 제작한 신발 3. 국립중앙박물관을 찾은 가족이 유물을 관람하는 모습

우리 아이가 알아야 할 역사 포인트

① 이왕가박물관

우리나라 최초 근대식 박물관은 1908년 고종황제가 창경궁에 만든 이왕가박물관이다. 고종황제는 왕가에서 내려오던 귀중한 유물과 미술품을 비롯하여 직접 수집한 작품 등을 이곳에 전시하고 백성들에게 개방했다. 당시 이왕가박물관에서 소장한 유물은 12,000점이 넘었는데, 소장품으로는 태조 이성계의 유물과 고려자기, 불화, 삼국시대의 불교공예품, 조선시대 회화, 풍속, 도자기 등이 있었다. 왕가의 박물관답게 이 소장품들은 당시에는 어디에서도 볼 수 없는 소중한 것들이었다. 이왕가박물관에 있던 작품 일부는 1938년 덕수궁미술관이 개관되면서 그곳으로 옮겨 갔으며, 해방 후 이왕가박물관에서 소장하고 있던 유물과 예술품은 국립중앙박물관에서 관리하게 되었다.

② 보물과 국보

보물은 역사적, 예술적, 학술적 가치가 높은 각 시대를 대표하는 문화재를 법적으로 지정한 것이다. 건축물, 석조물, 서적, 회화, 공예 등이 있는데, 보물 중에서도 특히 제작 연대가 오래 되었거나, 형태나 품질 등이 특이한 경우에는 그 가치를 인정해 국보로 지정한다.

국보와 보물에는 '국보 제1호', '보물 제1호'처럼 고유한 번호가 지정되어 있지만, 그 숫자가 중요도를 표시하는 것은 아니고 지정된 순서에 따른 표기일 뿐이다. 어떤 것이 중요하다고 볼 수 없으므로 모두 소중한 문화재이다. 우리나라 국보 제 1호는 숭례문이고, 보물 제 1호는 흥인지문이다.

③ 동원 이홍근(1900~1980)

우리나라 문화재를 사랑하고 보존해야 한다는 사명감으로 평생 심혈을 기울여 수집한 문화재를 후손들을 위해 국가에 헌납한 기증자는 많이 있었지만, 동원 이홍근 선생만큼 많은 양의 문화재를 기증한 경우는 드물다.

이홍근 선생은 그가 생전에 수집한 4,941점의 엄청난 문화재를 모두 국립중앙박물관에 기증했다. 현재 국립중앙박물관에는 이홍근 기증실이 따로 마련되어 있으며, 아시아 삼국의 토기, 기와, 금속, 도자기, 서화, 불교조각상 등 최고 수준의 컬렉션을 자랑한다. 특히 그가 기증한 도자기들은 청자와 분청사기, 백자까지 완벽하게 갖추고 있어 한국 도자기의 변천사를 한눈에 살펴 볼 수 있다.

01

민족 문화의 보고
국립중앙박물관

현대적인 분위기의 국립중앙박물관

교과서 연계 정보

3학년 1학기 사회
2단원 고장의 자랑
3단원 고장의 생활과 변화

3학년 2학기 사회
3단원 다양한 삶의 모습

5학년 1학기 사회
1단원 하나된 겨레
2단원 다양한 문화를 꽃피는 고려
3단원 유교 전통이 자리 잡은 조선

5학년 2학기 사회
1단원 조선 사회의 새로운 움직임
2단원 새로운 문물의 수용과 자주독립
3단원 대한민국의 발전과 오늘의 우리

여행 정보

- **주소** 서울특별시 용산구 서빙고로 137
- **전화** 02-2077-9000
- **웹사이트** www.museum.go.kr
- **개방시간** 화·목·금요일 08:00~18:00, 수·토요일 08:00~21:00, 일요일 08:00~19:00
- **해설사 동행 관람** 전체 박물관 해설 10:30, 11:30, 14:30, 15:30(1시간 소요) / 각 전시관별 해설 10:00, 11:00, 13:00, 14:00, 15:00, 16:00(1시간 소요)
- **휴관일** 1월 1일, 매주 월요일
- **입장료** 무료
- **디지털가이드 대여** PMP 3,000원, MP3 1,000원(관람 전날까지 인터넷으로 대여 신청. 당일 현장 선착순으로도 가능) *스마트폰에서 '국립중앙박물관 전시안내' 어플을 무료로 다운받으면, 각 전시실에 붙어 있는 모바일 전시안내 번호 3자리를 입력하여 전시물에 대한 상세한 설명을 제공 받을 수 있다.
- **공중화장실** 있음
- **주차장** 유료
- **대중교통** 지하철 4호선·국철·중앙선 이촌역(국립중앙박물관) 2번 출구에서 도보 10분 버스 · 간선 502 · 지선 0018, 8620(주말에만 운행)

상세 관람 코스
소요시간 2~3시간

국립중앙박물관은 어떻게 둘러보느냐에 따라 관람 시간이 달라진다. 욕심을 내어 꼼꼼히 둘러보려면 한나절도 모자랄 수 있기 때문이다.

국립중앙박물관에 전시된 유물은 오랜 세월을 통해 만들어진 것으로 전시 내용이 엄청나게 많다. 다 둘러본 후에 무엇을 보았는지 머릿속에 잘 정리하기가 쉽지 않을 수도 있다. 따라서 보다 효과적으로 국립중앙박물관을 둘러보려면 다음의 방법으로 관람하는 것이 좋다.

먼저 해설사를 따라 둘러본 후 관심 구역을 다시 찾는 것이 바람직하다. 해설사 동행 관람을 하지 않더라도, 스마트폰에서 무료 어플을 다운 받아 설명을 듣는 것이 효과적이다. 보다 상세한 정보를 원한다면 디지털가이드를 대여하는 것도 좋다.

다른 한 가지 관람법은 각 시대를 대표하는 유물(예를 들어 국보급 유물)이나 관심 가는 유물을 촬영한 후 생각날 때마다 책이나 인터넷 자료실을 통해 찾아보고 자기 것으로 만드는 것이다. 해설사 동행 관람은 1시간 정도 소요되지만 자유 관람의 경우 좀더 여유를 갖도록 하자.

국립중앙박물관 꼼꼼히 둘러보기

우리나라는 외적의 침략과 전쟁 수난을 겪으면서 소중한 문화재와 유물이 파괴되고, 일본과 서방국가들에게 많이 약탈되기도 했다. 그럼에도 불구하고 우리 선조들의 삶과 문화, 역사를 보여 주는 유물을 방대하게 소장하고 있는 국립중앙박물관은 대한민국의 보물창고다. 우리나라의 역사적 유물 외에도 아시아 각국의 유물도 함께 전시하고 있는데, 박물관의 모든 유물을 전시하기에는 공간이 턱없이 부족해 주기적으로 유물을 바꿔 가며 전시하고 있다. 따라서 국립중앙박물관을 한 번에 모두 보려고 하지 말고, 여러 번 찾아가 보는 것이 바람직하다.

국립중앙박물관은 우리 문화재와 유물을 보전, 전시하는 역할 외에도, 소중한 인류 문화를 지속적으로 발굴, 해외에

전통 한옥 정자와 조화를 이루고 있는 국립중앙박물관

선사·고대관에 전시되어 있는 흙을 이용하여 만든 각종 도자기류

퍼져 있는 우리 유물을 찾아오기 위한 노력, 그리고 국제사회와 지식을 공유하는 일에도 적극적으로 나서고 있다.

교과서에서 보았던 유물로 가득

course 선사·고대관

선사·고대관에 전시되어 있는 고구려 시대 벽화

울산 태화강변에 있는 반구대 암각화를 형상화시켜 놓은 선사·고대관

우리나라에서 가장 오래된 유물을 전시해 놓은 선사·고대관을 둘러보는 청소년들

국립중앙박물관에 들어서면 제일 먼저 마주하게 되는 곳이 선사 및 고대 유물이 전시된 선사·고대관이다. 10개 전시실로 이루어진 선사·고대관에는 10,000여 점에 달하는 유물이 전시되어 있다. 우리나라 석기시대 유물을 상징하는 빗살무늬토기를 중심으로 각종 석기와 청동기 유물이 전시된 전시실에는 씨족과 부족을 중심으로 농업을 일구고 살았던 선조들의 생활을 엿볼 수 있는 다채로운 유물이 전시되어 있다. 여러 유물 중 유독 돋보이는 것은 빗살무늬토기와 농경 문양으로 장식된 청동기로 만든 도구로 초기 우리 선조들이 농업을 기반으로 살았음을 보여 준다.

석기와 고조선 시대 전시실 옆으로 부여와 삼한 시대에 이어 고구려, 백제, 가야, 신라, 통일신라, 발해 시대 유물을 전시해 놓은 전시실이 자리하고 있다. 고구려실에는 유명한 고분벽화를 비롯하여 무기류 등이 전시되어 있으며, 백제실에는 황금으로 만든 화려한 왕관과 각종 액세서리가, 가야실

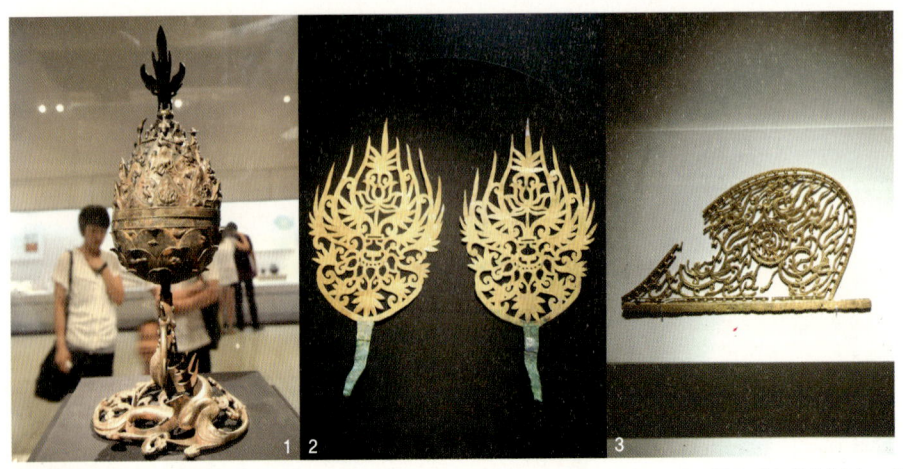

1. 백제 금동대향로. 삼국시대에 제작된 향로 중에서도 매우 뛰어난 작품이다 2. 삼국시대 때는 금을 이용한 각종 악세서리가 크게 발달하였다 3. 삼국시대 왕이 착용했던 금으로 제작한 장식용품

과 신라실에는 철을 이용한 생활용품과 경주 고분에서 발견된 황금으로 제작된 왕관과 생활용품 등이 전시되어 있다. 통일신라실과 발해실에는 보다 정교하고 호화로운 장식물이 전시되어 있다. 선사·고대관에 전시된 유물들은 조금은 눈에 익숙한 것으로 대부분 교과서에서 보았던 소중한 유물들이다.

장인정신과 기록문화를 중시했던 고려와 조선

course 중·근세관

고려시대를 대표하는 유물 가운데 하나인 청자

선사·고대관에서 중·근세관 사이에는 웅장한 탑이 세워져 있다. 안쪽에 있는 것은 국보 제86호, 경천사10층탑으로, 원래 경천사지에 있던 탑을 경복궁에 옮겨 와 전시하다가 다시 국립중앙박물관으로 옮겨 온 것이다. 중앙에 자리한 월광사 원랑선사탑비는 보물 제360호로, 고승 원랑선사의 일생을 기록해 놓은 탑이다. 원래 충북 월광사지에 있던 것을 국립중앙박물관으로 옮겨 전시하고 있다.

중·근세관의 고려실에는 고려시대를 대표하는 흥미로운 유물 500여 점이 전시되어 있다. 전시된 유물들은 하나같이

조선실에 전시된 다양한 의복들

고려시대 건물 바닥과 벽을 장식하는 데 사용되었던 아름다운 문양의 벽돌

독특하고 세련미를 간직하고 있다. 여러 유물 가운데 돋보이는 것은 고려 유물의 진수로 꼽히는 고려청자를 비롯하여 청색와 등 도자기류이다. 도자기와 더불어 놓칠 수 없는 유물로는 세계 최초로 발명한 고려 금속활자가 있다.

고려실에서 멋진 도자기 감상을 마쳤다면, 400여 점의 볼거리가 넘치는 조선실로 가 보자. 여러 전시물 중 다른 전시관에 비해 유독 많이 보이는 것이 서적이다. 《경국대전》과 대동여지도 목판을 비롯하여 훈민정음에 관한 자료가 전시되어 있는데, 조선시대 때 학문을 중시했음을 느낄 수 있다.

서화관

나눔의 공간으로 꾸며진 2층 전시관

course 서화관 → 기증관

2층은 서화관과 기증관으로 구성되어 있다. 서화관에는 800여 점에 달하는 전시품이 4곳에 분산 전시되고 있다. 불교문화가 절정에 달했던 고려시대 때 제작한 섬세하고 화려한 불화를 중심으로, 낭만적인 분위기가 물씬 느껴지는 산수화와 선조들의 일상생활을 담아낸 풍속화, 서예작품에 이르기까지 흥미로운 미술품이 관람객의 눈과 발을 묶어 놓는다.

전체 전시관 중에서 우리에게 친숙한 풍속화를 만날 수 있는 곳은 서화관이 유일하다. 서화관에는 변상벽의 '고양이와 참새'를 비롯하여 정선의 '금강산' 등의 그림과 한석봉이 류여장에게 직접 써 준 《서첩》을 비롯하여 퇴계 이황이 쓴 《경간당시첩》 등을 수시로 교환 전시하고 있다.

기증관

서화관 건너편에는 개인이 수집해 소장하고 있던 것을 후손들이 관람할 수 있도록 기증한 유물을 모아 전시하는 기증관이 있다. 11개 방으로 구성되어 있는 기증관에 전시된 작품도 800여 점이나 된다. 동원 이홍근실을 필두로 김종학, 유강열, 박영숙, 최영도, 박병래, 유창종실로 이루어진 이 전시관은 문화 나눔의 현장에 있는 것 같아 그 어떤 공간보다 의미가 있다.

평생 정성스럽게 모아 기증한 유물들을 둘러보다보면 조금 생소한 기증자의 이름도 접하게 된다. 생소한 이름의 주인공들은 가네고 가즈시게, 아우치 이사오, 히치우마 다다스 등 일본인들이다. 일본에는 파악조차 못할 정도로 많은 우리 문화재가 있다. 일본국립박물관에서 보유하고 있는 문화재마저 돌려받지 못하고 있는 현실이지만, 개인이 수집한 문화재를 기증한 일본인이 있어 기증관을 더 빛나게 해 준다.

아시아관에 전시되어 있는 조각품. 섬세함이 돋보인다.

선조의 얼과 아시아인의 만남

 **course** 조각 · 공예관 → 아시아관

박물관 3층은 조각·공예관, 아시아관으로 구성되어 있다. 5개의 공간으로 이루어진 조각·공예관은 불교조각실, 금속공예실, 청자실, 분청사기실, 백자실로 분류되어 있다. 불교조각실에는 국보 제78호인 금동미륵보살반가상과를 비롯하여 돌을 깎아 만든 감산사 미륵보살, 아미타불 등 아름다운 미소와 자태를 간직한 불상들로 가득하다. 금속공예실은 금속을 이용하여 만든 정병(목이 긴 물병) 등 흥미로운 유물이 전시되어 있다. 한편 청자실, 분청사기실, 백자실에는

불교의 발상지 인도에서 제작된 다양한 불상들

아시아관에 전시되어 있는 불상.
각 나라에 따라 불상의 모양이 다름을 알 수 있다.

교과서를 통해 익숙했던 고려청자와 칠보무늬향료, 대나무 그림이 그려진 단아한 백자 등 여러 시대에 걸쳐 완성된 걸작들이 전시실을 가득 채우고 있다.

아시아관은 7개의 전시 공간으로 구성되어 있으며 약 1,000여 점의 유물을 전시하고 있다. 신안 앞바다에서 발굴한 물고기용 장식병을 비롯하여 일본, 중국, 중앙아시아, 동남아시아, 인도의 작품이 전시된 아시아관은 아시아 유물의 공통점과 동일한 유물도 환경과 생활에 따라 달라진다는 것을 느껴 볼 수 있도록 꾸며져 있다.

1. 중국 돈황 지역의 동굴에서 발굴된 동굴벽화로 아시아관에 전시되어 있다
2. 동서양의 분위기를 동시에 갖추고 있는 인도 조각상

김천 갈항사에 있던 동서3층석탑으로 야외정원에 전시되어 있다.

그 밖의 공간들

> course 박물관 야외정원

국립중앙박물관의 자랑거리 중 하나가 넓은 정원에 흩어져 있는 유물들이다. 야외정원에 전시된 유물 중에는 선사유물인 고인돌을 비롯하여 여러 국보와 보물을 볼 수 있는데, 그 중 석탑이 가장 많다. 야외정원에 전시된 대표적인 유물로는 국보 제99호로 지정된 갈항사 동서3층석탑과 국보 제100호인 남계원7층석탑이다. 갈항사 동서3층석탑은 통일신라 때인 758년에 건립된 것으로 원래 금오산 서쪽 갈항사에 있던 것을 옮겨 온 것이고, 개성의 남계원 터에 있던 것을 1915년 옮겨 온 남계원7층석탑은 고려시대의 탑의 모양과 형태가 잘 보존된 것으로 평가된다.

고려시대 때 제작한 개성 현화사에 있던 석등. 야외정원에 전시되어 있다.

원래 종로에 있던 보신각으로 국립중앙박물관 야외정원에 옮겨 전시되고 있다. 현재 종로에 있는 보신각종은 1986년 에밀레종을 본떠 새로 제작한 것이다.

우리나라 대표 박물관인 국립중앙박물관은 무려 13만 점에 달하는 유물을 보유하고 있다. 소장된 유물의 수량도 엄청나지만 수준 또한 타의 추종을 불허한다. 국립중앙박물관은 5000년 역사를 이어 온 선조들의 삶을 직접 눈으로 확인할 수 있는 최적의 장소로, 대한민국 국민이라면 남녀노소를 불문하고 꼭 한번 관람해야 할 곳이다.

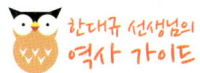

일일 문화 해설사가 되어 볼까요?

수많은 문화재가 전시되어 있는 국립중앙박물관을 하루에 모두 보는 건 힘들어요. 전시관을 순서대로 돌다 보면, 오히려 무엇을 보았는지 생각이 나지 않을 수도 있지요. 지루하지 않게 관람을 하려면, 이미 알고 있을 법한 전시품을 찾아다니는 방법으로 둘러보는 것도 좋아요. 그러고는 아는 만큼 그 전시품에 대해 서로 이야기해 보는 거예요. 가족이나 친구들과 서로 돌아가면서 작품의 일일 해설사가 되어 보는 거지요. 그럼 가장 멋진 일일 해설사가 되기 위해, 미리 국립중앙박물관에 있는 몇 가지 유물을 알아 놓고 가는 건 어떨까요? 내가 해설사가 되어 설명한 유물은 집에 돌아가서도 두고두고 기억하게 될 거예요.

02
직접 경험할 수 있는 문화박물관
어린이박물관

누구나 흥미로운 유물을 체험해 볼 수 있도록 꾸며 놓은 어린이박물관

여행 정보
- **주소** 서울특별시 용산구 서빙고로 137
- **전화** 02-2077-9323
- **웹사이트** www.museum.go.kr/child
- **개방시간** 09:00~18:00, 1일 6회 사전 예약제로 운영
- **휴관일** 매주 월요일
- **입장료** 무료
- **주차장** 유료
- **공중화장실** 있음
- **대중교통**
   4호선·국철·중앙선 이촌역(국립중앙박물관) 2번 출구에서 도보 10분
  버스 간선 502 • 지선 0018, 8620(주말에만 운행)

아이들에게 우리 문화를 보여 주는 것에 그치지 않고, 직접 만지고 놀면서 경험하게 해 주는 곳이 있다. 바로 국립중앙박물관 옆에 자리한 어린이박물관이다. 국립중앙박물관에서 어린이를 위하여 따로 조성해 놓은 어린이박물관은 어린이를 위한 우리나라 최고 수준의 문화박물관이다.

이곳의 특징은 아이들 눈높이에 맞춘 체험 공간이다. 체험은 한 번에 300명으로 인원이 제한되며, 체험 기회는 매일 6회, 회마다 1시간 30분씩 진행되고 있어 사전 예약이 필수다. 어린이박물관의 대표적인 체험 코스는 옛 선조들의 생활과 지금의 생활을 비교하는 체험, 농경사회의 생활 체험, 전쟁과 무기 체험, 선조들이 만들어 사용했던 악기 체험, 이렇게 4가지다. 2,000여 권에 달하는 책과 퍼즐게임을 즐길 수 있는 공간도 마련되어 있다.

03

전쟁의 역사와 아픔을 배운다

전쟁기념관

삼각지 옛 육군본부 자리에 위치한 웅장한 규모를 자랑하는 전쟁기념관

여행 정보

- **주소** 서울시 용산구 이태원로 29
- **전화** 02-709-3114(3139)
- **웹사이트** www.warmemo.or.kr
- **개방시간** 09:00~18:00
- **해설사 동행 관람** 안내센터에서 수시로 제공
- **휴관일** 매주 월요일
- **입장료** 무료
- **주차장** 유료
- **공중화장실** 전시관에 있음
- **대중교통** 지하철 삼각지역
  4호선 1번 출구에서 도보 5분,
  6호선 12번 출구에서 도보 3분,
  1호선 남영역에서 도보 10분
  버스 간선 421, 149, 150, 151, 152, 421, 500, 501, 504, 605, 750A, 750B, 751, 752, 502, 506 • 지선 마을버스110A, 110B
  • 공항버스 6001

국립중앙박물관 북쪽 호국공원에 있는 전쟁기념관은 약 4,000여 점에 달하는 무기와 각종 전시품으로 가득한 우리나라 최대 군사기념관이다. 이곳은 우리나라 전쟁의 역사와 참담함을 보여 주고, 이런 참사가 다시는 일어나지 않아야 한다는 생각을 갖게 해 주는 곳이다.

전쟁기념관에 들어서면 가장 먼저 전쟁역사실을 마주하게 된다. 전쟁역사실에는 나라를 지키기 위하여 노력했던 선조의 항쟁 역사를 알 수 있는 자료와 무기 등이 전시되어 있다. 2층에는 조국을 위하여 목숨을 바친 선열들의 넋을 추모하는 호국추모실과 6.25전쟁실이 마련되어 있다. 3층은 해외파병실, 국군발전실이 있다. 전시실 입구는 2층이다. 야외전시장에는 직접 전쟁이 사용되었던 무기들이 전시되어 있다.

04

우리나라 최초의 천주교 신학교

용산신학교

옛 용산신학교 예수상과 성당. 현재는 성심여자중고등학교로 사용되고 있다.

여행 정보

- **주소** 서울시 용산구 원효로 4가 1번지
- **전화** 02-701-5501
- **웹사이트** www.songsim.org
- **개방시간** 09:00~18:00
- **휴관일** 연중무휴
- **해설사 동행 관람** 없음
- **입장료** 무료
- **주차장** 학교내 무료 주차장 이용
- **공중화장실** 있음
- **대중교통** 버스 · 간선 162, 262, 405, 501, 503, 505 · 지선 0015, 0017, 5012, 7016
  지하철 · 버스 1호선 남영역에서 버스 7016번, 162번 이용 풍전아파트 앞 하차, 4호선

용산신학교는 1887년 6월 9일 개교한 우리나라 최초의 천주교 신학교로 현재는 성심여자중고등학교가 위치하고 있다. 교문을 들어서 언덕길을 오르면 예수 조각상이 나온다. 이 조각상 뒤에 자리한 건물이 우리나라 근대 건축물을 상징하는 성심성당이다. 언덕의 지형을 활용한 성심성당은 지대가 낮은 남쪽은 2층으로, 지대가 높은 북쪽은 1층으로 완성된 독특한 모양새를 하고 있다. 성심성당은 고딕양식임에도 불구하고 좌우 대칭이 맞지 않는 조금 기형적인 건축물이다. 성당 내부는 간소한 제단과 예배석만으로 꾸며져 있어 단순하지만 경건함을 느낄 수 있다.

성심성당 앞에는 이곳의 학생들이었던 예비 신부들의 공

숙대입구역에서 버스 162번 이용 풍전아파트 앞 하차, 5호선 마포역 가든호텔 건너편에서 버스 7016번 이용 풍전아파트 앞 하차

| TIP |
해설사가 없으니 자유롭게 관람하면 된다(1시간 소요). 예수상 → 성심성당 → 성심기념관 → 피정의 집 순으로 돌아보자.

간, 용산신학교 생활관이 있다. 지금은 성심기념관이란 이름을 갖고 있는 이 2층 건물은 성심성당, 명동성당과 함께 프랑스 외방선교회의 코스트 신부가 설계한 건물로 우리나라에서는 찾아보기 드문 조지아 양식의 건축물이다. 옛 용산신학교는 우리나라 근대건축양식을 잘 보여주는 한편, 김대건 신부의 시신이 보관되었던 중요한 유적지이자 오늘을 살아가는 의지할 곳 없는 소녀들을 위한 공간이 마련되어 있는 의미있는 유적지이다.

성당 제단 위에 장식되어 있는 고딕양식의 아름다운 스테인드글라스

경건함이 느껴지는 성당의 내부

현재 성심기념관으로 사용하고 있는 옛날 신학생들의 생활관

05
백범 김구와 임시정부의 역사

백범김구기념관

백범김구기념관 1층 중앙홀에 있는 백범 동상과 태극기

여행 정보

- **주소** 서울시 용산구 임정로 26
- **전화** 02-799-3450
- **웹사이트** www.kimkoomuseum.org
- **개방시간** 09:00~18:00, 11~2월은 17:00까지
- **휴관일** 월요일
- **해설사 동행 관람** 없음
- **입장료** 무료
- **주차장** 유료
- **공중화장실** 있음
- **대중교통** 지하철 6호선 효창공원역 1번 출구에서 도보 10분
   간선 110A, 143, 405, 740
  • 지선 0016, 0018

나라의 독립을 위해 한평생을 바쳤으나 해방 후에는 신탁통치와 남한 단독 총선을 반대하다가 정치 싸움의 희생양이 되어 생을 마감한 백범 김구 선생은 우리의 역사를 바로 알기 위해서 아이들이 반드시 알아야 할 인물이다.

효창공원에 세워진 백범김구기념관과 그 주변에 흩어져 있는 유적지는 단순히 독립을 위해 헌신한 민족지도자를 위한 공간이라기보다 '민족성지'라는 표현이 더 적합하다. 기념관을 중심으로 그 주변에는 백범 선생의 묘소가 있고, 그 밖에도 임시정부에서 활동했던 이봉창, 윤봉길, 백정기 등이 이곳에 잠들어 있기 때문이다.

백범김구기념관은 격동의 우리 근대사를 잘 정리해 놓은

| TIP |

백범 기념관 → 백범 묘역 → 이봉창 의사 동상 → 삼의사 묘역 → 임정요인 묘역 순으로 돌아보자(1시간 소요).

2층에 마련된 대한민국 임시정부에 관한 자료 전시

백범 선생이 사용하던 책상

곳이다. 2층으로 된 기념관 내부에는 태극기를 배경으로 앉아 있는 백범 선생의 동상이 중앙홀에 자리하고 있다. 1층 전시관에는 선생의 일대기와 역사적인 사건, 구국운동에 관한 자료가 비교적 이해하기 쉽게 전시되어 있으며, 2층은 중국에서 활동하던 임시정부 시절을 중심으로 해방 후까지의 자료를 볼 수 있다.

기념관 위쪽에 있는 백범 묘역

아이들과 함께 가 볼 만한 맛집

| 다채움 |

국립중앙박물관 서관 1층에 있는 푸드코트로 주문한 뒤 음식을 받아다 먹으면 된다.
한식, 중식, 양식 등 세계의 다양한 음식을 저렴한 가격에 맛볼 수 있다.

- **주소** 서울시 용산구 용산동 6가 168-6, 서관 전시 1층　● **전화** 02-796-0714
- **홈페이지** www.museum.go.kr
- **영업시간** 화·목·금요일 10:00~18:00, 수·토요일 10:00~20:00, 일·공휴일 10:00~19:00
- **휴무** 월요일　● **가격대** 5,500원~10,000원대　● **주차** 가능

| 나무 |

국립중앙박물관 동관 1층에 있는 한식과 양식이 제공되는 멀티 레스토랑이다.
깔끔한 내부 인테리어와 창밖이 확 트여 있어 밖을 바라보며 식사할 수 있다.

- **주소** 서울시 용산구 용산동 6가 168-6, 동관 전시 1층　● **전화** 02-796-0713
- **홈페이지** www.museum.go.kr
- **영업시간** 화·목·금요일 10:00~18:00, 수·토요일 10:00~20:00, 일·공휴일 10:00~19:00
- **휴무** 월요일　● **가격대** 8,500원~35,000원대　● **주차** 가능

| 스마일 이촌 떡볶이 |

30년 동안 이촌동의 떡볶이 맛을 책임져 온 맛집이다.
매콤달콤한 국물이 가득한 떡볶이와 잡내 없이 탱탱한 순대, 우엉이 가득 들어간 김밥
모두 기대 이상으로 맛있다.

- **주소** 서울시 용산구 이촌동 301-18　● **전화** 02-749-5507
- **영업시간** 11:00~21:00　● **휴무** 일요일
- **가격대** 500원~10,000원대　● **주차** 가능

| 동빙고 |

단팥죽과 팥빙수가 맛있는 집이다. 국내산 팥을 사용해 만들어 자극적이지 않고,
지나치게 달지 않다. 팥죽과 팥빙수에 들어간 떡은
쫄깃하지만 질기지 않아 담백한 맛을 더한다.

- **주소** 서울시 용산구 이촌동 301-162 현대상가 라동 1층 101호　● **전화** 02-794-7171
- **영업시간** 10:30~23:00　● **휴무** 일요일
- **가격대** 5,000원~10,000원대　● **주차** 불가능

서울

서울성곽

흥인지문 / 혜화문 / 말바위 /
숙정문 / 창의문 / 국사당

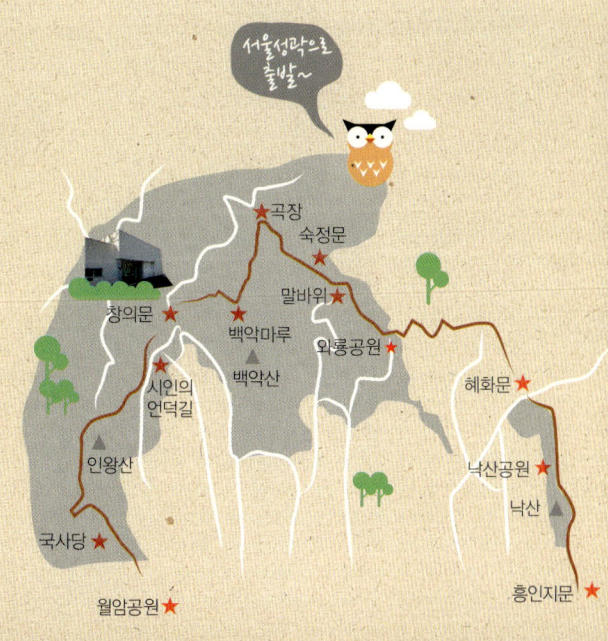

서울성곽을 여행하는 방법

600년 도읍지의 흥망성쇠를 지켜본 거대한 울타리 서울성곽을 돌아본다.

인왕산을 따라 축성된 서쪽 성곽 유적

여행 정보
travel information

여행 소요시간 | 총 3~4시간
여행 시기 | 서울성곽은 계절마다 독특한 매력을 만끽할 수 있는 곳이지만, 그중에서도 봄과 가을이 최고다. 서울 시내 조망을 중심으로 둘러보려면 겨울도 나쁘지 않다. 단 도보 구간이 조금 길기 때문에 아이의 체력을 고려하여 한 코스 정도만 걷는 것이 바람직하다.
점심식사 | 성곽 유적지의 중심에 해당하는 성북동이나 부암동 주변에 다양한 음식점이 있어 선택의 폭이 넓다.
예상 경비 | 4인 가족 기준(성인 2명, 어린이 2명)
• 입장료 : 모두 무료
• 식비 : 30,000~40,000원
• 총경비 : 30,000~40,000원(차량유류비 및 주차비, 대중교통비 제외)

교통 정보
traffic information

아이들을 동반하고 당일치기로 성곽 전 구간을 둘러보는 것은 불가능하다. 따라서 편안하면서도 다양한 유적과 문화를 엿볼 수 있는 코스를 선택해 여유롭게 관람하는 것이 이상적이다.
자가용으로 이동하면 주차장에 차를 주차한 후 원하는 코스를 둘러보고 다시 출발지의 주차장으로 돌아가야 하는 번거로움이 있다. 따라서 대중교통을 이용하는 것이 편하다.

출발 전, 엄마가 먼저 알아 둘 역사 상식

서울성곽에 담긴 역사 이야기

조선왕조의 탄생, 성곽의 탄생

조선시대의 첫 문을 연 태조 이성계는 종묘, 경복궁, 사직단의 건립이 끝나자, 곧바로 서울성곽을 만드는 데 힘을 쏟았다. 새로운 나라를 세우는 데 공을 세운 정도전은 성곽의 중심이 된 백운산(북악산)과 인왕산, 목멱산(지금의 남산), 낙산을 직접 올라 살펴본 후 성곽의 틀을 마련했다.

낙산공원 지역의 성곽과 주변 풍경

서울성곽 공사는 1396년 1월부터 시작되었다. 당시 궁궐 짓기보다 더 어려운 일이 성을 쌓는 일이었다고 한다. 성을 쌓기 위해 동원된 사람은 11만 8,000여 명이나 되었다. 당시 전체 인구를 감안할 때 엄청난 인력이 성곽 축성에 동원되었음을 알 수 있다. 공사를 진두지휘한 정도전은 빠른 시일 안에 성곽을 완성하기 위하여 모두 97구간으로 나눠 축성을 진행하였다.

우리 선조들은 궁궐이나 성 같은 대규모 공사는 물론 작은 공사에도 주어진 환경을 잘 활용했는데 서울성곽도 마찬가지다. 성곽의 높이와 구조는 지형에 따라 달리했다. 낮거나 평탄한 지역은 성곽을 높게 쌓고 보다 튼튼하게 축성했으며 가파르고 접근이 어려운 곳은 낮게 축성하는 지혜를 발휘했다. 여러 왕을 거치면서도 도읍을 지키는 성곽의 중요성은 계속되었으며, 때때로 보수, 보강된 흔적까지 현재 성곽에서 찾아볼 수 있다.

아이가 알아야 할 역사 포인트

1 도성축조도감

1395년 9월 태조 이성계는 '도성축조도감'이라는 기관을 설치하였다. 새로이 시작하는 조선왕조의 수도인 서울의 도성을 만드는 것을 목적으로 설치된 도성축조도감은 상설적인 관청이 아니라 한시적으로 운영되는 임시 관청이었다. 도성축조도감의 직책은 요즘으로 치면 장관급에 해당하는 판사를 주축으로 부판사, 부사, 판관, 녹사 등으로 구성되었다. 도성축조도감이 주도한 서울성곽 공사는 1396년 두 차례에 걸쳐 진행되었으며 총 공사 기간은 98일이었다.

2 사대문과 사소문

서울을 둘러싸는 성곽을 만들면서 사람과 말, 우마차가 통행할 수 있는 출입문도 필요했다. 성곽에 설치된 출입문은 모두 8곳으로 동서남북에 커다란 출입문 4곳(사대문)을 설치하였고, 큰 출입문 사이에 조금 작은 출입문 4곳(사소문)을 더 세웠다.

사대문은 흥인지문(동대문), 돈의문(서대문), 숭례문(남대문), 숙정문(북대문)이며, 사소문은 광희문, 소덕문, 창의문, 홍화문이다. 각 문의 이름은 그냥 지어진 것이 아니다. 흥인지문은 '사람을 흥하게 하는 문', 돈의문은 '의를 북돋는 문', 숭례문은 '예를 숭상하는 문', 숙정문은 '지를 널리 전파하는 문'이란 뜻

서울성곽 서쪽에 해당하는 인왕산 자락에 자리한 바위

으로, 도성을 출입하는 모든 백성들을 이롭게 하려는 큰 뜻을 담고 있다. 그런데 일제강점기

일제강점기 때 사라진 성곽의 일부를 새로 복원한 숭례문

때부터 숭례문을 남대문으로 부르기 시작하면서, 단순히 방향을 지칭하는 이름처럼 여겨지고 있다. 이는 우리 문화를 낮추고자 했던 일본의 의도가 담겨 있었으므로, 원래 명칭인 '숭례'으로 부르도록 노력하자. 출입문 8곳 가운데 처음 건축된 모습을 그대로 간직한 곳은 창의문뿐이다. 숭례문을 비롯하여 나머지 출입문은 전쟁, 화재, 개발, 방화 등으로 사라진 것을 복원한 것이다.

3 성곽을 완성한 왕들

성곽 축성을 시작한 것은 태조 이성계였다. 태조는 장수 출신답게 도성의 안전을 위해 성을 쌓는 일에 매우 신경을 썼다고 전해진다. 그 밖에 다른 왕들도 성곽을 복원하고 보강하는 데 많은 힘을 기울였다. 대표적인 왕이 세종과 숙종이다. 처음 모습을 드러낸 성곽 가운데 돌을 이용하여 성곽을 쌓은 곳은 큰 문제가 없었다. 하지만 흙을 이용한 토성 부분은 장마 때마다 무너지거나 일부가 파손되는 일이 빈번하였다. 이에 세종이 토성 부분을 돌로 교체하는 대대적인 보수공사를 진행하였고, 이어 숙종 때는 보다 튼튼한 성벽을 유지하기 위하여 일부 구간을 보강하였다. 서울성곽 낙산공원 지역에서는 태조 때 처음 축성한 작은 돌과 나중에 큰 돌로 바꾼 부분의 차이를 눈으로 확인할 수 있다.

낙산공원과 혜화문 사이를 잇는 성곽

01

조선왕조의 중심 한양을 지켜라
서울성곽

1. 서울성곽 주변의 풍경. 성곽 어느 곳에서나 서울 도심을 조망할 수 있다 2. 낙산공원 성곽 주변에 조성되어 있는 숲

교과서 연계 정보

3학년 1학기 사회
1단원 고장의 모습
2단원 고장의 자랑
3단원 고장의 생활과 변화

4학년 1학기 사회
1단원 우리 지역의 자연환경과 생활 모습

5학년 1학기 사회
3단원 유교 전통이 자리 잡은 조선

6학년 1학기 사회
1단원 우리 국토의 모습과 생활

여행 정보

- **주소** 서울특별시 종로구와 중구 일대
- **전화** 말바위 구역 02-765-0297, 숙정문 02-747-2152, 창의문 02-730-9924
- **웹사이트** www.bukak.or.kr
- **개방시간·휴관일** 흥인지문~말바위 입구, 창의문~국사당 구간은 24시간 연중무휴. 자유롭게 입장 가능 / 말바위~숙정문~창의문 구간은 군사시설구역으로 출입 제한이 있다. 말바위 또는 창의문에서만 신분 확인 후 출입 가능하다. 따라서 이 구간에서는 중간에 빠져나올 수 없다는 것을 알아둘 것. 출입 가능 시간은 4~10월 09:00~15:00, 11~3월 10:00~15:00이며, 매주 월요일은 출입할 수 없다. 이 구간은 반드시 신분증을 지참하고, 현장에서 출입허가증을 작성해야 한다.
- **해설사 동행 관람** 없음
- **입장료** 무료
- **공중화장실** 주요 구간마다 있음
- **주차장** 유료
- **대중교통** ★흥인지문 출발시 [지하철] 동대문역 1호선 6번 출구에서 도보 3분, 4호선 10번 출구에서 도보 2분 [버스] • 간선 101, 103, 105, 144, 152, 201, 260, 261, 270, 271, 370, 720 • 지선 2112, 2233 • 광역 111, 9301
★혜화문 출발시 [지하철] 4호선 한성대역 3·4·5번 출구에서 도보 5분
★말바위 출발시 [지하철·버스] 3호선 안국역 2번 출구 앞에서 지선버스 02번 이용 와룡공원 하차 후 도보 20분 ★창의문 출발시 [지하철·버스] 3호선 경복궁역 3번 출구 앞에서 지선버스 7022, 7212, 1020번 이용 자하문고개 하차 후 도보 2분

상세 관람 코스
한 코스 선택시 소요시간 3~4시간

서울성곽은 대부분 도로 개설로 사라지거나 도심으로 편입되어 흔적이 많이 사라진 상태다. 따라서 성곽 중 보존 상태가 비교적 좋은 구간과 볼거리가 집중되어 있는 구간을 선별하여 둘러보는 것이 효과적이다. 서울성곽은 말바위~숙정문~창의문 구간이 통제구역으로 지정되어 있어 둘러보는 데 많은 제약이 따르고 코스 또한 복잡하다. 따라서 사전에 체력에 맞는 코스를 선택한 후 철저한 준비가 필요하다. 코스는 크게 두 가지로 정리해 볼 수 있는데, 아이와 함께 가기에는 1코스가 편하다.

서울성곽 꼼꼼히 둘러보기

서울 성곽은 전쟁 때 적의 공격으로부터 백성과 도읍을 지키기 위해 만들어졌다. 지금은 대부분이 사라졌지만, 서울성곽의 전체 길이는 18.6킬로미터에 달한다. 서울성곽은 그 규모도 방대하지만 문화재로서의 가치도 매우 높다.

현재 서울은 조선왕조가 세워질 때와 비교할 수 없을 정도로 넓다. 하지만 주요 유적지와 문화재의 대부분은 이 성곽 안에 몰려 있다. 국보 제1호 숭례문, 보물 제1호 흥인지문은 평상시 이 서울성곽을 통과하기 위해 백성들이 드나들던 문이었고, 세계문화유산으로 등재된 창덕궁이나 종묘 같은 유적지도 성곽 안에 위치하고 있다.

주택과 성곽이 어우러진 풍경

성곽의 변천사를 엿볼 수 있는 동쪽 구간

course 1 흥인지문 → 낙산공원 → 혜화문

옛날 이대부속병원 자리를 복원한 흥인지문 동쪽 지역의 서울성곽

전체 2.3킬로미터 구간으로, 적당한 언덕과 계단 그리고 흥미로운 유적지까지 만나 볼 수 있는데다가, 아이들과 함께 걷기에도 적당해 서울성곽 코스 중 가장 인기 있다.

여행은 흥인지문에서 시작한다. 흥인지문은 동쪽에 있다고

낙산공원에서 바라본 서울 풍경

도로가 만들어지면서 원래 모습이 많이 훼손된 흥인지문

옹성으로 둘러싸인 흥인지문

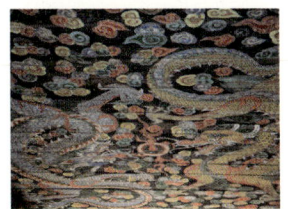

흥인지문 출입문 천장에 그려진 용 그림

해서 '동대문'이란 별칭으로 더 유명하다. 한양에 세운 4대 문 가운데 하나인 흥인지문은 태조 5년(1398년)에 완성되었다. 흥인지문은 우리나라 보물 제1호로 등재될 정도로, 출입문 이상의 가치를 지닌 곳이다. 크기만 놓고 보면 남쪽에 위치한 숭례문보다 조금 작지만, 흥인지문은 한양에 세워진 8곳에 달하는 출입문 중 유일하게 옹성을 갖추고 있다. 적으로부터 성문과 성곽을 튼튼하게 지키기 위해 만든 옹성은 흥인지문이 군사적으로도 매우 중요한 곳에 있었음을 잘 보여 준다.

먼저 흥인지문 앞에서 주변을 둘러본 후, 동대문성곽공원으로 이동해 다시 흥인지문을 바라보자. 코앞에서 보았던 모습과는 전혀 다른 흥인지문의 광경이 시선을 사로잡는다.

흥인지문에서 낙산공원을 향하여 걷다 보면 산비탈에 자리한 이화동이 나온다. 이곳은 집도 낡고 길도 좁지만 어떤 동네보다 사람 향기를 느낄 수 있는 곳이다. 특히 마을의 골목

1. 서울성곽 동쪽 이화동. 벽화마을로 더 유명하다 2. 벽화를 이용하여 허름했던 가정집을 아름답게 꾸며 놓은 낙산공원 일대 풍경

골목을 장식한 그림들로 유명해 벽화마을로도 불린다. 마을 아래에는 대한민국 초대 대통령을 지낸 이승만 박사가 살았던 이화장이 있다.

  이화장 위쪽은 낙산공원이다. 낙산은 성곽이 지나는 산 가운데 가장 낮은 산이지만, 서울 성곽의 중심 축 가운데 하나로 서울성곽의 변천사를 고스란히 담고 있다. 태조 때 처음 축성하면서 쓴 작은 돌의 성곽부터, 보다 큰 석재를 이용하여 성곽을 보강한 부분, 그리고 규격화시켜 보다 효율적이고 튼튼한 성곽을 완성한 모습까지 시대의 변화에 따른 성곽의 모습을 도처에서 확인할 수 있기 때문이다. 한편 군사 목적으로 만든 비상출입문인 낙산암문에서 혜화문까지 이어지는 구간에는 지형에 맞춰 성곽의 높이와 형태를 다르게 한 선조들의 지혜로움도 엿볼 수 있다.

서울성곽의 동북쪽 출입문인 혜화문

낙산공원 지역의 성곽. 성곽에 쓰인 돌의 크기와 모양이 다른 것은 여러 시대에 걸쳐 복원되었기 때문이다.

대중교통으로 말바위에 가려면 와룡공원에 내린다.

서로 다른 두 세계가 어우러진 공간

> **course 2** 와룡공원 → 말바위 → 숙정문

말바위에서 여행을 시작하려면 한성대역 6번 출구에서 버스를 타고 와룡공원에 내리자. 와룡공원에서 말바위까지는 걸어서 약 20분이 소요된다. 이때 성북동길을 중심으로 남쪽과 북쪽의 풍경은 전혀 다르다. 북쪽 능선에 자리한 커다란 호화 주택과 남쪽 백운산 방향으로 다닥다닥 늘어선 작은 집들은 빈부의 격차로 나뉜 사회를 보는 것 같아 씁쓸하다.

와룡공원에서 말바위 입구까지는 24시간 시민들에게 개방되어 있어 원하는 시간에 산책과 휴식을 마음껏 즐길 수 있지만, 말바위부터는 통제구역으로, 숙정문 방향으로 이동하려면 모든 탐방객은 반드시 신분증을 지참하고 서류를 작성한 후 정해진 경로를 따라 이동해야 한다. 사진촬영도 일부 구간을 제외한 대부분 구간에서 통제되고 있다. 말바위에서

말바위 전망대에서 바라본 성곽

숙정문 천장에 그려진 봉황천장화

숙정문까지는 탐방하는 데 불편함이 따르지만 한편으론 옛 성곽 유적과 자연생태계가 잘 보존되어 있다는 생각에 제한의 필요성을 이해하게 된다.

지형에 맞춰 높이와 경사가 조금씩 다른 성곽을 따라 이동하면 북쪽으로 통하는 출입문인 숙정문이 나온다. 성곽이 처음 모습을 드러낼 당시는 숙정문이 아니라 북대문이었다. 위치도 지금보다 약간 서쪽에 있었다.

서울 사대문 가운데 하나인 북쪽의 숙정문

북대문의 위치가 옮겨진 것은 풍수지리설 때문이었다. 태종 때 최양선이란 풍수학자가 땅의 정기를 막고 있는 북대문과 창의문을 폐쇄해야 한다고 주장하여, 두 문을 막고 주변에 소나무를 심어 사람과 우마차의 출입을 금하였다. 이런 사실을 증명하듯 숙정문 주변에는 다른 곳에 비해 소나무가 많다. 이후 연산군 10년(1504년)에 북대문을 동쪽으로 약간 옮겨 지은 후 숙정문이란 편액(문 위에 거는 액자)을 걸면서 지금에 이르게 되었다고 한다.

숙정문에서 10분 거리에 있는 곡장

남북분쟁의 아픈 역사를 담고 있는 북악산

course 2 곡장 → 백악마루 → 창의문

숙정문에서 창의문까지의 코스는 경복궁과 청와대 뒷산인 북악산(백운산) 구역으로, 총 2킬로미터이며 1시간 30분이 소요된다. 이 지역은 민족분단의 아픈 현대사를 확인할 수 있는 코스이기도 하다.

숙정문에서 가파른 계단을 오르면 주변 경관을 전망하기에 좋은 곡장에 이른다. 곡장이란 원래 무덤 뒤를 둘러싼 나지막한 담을 말하는데, 성곽에 설치해 놓은 곡장은 주변을 살펴 성곽으로 접근하려는 침입자의 동태를 파악하기 위하여 만든 군사시설물이다. 숙정문 곡장에 서면 평창동, 부암동, 성북동은 물론 멀리 인왕산, 남산까지 한눈에 들어온다.

곡장에서 성곽을 따라 이동하면 북한이 청와대를 기습하기 위해 무장공비를 남한에 침투시켜 우리 경찰과 교전을 벌였던 현장을 볼 수 있다. 이때 총에 맞은 소나무가 말없이 당시의 상황을 증언하고 있는 듯하다. 일명 1.21사태 소나무로 불리는 총에 맞은 소나무를 지나면 북악산 정상인 백악마루에 이른다. 백악마루에 서면 북악산, 인왕산, 남산, 낙산을 이어 놓은 성곽 안에 자리한 청와대와 경복궁, 광화문 등이

1.21사태 북한 무장공비 사건 당시 총격전의 흔적을 보여 준다.

서북으로 통하는 출입문인 창의문은 부암동에 위치한다. 창의문은 북소문이라고도 불렀다.

정상인 백악마루에서 바라본 서울 시내 전경

인왕산을 따라 축성된 서쪽 성곽 유적

한눈에 보여, 옛 조선왕조의 수도가 어떤 형태였는지 짐작할 수 있다.

백악마루에서 창의문까지 이어지는 구간은 계단의 연속이다. 와룡공원이나 숙정문, 백악마루에서 바라본 풍경보다는 덜하지만, 계단을 따라 내려오면서 바라본 인왕산 풍경과 인근 부암동 풍경은 새삼 서울이 얼마나 아름다운 자연을 품고 있는 도시인지 느끼게 해 준다. 창의문에 도착하면 통제구역은 끝이 난다.

민족의 혼과 백성들의 신앙이 공존하는 인왕산

course 2 시인의 언덕길 → 국사당(인왕산) → 월암공원

창의문에서 마지막 도착지인 월암공원까지 3.1킬로미터로 걸어서 2시간 정도 걸린다. 창의문에서 인왕산으로 오르기 전에 1.21사태 때 전사한 최규식 총경의 동상과 윤동주문학관을 둘러보고 시인의 언덕길을 따라 이동할 것을 추천한

창의문 옆에 자리한 윤동주문학관

다. 시인의 언덕길은 민족시인 윤동주 시인의 흔적을 만날 수 있는 곳이다. 윤동주 시인의 대표작으로 꼽히는 《서시》, 《별 헤는 밤》,《또 다른 고향》 등은 이곳 인왕산 자락에 살면서 구상했다고 한다. 그의 시상의 무대가 인왕산이었던 것은 연희전문대 시절 소설가 김송 선생의 집이 있던 이곳에서 하숙을 했기 때문이다. 인왕산 치마바위 주변은 사진촬영이 금지되어 있어, 눈으로 감상하는 것에 만족해야 한다.

　인왕산 서남쪽 끝자락에는 무속 신앙의 중심인 선바위와 남산에서 옮겨 온 국사당이 있다. 국사당은 원래 남산 정상에 있었는데, 일제강점기 때 남산에 조선신궁이란 일본 신사를 건설하면서 인왕산으로 옮겨 온 것이다. 국사당은 조선왕조의 호국신인 남산의 목멱대왕을 모셨던 곳이다. 국사당은 20세기 초반 남산에 있을 때까지만 해도, 가뭄을 해소하는 기우제와 장마를 멈추게 하는 기청제 등 국가 차원에서 하늘에 제사를 올렸던 장소였다. 1925년 인왕산으로 옮긴 후에는 국가적인 의식은 사라졌지만 지금도 개인적인 의식

창의문과 인왕산을 잇는 윤동주 시인 언덕길

국사당 위쪽에서 기도를 올리는 무속신앙인

을 종종 볼 수 있다. 국사당을 이곳으로 옮기기로 결정한 것은 이곳에 선바위가 있기 때문이었다. 선바위는 무학대사가 기도를 올리던 신성한 장소로 국사당 위쪽에 있다. 그 밖에도 선바위처럼 독특한 모양새를 지닌 바위가 많이 있다.

나무 바닥과 화려한 단청으로 장식된 국사당 내부에는 목멱대왕을 비롯하여 여러 신들을 형상화시켜 놓은 그림이 장식되어 있다. 여기까지 왔다면 코스의 종착지인 월암공원으로 이동하기 전에 시간을 쪼개어 선바위와 국사당까지 둘러볼 것을 권한다.

국사당 외관

화려한 단청으로 장식된 국사당의 내부

서울성곽은 일부를 제외한 대부분의 지역을 둘러보는 것이 가능하다. 여기서는 흥인지문부터 월암공원까지 18.6킬로미터에 이르는 전 구간을 1코스와 2코스로 나누어 꼼꼼히 소개하였다. 이렇게 다 둘러보는 데는 어른도 하루 안에는 불가능하다. 따라서 두 코스 중 하나를 고르되, 탐방이 자유로운 흥인지문에서 혜화문 코스를 추천한다.

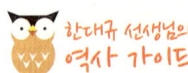

성곽의 돌에 새겨진 한자는 무엇일까요?

서울성곽을 축성할 당시 부실 공사를 막기 위한 실명제도가 있었어요. 성벽을 걸으면서 돌을 자세히 보면 한자를 찾을 수 있을 거예요. 이것은 돌에 실제 공사를 담당했던 책임자나 관료의 이름을 돌에 새긴 것이에요. 자신의 이름이 새겨져 있으니 부실 공사에 대한 책임을 지지 않으려면 제대로 성곽을 쌓아야 했을 거예요. 나라에서 성곽을 세우는 일에 얼마나 큰 공을 들였는지 짐작이 가지 않나요?

국사당 위쪽에 자리한 선바위

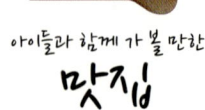

아이들과 함께 가 볼 만한
맛집

| 성북동 메밀 수제비 누룽지 백숙 |

맛깔스러운 각종 닭 요리와 담백한 메밀을 주재료로 한 건강식을 만드는 음식점. 커다란 닭과 쫀득쫀득한 누룽지를 가마솥에 푹 고아낸 누룽지 백숙 맛이 훌륭하다.

- **주소** 서울시 성북구 성북동 281-1 **전화** 02-764-0707
- **영업시간** 11:30~22:00 **휴무** 연중무휴
- **가격대** 7,000원~42,000원 **주차** 가능

| 성북동집 |

두부, 숙주, 부추, 고기 등으로 속을 꽉 채운 오동통한 만두와 담백한 사골국물로 만든 칼국수가 맛있는 집. 음식 맛은 물론이거니와 사장님과 직원들의 친절함도 좋다.

- **주소** 서울시 성북구 성북동 144 **전화** 02-747-6234
- **영업시간** 10:00~21:30 **휴무** 월요일
- **가격대** 7,000원~30,000원 **주차** 가능

| 710 언어더맨 710 anotherman |

아기자기한 인테리어가 인상적인 이탈리아 레스토랑. 바삭바삭한 치킨 위에 달콤한 소스가 버무려진 오리엔탈 치킨이 인기메뉴이다. 런치세트에도 오리엔탈 치킨이 포함돼 있어 저렴한 가격에 맛볼 수 있다.

- **주소** 서울시 종로구 부암동 239-9 **전화** 02-395-5092
- **홈페이지** www.710anotherman.com
- **영업시간** 화~금요일 11:30~15:30, 17:30~22:00 토요일·일요일·공휴일 12:00~22:00
- **휴무** 월요일 **가격대** 8,000원~30,000원 **주차** 가능

| 정영선 멸치국수 |

소박한 한 끼 식사를 해결할 수 있는 국숫집. 통영에서 잡은 멸치를 사용해 만든 진한 국물에 파를 곁들여 먹는 멸치국수의 맛이 최고다. 매콤한 소스에 새싹을 올려 만든 비빔국수도 맛있다.

- **주소** 서울시 종로구 부암동 237-29 **전화** 02-379-5620
- **영업시간** 월~일요일 10:30~21:00 **휴무** 명절
- **가격대** 6,000원~33,000원 **주차** 불가능

서울

선·정릉

봉은사 / 석촌동 고분군 /
방이동 고군분 / 헌·인릉

선·정릉과 주변을 여행하는 방법

도심 속의 왕릉 선·정릉과 주변의 봉은사, 석촌동 고분군, 방이동 고분군, 헌·인릉을 둘러본다.

문인석, 석등과 어우러진 선릉

여행 정보 travel information

여행 소요시간 | 총 7시간
여행 시기 | 선·정릉과 주변 유적지는 늦은 봄이나 가을에 찾는 것이 좋다.
예상 경비 | 4인 가족 기준(성인 2명, 어린이 2명)
- 입장료 : 4,000원(선·정릉과 헌·인릉 각각 성인 1,000원, 어린이 무료/봉은사, 방이동 고분군, 석촌동 고분군은 무료)
- 식비 : 30,000원~40,000원
- 총 경비 : 34,000~44,000원(차량유류비 및 주차비, 대중교통비 제외)

교통 정보 traffic information

선·정릉, 봉은사, 방이동 고분군, 석촌동 고분군을 둘러볼 때는 대중교통을 이용하는 데 크게 불편함이 없으나, 헌·인릉으로 가는 버스는 많지 않아 조금 불편하다.
만약 경기도에서 접근하는 경우라면 헌·인릉을 먼저 둘러보고 역방향으로 관람하는 것이 바람직하다. 지하철 2호선 선릉역 8번 출구에서 5분쯤 걷다 보면 선·정릉 유적지를 만날 수 있다. 자가용 이용시는 각 유적지의 주차장을 이용한다(선·정릉 주차장은 유료, 나머지는 무료).

당일여행 추천 코스
travel route

1 선·정릉
10:00~11:00
선릉에 올라 빌딩 숲으로 둘러싸인 주변 풍광 감상하기.
☞상세 관람 코스는 P.211

버스 15분 ★
봉은사까지 걸어가도 좋지만 35분이 걸리니, 버스를 이용한다. 자가용 이용시 15분 소요.

2 봉은사
11:20~12:20
추사 김정희가 직접 쓴 판전의 현판 확인하기.

도보 5~10분 ★
봉은사 주변 음식점이나 코엑스몰로 이동한다.

3 점심식사
12:30~13:30
봉은사 인근 코엑스 주변에 다양한 음식점이 있어 선택의 폭이 넓다.

지하철 20분
(또는 버스 30분) ★
코엑스 주변에서 식사 후 지하철이나 버스를 이용한다. 자가용 이용시 15~20분 소요.

4 석촌동 고분군
14:00~14:30
돌을 이용한 사각형 모양의 무덤 확인하기.

마을버스 10분 ★
걸어가면 30분이 걸리니, 대중교통이나 자가용을 이용하자.

5 방이동 고분군
14:40~15:10
크기와 모양이 다른 고대 백제고분 비교하기.

택시 20분 (또는 버스 30분) ★
버스가 많지 않으니 택시나 자가용을 이용하는 게 편하다.

6 헌·인릉
15:40~16:40
조선 초기의 대표적인 쌍릉과 신도비 살펴보기.

출발 전, 엄마가 먼저 알아 둘 역사 상식

선·정릉에 담긴 역사 이야기

수난의 왕릉

선·정릉이 조성될 당시 이 지역은 경기도 광주였다. 왕릉이 조성되기 전, 이곳에는 이미 민가의 묘가 있었다. 왕실에서는 왕릉을 조성할 곳에 자리한 민가 묘를 다른 곳으로 이장하도록 권하면서 그 후손들에게 쌀과 콩을 내려 보상하였다고 한다.

선·정릉에서 가장 먼저 만나게 되는 큰 능은 성종대왕릉이다. 그런데 이 능은 성종의 유골이 없는 빈 무덤이다. 임진왜란 때 왜구와 결탁한 백운기라는 자가 무덤을 파헤쳐 시신과 부장품을 도굴했기 때문이다. 임진왜란이 끝난 후 성종의 유골을 찾기 위하여 많은 노력

선릉 뒤쪽으로 도심의 빌딩이 보인다.

을 했지만 결국 찾지 못했고, 시체와 함께 부장품으로 묻었던 수의를 태워 관에 넣었다.

선·정릉은 여러 차례 화재가 일어나기도 했다. 임진왜란 이후 인조 3년(1625년)에 발생한 화재로 왕릉의 입구에 해당하는 홍살문을 비롯해 제사를 올리던 정자각 등이 완전히 잿더미가 되었던 적도 있고, 인조 4년(1626년)에도 두 차례나 화재가 발생해 능이 불에 타기도 했다. 도굴에서 화재와 홍수까지, 선·정릉은 42기에 달하는 조선 왕릉 중 가장 많은 수난을 겪은 능이라고 할 수 있다.

1. 정자각 서쪽에 있는 예감. 제향의식을 마친 후 축문을 불에 태우던 장소이다. 2. 선릉의 혼유석. 이곳은 음식을 올려놓는 곳이 아니라, 왕의 혼이 나와 노는 곳이다.

우리 아이가 알아야 할 역사 포인트

1. 경국대전

세조는 조선왕조 법전의 모순점을 알고, 오랫동안 이어 갈 영구 법전을 만들기 위하여 육전상정소를 설치했다. 세조가 설립한 육전상정소에서는 법전의 잘못된 부분을 수정하는 동시에 보다 좋은 법을 만들어 나갔다. 세조 때 시작한 법전 작업은 그가 무척이나 사랑했던 손자 성종에 의하여 완성되었는데, 그게 바로《경국대전》이다. 경국대전은 실질적으로 조선의 행정을 집행했던 6개의 기관 이·호·예·병·형·공조의 기능을 법제화시켜 놓은 법률이다. 각 행정기관의 기능과 업무를 명확하게 해 놓은《경국대전》은 조선이 법치국가였음을 세상에 알리는 중요한 자료이다.

2. 부인과 자식을 많이 둔 아버지와 아들

조선왕조를 이끌었던 27명의 왕 가운데 부인을 가장 많이 둔 왕은 9대 왕 성종과 11대 왕 중종이다. 성종과 중종은 공식적인 부인만도 각각 12명씩 두었다. 부인의 숫자로 공동 선두를 달리는 성종과 중종은 아버지와 아들, 부자지간이다. 두 왕은 부인이 많았던 덕에 자식을 많이 둔 왕으로도 유명하다. 중종의 자식은 무려 27명, 성종의 자식은 28명으로, 여기서는 성종이 중종보다 한 명 앞선다. 조선의 왕 가운데 아버지와 아들이 이토록 많은 부인과 자식을 둔 예는 어디에서도 찾아볼 수 없다.

3. 왕의 자녀

조선시대 때는 왕의 아들과 딸을 부르는 호칭이 따로 있었다. 특별한 경우를 제외하면 원칙적으로는 왕비가 가장 먼저 낳은 왕자가 왕세자가 되었다. 왕세자는 왕의 자리를 이어 갈 아들에게 붙이는 칭호다. 왕세자를 제외한 모든 왕자들은 대군이라 칭하였다. 여자의 경우도 다른 호칭을 사용하였다. 제일 먼저 태어난 여자를 공주라고 불렸으며 나머지 여자들은 모두 옹주라고 했다. 왕위에 오르는 왕세자를 제외한 대군과 공주, 옹주는 벼슬을 하지 않는 것이 원칙이었으나, 실제로 첫째 왕자가 왕위에 오른 경우는 전체 27명의 왕 중에 7명뿐이다. 예를 들면, 세종의 둘째 아들이었던 수양대군도 훗날 세조가 되었다.

왕, 도심 속에 잠들다
선·정릉

조선 9대 왕 성종이 잠들어 있는 선릉의 입구. 가운데 길에서 좌측이 혼령이 다니는 신도이고, 우측이 왕이 다니는 어도이다.

교과서 연계 정보

3학년 1학기 사회
2단원 고장의 자랑
3단원 고장의 생활과 변화

3학년 2학기 사회
3단원 다양한 삶의 모습

4학년 2학기 사회
3단원 사회 변화와 우리 생활

5학년 1학기 사회
3단원 유교 전통이 자리 잡은 조선

여행 정보

- **주소** 서울특별시 강남구 선릉로 100길 1
- **전화** 02-568-1291
- **웹사이트** http://seonjeong.cha.go.kr
- **개방시간** 3~10월 06:00~21:00, 11~2월 06:30~21:00
- **해설사 동행 관람** 수시로 진행
- **휴관일** 매주 월요일
- **입장료** 성인 1,000원. 24세 이하 무료.
- **공중화장실** 있음
- **주차장** 유료.
- **대중교통** 지하철 2호선 선릉역 8번 출구에서 도보 5분
  버스 · 간선 472 · 지선 6411, 4412, 3219

상세 관람 코스
소요시간 1시간

3개의 능으로 이루어진 선·정릉을 잘 살펴보려면 먼저 해설사와 동행할 것을 추천한다. 자유 관람의 경우 통제구역 전까지만 접근이 허용되는데 해설사와 동행할 경우 봉분 위까지 올라가서 설명을 듣고 상세히 살펴볼 수 있다. 보통 해설사 동행 관람은 약 1시간이 소요된다. 수복방과 정자각, 비석을 둘러보고 왕이 잠들어 있는 왕릉으로 이동하는 코스가 정석이다. 도심에 자리한 선·정릉은 다른 유적지와 다르게 이른 아침부터 늦은 밤까지 개방하고 있다.

선·정릉 꼼꼼히 둘러보기

서울의 주요 문화재 대부분은 옛 한양이 있었던 강북에 집중되어 있다. 현존하는 유적지 가운데 강남 지역에 조성된 대표적인 유적지 중 한 곳이 선·정릉이다. 선·정릉에는 조선의 9대 왕 성종과 그의 제2계비 정현왕후, 그리고 성종과 정현왕후 사이에 태어난 11대 왕 중종의 능이 있다. 이 세 분의 능이 있는 이곳을 흔히 선릉이라고 통틀어 말하는데, 정확히 말하면, 선릉은 성종의 능과 정현왕후의 능을 함께 지칭하고, 정릉은 중종의 능호(능의 이름)이다.

성종은 《경국대전》, 《동국여지승람》, 《동국통감》 같은 주요 서적을 만들어 내며 기록을 중시했던 조선왕조의 틀을 잡았으나, 유교를 받들고 불교를 억압하여 수많은 사찰을

선릉의 정자각.
제사를 올렸던 곳이다.

서울에서도 가장 번화한 곳에 자리한 선릉

수복방. 왕릉을 지키는 관리가 머물던 곳

파괴하는 등 그의 업적에 대한 평가는 뚜렷하게 엇갈리기도 한다. 중종은 아버지 성종만큼 뚜렷한 업적은 없으나, 아버지처럼 조선왕조에서 가장 많은 자식과 왕비를 두어 훗날 많은 호색가들에게 흥미로운 이야깃거리를 제공해 주었다.

유골이 없는 유일한 왕릉

course 정자각 → 수복방 → 성종대왕릉

홍살문을 지나 능을 향하면 먼저 마주하게 되는 것이 정자각이다. 한자 '丁'모양의 정자각은 신주를 모시고 제사를 올리던 곳으로 다른 왕릉의 정자각과 크게 다른 점은 없다. 정자각 동쪽에는 성종의 업적을 담아 놓은 비석이 세워진 비각과 왕릉을 지켰던 관리가 머물렀던 수복방이 있다.

성종이 잠들어 있는 선릉 앞에 서면 빌딩 숲을 이룬 주변 풍

바닥과 봉분(흙을 둥글게 쌓아 올려 만든 무덤) 사이에 조성된 병풍석. 꽃과 무인의 조각이 장식되어 있다.

성종이 잠들어 있는 선릉. 임진왜란 때 왕의 시신과 부장품이 도굴되었다.

선릉의 혼유석. 이곳은 음식을 올려놓는 곳이 아니라, 왕의 혼이 나와 노는 곳이다.

왕릉을 지키는 석양(무덤을 지키는 돌로 만든 양)과 석호(무덤을 지키는 돌로 만든 호랑이)는 내시를 상징한다.

경에 새삼 이곳이 서울의 심장에 자리하고 있음을 깨닫는다. 하지만 빌딩과 왕릉 사이에는 520년의 세월을 잇고 있는 듯, 오래된 소나무와 참나무 숲이 무성하다.

성종이 잠들어 있는 능 주변에는 병풍석과 난간석(묘를 둘러싸고 있는, 돌로 만든 울타리)이 에워싸고 있다. 능에 조각된 조형물들이나, 왕의 혼이 나와 논다는 혼유석도 비교적 크기가 큰 편이다. 하지만 석실(묘 안에 실제 시신을 모신 곳)은 만들지 않았는데, 《국조오례의》에 따라 왕릉을 간소화시켜야 했기 때문이다. 이것은 왕릉을 조성하는 데 언제나 많은 인력이 동원되고 자연적으로 백성들의 생활이 어려워지는 것을 막기 위함이었다.

선릉의 주인 성종은 조선시대 최고 법전인 《경국대전》을 비롯하여 《동국여지승람》, 《동문선》, 《동국통감》, 《악학궤범》 같은 주요 법전을 완성했다. 그가 죽자 왕실과 대신들은 모든 것을 다 이룬 왕이라고 하여 성종(成宗)이란 묘호를 붙였다. 묘호란 임금이 죽은 뒤에 붙인 이름을 말한다. 생전에 많은 것을 이룬 성종이지만 죽은 후에는 그렇게 행복하지는 못한 것 같다. 무엇보다 임진왜란 때 훼손되어 사라진 유골을 아직까지 찾지 못했기 때문이다. 또한 그의 첫째 아들 연산군은 조선왕조 최고의 폭군으로 기록되어 있다.

선릉을 지키는 무인석. 무인석은 능 앞에 세우는 무관 형상을 한 돌이다.

성종의 능과 정현왕후의 능 사이를 잇는 숲길

남편과 아들 사이에 잠들어 있는 정현왕후

course 숲길 → 정현왕후릉

정현왕후는 연산군의 어머니 윤씨가 폐출된 다음 해인 1480년에 왕비로 책봉된 계비(임금의 새 아내)이다. 성종과 정현왕후 사이에는 훗날 중종이 된 아들 진성대군과 딸 신숙공주가 있었다.

 남편과 아들 사이에 잠들어 있는 정현왕후의 능은 성종의 능 북쪽에 있다. 도심이란 현실이 무색할 정도로 아늑한 숲길을 따라 이동하면 정현왕후의 능이 나오는데, 부부였던 왕과 왕후의 능이 따로 떨어져 있는 모습이 조금 쓸쓸해 보인다. 일반적으로 조선 왕릉은 왕과 왕비의 능이 나란히 붙어 있거나 하나로 합장되어 있는 것이 원칙이나, 왕의 능과 왕후의 능이 각각 다른 곳에 배치된 경우도 있다. 이 경우 선릉처럼 능호(능의 이름)는 하나만 사용한다. 이름은 하나이지만 능이 따로 떨어져 있는 것을 '동원이강릉'이라고 한다.

 정현왕후릉은 성종의 능과 흡사하지만 규모도 작고 주변에 조성해 놓은 석물도 적다. 일반적으로 동일한 능호를 사용하는 경우 왕과 왕후의 능 모양이 같지만 정현왕후릉은 예외다. 정현왕후의 능에는 성종의 능에서 볼 수 있는 병풍석이 없다. 정현왕후의 능에 병풍석이 없는 이유는 능을 검

남편 성종과 아들 중종 사이에 잠들어 있는 정현왕후의 능

소하게 꾸미라는 《국조오례의》에 맞춰 조성했기 때문이다. 그럼에도 불구하고 성종의 능에 병풍석이 있는 것은 성종이 그만큼 막강한 권력을 가지고 많은 업적을 이룬 왕으로 평가되었음을 보여 주는 증거이다.

성종의 두 번째 계비인 정현왕후가 잠들어 있는 능

하늘이 부부를 갈라놓은 정릉

course 정자각 → 중종대왕릉(정릉)

중종은 형인 연산군이 폐위되면서 혼란스러운 시기에 왕위에 올랐다. 중종은 반정 세력에 의하여 추대된 왕으로 아버지 성종에 비해 권력 기반이 약했다. 이상적인 왕조정치를 실현하려 했던 중종은 조광조 같은 개혁적인 사림(조선시대 유교를 공부하는 선비) 세력을 바탕으로 왕실의 개혁을 시도했지만 결국 실패하고 평범한 왕으로 머물다 이곳에 묻혔다. 중종의 유골이 안치된 정릉도 임진왜란 때 크게 훼손되었던 것을 복원한 것이다.

중종은 원래 이곳이 아닌 서오릉에 있는 중종의 제1계비 장

11대 왕 중종이 잠들어 있는 정릉은 선릉 동쪽에 자리하고 있다.

정릉의 정자각

경왕후 옆에 안치되었다. 중종을 이곳으로 옮긴 이는 당시 살아 있던 중종의 제2계비 문정왕후였다. 중종의 유골을 이곳으로 옮긴 것은 풍수적으로 좋지 않다는 이유였지만, 문정왕후의 진짜 속내는 자신이 죽은 후에 중종 옆에 묻히기 위해서였다. 하지만 이런 꼼수는 하늘이 허락하지 않았다. 오히려 이곳으로 옮긴 후 장마철마다 엄청나게 물이 불어나 정릉의 정자각까지 물이 차오르곤 했으며, 다시 왕릉을 옮겨야 한다는 말이 나올 지경이었다. 결국 문정왕후는 자신의 의도와 다르게 태릉에 외롭게 홀로 잠들어 있다. 중종의 원비(임금의 정실부인)였던 단경왕후는 중종반정 때 폐위되었다가 영조 때 복귀되어 경기도 남양주 온릉이 묻혀 있다. 중종은 하늘의 뜻에 따라 홀로 잠들어 있다. 다만 부모와 함께 있어 그나마 다행이다.

강남 도심 복판에 자리한 선·정릉은 우리의 역사만큼이나 많은 역경과 수난을 겪은 유적지이다. 풍수를 중시했던 조선시대에 왕릉을 이런 곳에 만든 것은 커다란 실수였겠지만, 지금에 와서 보면 멀리 내다보고 터를 잡은 명당이란 생각이 드는 곳이다.

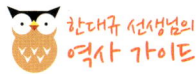
한대규 선생님의
역사 가이드

마음 따뜻한 임금 성종의 일화를 아시나요?

선릉을 둘러봤다면 나라의 기틀을 마련한 조선의 9대 왕 성종은 기억해야겠지요? 성종을 잘 기억할 수 있도록 이야기를 하나 들려줄게요. 성종은 천성이 어질고 너그러우며 백성을 아끼고 사랑했던 왕으로 알려져 있어요. 성종은 평상시에 평민 복장으로 궁궐 밖에 나가 백성들의 생활을 보고 어려운 백성들을 도와주었지요. 능력 있는 선비를 만나면 신분과 상관없이 벼슬길도 열어 주었어요. 그러던 중 어려운 살림에도 훌륭한 학식을 가진 선비를 만나게 되었어요. 사정이 딱하다고 여긴 왕은 쌀과 고기를 몰래 보내고, 과거시험을 보지 못한 그를 위해 예정에 없던 과거령까지 내렸어요. 그런데 그 선비는 과거를 보러 오지 못했어요. 선비는 그동안 굶다가 갑자기 고기를 먹고는 병이 나서 죽고 만 거예요. 그 이야기를 들은 성종은 매우 안타까워했다고 합니다.

1200년 역사의 유서 깊은 사찰
봉은사

강남 한복판에 자리한 고찰 봉은사

여행 정보

- **주소** 서울특별시 강남구 삼성동 73
- **전화** 02-3218-4800
- **웹사이트** www.bongeunsa.org
- **개방시간** 24시간
- **휴관일** 연중무휴
- **해설사 동행 관람** 없음
- **입장료** 무료
- **공중화장실** 있음
- **주차장** 유료
- **대중교통** 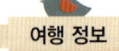 2호선 삼성역 6번 출구에서 도보 10분, 7호선 청담역 2번 출구에서 도보 10분
  버스 · 간선 143, 146, 301, 342, 362, 401 · 지선 2225, 3217, 3218, 3414, 3417, 4411, 4418, 4419, 01, 06 · 광역 9407, 9413

코엑스 북쪽에 위치한 봉은사는 1200년 역사를 자랑하는 고찰이다. 794년 연희국사에 의하여 창건된 봉은사의 원래 사찰명은 견성사였다. 봉은사란 이름을 사용한 것은 연산군 4년(1498년)부터다. 유구한 역사를 자랑하는 봉은사는 자랑거리가 많다. 그중 으뜸 자랑거리는 승려를 선발하는 시험인 승과고시이다. 봉은사 승과고시를 통하여 승려가 된 대표적인 승려로는 서산대사와 사명대사가 있다.

유교를 나라의 통치이념으로 출발한 조선시대에는 불교에 많은 탄압이 가해졌다. 그럼에도 봉은사에서는 판전을 세우고 불교서적인 《화엄경》의 목판을 만들어 책을 만들고 보급했다. 봉은사에서 이런 작업을 수행할 수 있었던 것은 고찰

|TIP|
선불당을 시작으로 대웅전, 미륵전, 미륵대불, 편전 같은 유적지도 중요하지만 봉은사의 법당 마당과 주변 숲을 걸어 보기를 추천한다. 놓치지 말아야 할 곳은 봉은사 건물 중 가장 오래된 판전이다. 판전은 화엄경 목판이 보관되어 있는 곳으로, 추사 김정희가 직접 쓴 현판도 살펴보자.

로서 위치도 무시할 수 없었겠지만, 진짜 이유는 정현왕후가 선릉에 묻힌 후 성종과 정현왕후의 혼을 위로하고 능을 보호하는 능사로 봉은사가 지정되었기에 가능했다.

봉은사는 추사 김정희 선생이 말년을 보냈던 곳이기도 하다. 김정희 선생은 봉은사에 머물며 그의 독특한 글자체인 추사체를 완성하기도 했는데 화엄경 목판이 보관된 판전의 현판은 그가 71세 때 쓴 마지막 글씨다. 서울에 현존하는 사찰 가운데 봉은사만큼 오랜 역사와 규모를 갖춘 사찰을 찾기란 쉽지 않다.

고즈넉한 분위기의 봉은사

1. 봉은사에서 가장 오래된 건물인 판전. 불경을 찍었던 목판이 보관되어 있다. 2. 봉은사의 상징인 웅장한 미륵불

03

초기 백제문화를 만나다
방이동 고분군

고대 백제 왕족이나 귀족의 무덤으로 추정되는 백제고분

여행 정보

- **주소** 서울특별시 송파구 방이동 125
- **전화** 02-2147-3729
- **웹사이트** www.songpa.go.kr (문화관광정보)
- **개방시간** 24시간
- **휴무일** 연중무휴
- **해설사 동행 관람** 없음
- **입장료** 무료
- **공중화장실** 있음
- **주차장** 무료
- **대중교통** 지하철 5호선 방이역 3번 출구에서 도보 15분
  버스 • 지선 3313, 3315, 3414, 3216

서울 동남쪽 방이동에는 나지막한 언덕 위에 8기의 무덤으로 이루어진 백제고분군이 있다. 주변에는 원래 더 많은 무덤이 있었는데, 현존하는 무덤에 비해 작은 것들이었고 대부분 민가의 무덤으로 사라진 상태다. 무분별한 도굴로 인하여 무덤 안의 유물 대부분이 사라진 점도 아쉽다. 그럼에도 불구하고 고분군을 구성하고 있는 무덤은 저마다 다른 특징을 지니고 있어 초기 백제 무덤을 연구하는 데 소중한 유적이 되고 있다. 각 무덤의 구조와 형태의 차이는 여러 대에 걸쳐 이곳이 조성되었음을 알려 준다. 또 출토된 유물과 유골 잔해를 비롯하여 공주 송산리고분과 흡사한 고분의 형태를 볼 때, 무덤의 주인이 왕족임을 짐작할 수 있다. 뿐만 아니라 신라에서 주로 사용되었던 회청색경질토기인 '고배'의 발견은 당시 백제와 신라의 교류가 있었음을 보여 준다.

04

계단식 고분이 특징
석촌동 고분군

고구려에서 내려와 백제를 세운 초기 왕의 무덤으로 추정하는 석촌동 고분군

여행 정보

- **주소** 서울특별시 송파구 석촌동 61-6
- **전화** 02-2147-2825
- **웹사이트** www.songpa.go.kr (문화관광정보)
- **개방시간** 24시간
- **휴무일** 연중무휴
- **해설사 동행 관람** 없음
- **입장료** 무료
- **공중화장실** 있음
- **주차장** 올림픽 공원 유료 주차장 이용
- **대중교통** 지하철 8호선 석촌역 6번 출구에서 도보 5분
  버스 • 간선 340, 363, 3423
  • 지선 3423

석촌동 고분군은 흔히 우리들이 보았던 둥근 봉분을 중심으로 조성된 무덤과 다르다. '돌무지무덤(적석총)'이라고 하는, 돌을 계단식으로 쌓아 올린 사각형 고분은 마치 고대 피라미드를 연상시킨다. 이 무덤 양식은 고구려 초기 양식과 흡사하다. 이는 무덤 속에 잠들어 있는 주인공이 고구려와 연관이 깊은 백제 왕족이라고 추정케 해 준다.

현재 돌을 이용하여 조성한 무덤 2기와 흙을 이용하여 조성한 봉분 1기만 남아 있는 석촌동 고분군은 일제강점기 때까지만 해도 돌무덤 66기를 포함하여 총 80기가 넘는 거대한 무덤 유적지였다. 특히 땅을 파고 시신을 안치한 토광묘는 고구려 대동강 유역과 백제 웅진에서 발견된 것과 같아 고구려와 백제가 밀접한 관계였음을 짐작할 수 있다.

05

태종과 순조가 잠들어 있는 곳
헌·인릉

무인석 4개와 문인석 4개를 비롯하여 다양한 석물이 장식되어 있는 헌릉

여행 정보

- **주소** 서울특별시 서초구 헌인릉길 34
- **전화** 02-445-0347
- **웹사이트** http://heonin.cha.go.kr
- **개방시간** 2~5월과 9~10월 09:00~18:00, 6~8월 09:00~18:30, 11~1월 09:00~17:30
- **해설사 동행 관람** 티켓 구입시 요청 가능
- **휴관일** 매주 월요일
- **입장료** 성인 1,000원, 24세 이하 무료
- **공중화장실** 있음
- **주차장** 무료
- **대중교통** 지하철 3호선 양재역 11번 출구, 또는 2호선 강남역 7번 출구에서 407, 408, 440, 462번 버스 이용

서울 남쪽에 자리한 헌·인릉은 서울 남쪽에 자리한 조선왕릉 중 하나다. 헌릉은 조선 3대 왕 태종과 원경왕후의 능으로, 부부의 능 2기가 나란히 자리하고 있는 형태를 '쌍릉'이라고 한다. 조선 왕릉 대부분이 쌍릉 형태를 갖추고 있다. 헌릉의 특징은 병풍석에 십이지신상이 새겨진 것이다. 또 능 주변에 있는 혼유석, 문인석, 무인석 등의 석물과 비각(비석을 보호하기 위해 세운 건물)도 무척 크다. 이는 당시 태종의 업적이 높이 평가되었다는 증거다.

헌릉 서쪽에는 순조와 순원왕후가 함께 모셔진 인릉이 있다. 원래 순조는 교하에 있는 장릉 주변으로 안치될 예정이었으나 풍수적으로 좋지 않다고 해서 이곳에 유골을 모시게 되었다. 이듬해 순원왕후가 서거하자 먼저 잠들어 있는 순

순조와 순원왕후가 묻혀 있는 인릉은 헌릉 서쪽에 있다.

|TIP|
해설사와 동행하는 방법과 자유 관람 방법이 있다. 어느 방법을 선택하건 먼저 우측에 안치되어 있는 헌릉을 둘러본 후 인릉을 관람한다(1시간 소요).

조의 능에 합장하였다. 인릉은 헌릉에 비해 규모도 작고 석상도 아담한데 이런 형태를 갖추게 된 것은 세조가 왕릉 건설을 간소화 시킨《국조오례의》의 법규를 따랐기 때문이다.

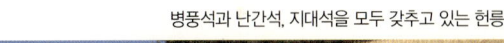

병풍석과 난간석, 지대석을 모두 갖추고 있는 헌릉

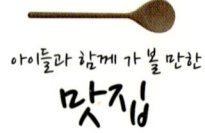

아이들과 함께 가 볼 만한 맛집

| 황태명가 |

가격대비 푸짐한 한끼 식사를 즐길 수 있는 황태요리 전문점.
생선을 싫어하는 아이도 새콤달콤한 황태구이는 잘 먹는다.
실내가 넓고 작은 별실도 많아 편안한 식사가 가능하다.

● **주소** 서울시 강남구 삼성동 미켈란 107 지하 1층 ● **전화** 02-517-9262
● **홈페이지** www.pollackgarden.com ● **영업시간** 9:30~22:00(예약필수)
● **휴무** 연중무휴 ● **가격대** 7,000원~50,000원 ● **주차** 가능

| 바피아노 vapiano |

이탈리안 캐주얼 레스토랑 바피아노는 주문부터 음식을 받는 것까지 모두 셀프 시스템이다.
음식 맛은 보통 이상이며, 인테리어도 신경 쓴 티가 난다.
가격 또한 저렴해 다시 찾게 되는 곳이다.

● **주소** 주소 서울시 강남구 대치동 945-27 바른빌딩 1층 ● **전화** 02-554-7257
● **홈페이지** www.vapiano.kr ● **영업시간** 월~토요일 11:00~24:00 일요일 11:00~23:00
● **휴무** 연중무휴 ● **가격대** 5,500원~20,000원대 ● **주차** 가능

| 돈부리 |

코엑스 안에 있는 일본식 덮밥 요리 맛집이다. 담백한 미소 장국과
달콤짭조름한 맛의 일본식 덮밥 맛이 조화를 이룬다. 항상 사람이 많으므로
점심시간을 피해 가는 것이 좋다.

● **주소** 서울시 강남구 삼성동 159 코엑스몰 T-3 ● **전화** 02-6002-6868
● **영업시간** 월~일요일 11:30~21:00(마지막 주문은 20:30)
● **휴무** 연중무휴 ● **가격대** 7,000원~15,000원대 ● **주차** 불가능

| 브루클린 더 버거 조인트 Brooklyn the burger joint |

커다란 버거로 유명한 수제버거 집. 두툼한 패티와 싱싱한 양배추, 토마토, 양파 등이 들어간
아메리칸 스타일 수제버거가 맛있다. 패티의 굽기 정도와 컷팅은 주문시 말해야 한다.

● **주소** 주소 서울시 강남구 삼성동 146-23 ● **전화** 02-555-7180
● **영업시간** 월~토요일 11:30~21:30 ● **휴무** 일요일
● **가격대** 7,500원~20,000원대 ● **주차** 가능

서울

암사동유적

풍납토성 / 몽촌토성 / 몽촌역사관 /
한성백제박물관

암사동유적과 주변을 여행하는 방법:

선사와 한성백제의 중심이었던 암사동유적과 주변의 풍납토성, 몽촌토성과 몽촌 역사관, 한성백제박물관을 둘러본다.

적의 침입을 방어할 목적으로 조성한 몽촌토성의 해자

여행 정보 travel information

여행 소요시간 | 총 7~8시간
여행 시기 | 암사동유적과 몽촌토성을 만끽하려면 봄부터 가을 사이에 찾는 것이 좋다. 봄 향기 가득한 시즌에는 신록과 꽃을 볼 수 있어 좋고, 시원한 한강과 인공연못을 배경으로 분수를 볼 수 있는 여름도 낭만적이다.
예상 경비 | 4인 가족 기준(성인 2명, 어린이 2명)
• 입장료 : 1,600원(암사동유적 성인 500원, 초등학생 300원/그외 유적지는 무료)
• 식비 : 30,000원~40,000원
• 총 경비 : 31,600~41,600원(차량유류비 및 주차비, 대중교통비 제외)

교통 정보 traffic information

암사동유적과 주변 유적지를 둘러보려면 버스나 지하철을 이용해도 크게 불편함이 없다. 하지만 이동시간을 절약하여 보다 상세하게 둘러볼 생각이라면 한두 구간은 택시를 이용하는 방법이 효과적이다. 지하철 8호선 암사역 4번 출구에서 도보로 15분쯤 걸으면 암사동유적을 만날 수 있다. 자가용 이용시는 각 유적지의 주차장을 이용한다.

당일여행 추천 코스
travel route

1 암사동유적
09:30~10:30

실내 전시관과 야외 움집 확인하기.
☞상세 관람 코스는 P.231

버스 20~30분 ★
(또는 택시 10~15분)

버스로 이동하면 된다.
택시나 자가용을 이용하면 10~15분이면 갈 수 있다.

2 풍납토성
11:00~11:30

고대 백제의 흙을 이용한
성곽 건축술 확인하기.

도보 5~15분 ★

도보 5~15분 거리에 백화점과 다양한 음식점이 있다.

3 점심식사
11:40~12:40

암사동보다 풍납토성 인근이
음식을 선택할 수 있는 폭이 넓다.
풍납토성과 천호역 주변에서
점심식사를 한다.

버스 20분(또는 택시 10분) ★

지하철과 버스를 이용해 갈 수 있는데, 버스가 좀더 편리하다. 만약
풍납토성에서 자가용으로 몽촌토성까지 이동한다면 10~15분이 걸린다.

4 몽촌토성
13:00~14:00

한성백제의 방어용
진지 토성 위를 걸으며
주변 살펴보기.

도보 10분 ★

몽촌 역사관은 몽촌토성 안에 위치해 있으니 걸어서 이동한다.

5 몽촌역사관
14:10~15:00

다양한 백제 고분 비교해 보기.

도보 10분 ★

거리가 가까우니 도보로 이동할 수 있다.

6 한성백제박물관
15:10~16:40

백제시대의
문화 발달 과정 살펴보기.

출발 전, 엄마가 먼저 알아 둘 역사 상식

암사동유적에 담긴 역사 이야기

여러 시대의 거쳐 조성된 우리나라 최고 선사 유적지

암사동유적은 우리나라 선사유적지로는 최대 규모를 자랑한다. 이곳에 조성된 주거지와 발견 유물을 방사성탄소로 측정한 결과 지금으로부터 약 6000년 전 유적인 것으로 확인되었다. 암사동유적에서 발굴된 유물로 미루어 이곳에서 최소 3개의 문화 시대를 확인할 수 있다. 먼저 터를 잡았던 사람들은 돌도끼와 빗살무늬토기를 사용했던 신석기시대 집단이고, 이어 민무늬토기와 청동화살촉을 사용했던 청동기시대 사람들, 마지막으로 암사동을 기반으로 살았던 집단은 쇠도끼와 승석문 목단지를 사용했던 백제인이다.

　암사동유적이 최초 발견된 것은 일제강점기였다. 1925년 큰 홍수로 한강 물이 넘쳐흘렀고, 근처 모래 언덕 지대가 심하게 파이면서 암사동유적이 세상에 알려지게 되었다. 발견 당시 둥글고 네모난 모양으로 땅을 파낸 흔적이 있었으며, 돌도끼, 화살촉, 괭이 등의 도구가 발견되었다.

　이후 유적지 발굴을 주도한 인물은 요코야마와 후지타 등 일본인 학자들이었다. 그때 발굴된 유물의 수량은 상당했다고 하는데, 당시 발굴된 유물은 일본으로 반출되어 어떤 유물이 어디에 보관되어 있는지 파악조차 못하고 있는 상태다.

　우리나라 학자들이 최초로 암사동 선사유적지 발굴에 나선 것은 1957년이었다. 경희대학교 발굴단을 시작으로 대학연합 발굴단, 서울대학교 발굴단에 이어졌으며 1971년에서야 비로소 국립중앙박물관에서 본격적인 발굴을 시작했다. 현재 국립중앙박물관에서 보관 전시되고 있는 빗살무늬토기 등이 이때 발굴된 유물이다.

우리 아이가 알아야 할 역사 포인트

1 빗살무늬토기

우리나라 석기 문화를 잘 보여 주는 대표적인 유물이 빗살무늬토기다. 그릇 겉면에 나무나 뼈를 이용해 빗살무늬를 새겨 넣었기 때문에 빗살무늬토기라고 한다. 빗살무늬는 태양이 내리쬐는 모습을 상징하여 농사를 짓는 데 필요한 태양을 표현한 것으로 추정된다. 신석기시대에 주로 사용되었던 빗살무늬토기는 섭씨 600~700도의 높은 열을 가해 구운 것이다. 신석기

암사동유적에서 발굴된 빗살무늬토기의 일부분

시대에는 농사를 지었고 농사 지은 곡식을 먹었기 때문에 빗살무늬토기를 몸에 지니고 다니면서 남은 음식물을 저장하거나 음식을 조리할 때 사용했다. 밑을 뾰족하게 만든 이유는 신석기 사람들이 주로 살았던 강가의 모래밭에 그릇을 박아 놓고 사용하기 위해서이다.

② 민무늬토기

민무늬토기는 말 그대로 무늬도 없고 둔탁한 것이 빗살무늬토기보다 더 낙후된 토기처럼 보인다. 하지만 모양새가 훨씬 다양하다. 어떤 토기는 윗부분이 작은 구멍으로 되어 있고, 어떤 것은 빗살무늬토기처럼 윗부분이 모두 개방되어 있는 것도 있다. 이것은 민무늬토기가 빗살무늬토기와 달리 용도에 따라 다르게 제작되었음을 말해 주고 있다. 표면 처리도 자연에서 얻은 안료를 사용한 흔적이 보이는데 이 또한 기술이 발전했음을 보여 주는 증거이다.

③ 움집

암사동유적지에 복원해 놓은 움집. 선사시대 주민들이 거주했던 대표적인 거주지다.

땅을 조금 파서 4~7개의 기둥을 세우고 서까래를 비스듬히 얹어 풀을 덮어 만든 집을 움집이라고 한다. 신석기시대 사람들이 살던 움집터의 모양은 대부분 둥글거나 모서리가 둥근 사각형이다. 실내의 넓이는 직경 5~6미터로 어른 네 명이 살기에 적당한 정도이다. 바닥은 진흙을 사용했으며, 중앙에는 난방용 화덕이 있어 음식을 익혀 먹는 데도 쓰였다. 세월이 지나면서 음식을 보관하는 창고를 따로 만들어 사용했다. 청동기시대로 접어들면서 움집의 규모도 커졌고, 농사를 짓기 시작하면서 사람들이 모이고 정착생활을 이루었다.

④ 한성백제

백제 최초의 수도가 어디인지 명확하지는 않지만 많은 학자들은 그동안 발굴된 유적지와 유물을 바탕으로 서울 동쪽을 옛 백제의 수도라고 추정하고 있다. 서울 동쪽에 백제의 수도가 조성된 것은 기원전 18년~기원후 5년 사이로 알려져 있다. 훗날 백제의 시조가 된 인물은 고구려를 건국한 주몽의 아들인 온조이다. 온조는 고구려에서 남하하여 한강 이북에 거주하던 백성들을 모아 나라를 세웠는데 그 장소가 바로 지금의 풍납토성 주변이다. 온조가 세운 백제는 서기 475년 지금의 공주인 웅진으로 도읍지를 옮기기 전까지 약 500년 동안 지금의 송파구와 강동구 주변을 도읍으로 하여 찬란한 문화를 꽃피웠다. 이 시기를 한성백제시대라고 한다.

01 선사유적의 보고
암사동유적

서울 동쪽 한강변에 위치한 암사동유적

교과서 연계 정보

3학년 1학기 사회
1단원 고장의 모습
2단원 고장의 자랑
3단원 고장의 생활과 변화
4학년 1학기 사회
1단원 우리 지역의 자연환경과 생활 모습
5학년 1학기 사회
1단원 하나 된 겨레
6학년 1학기 사회
1단원 우리 국토의 모습과 생활
6학년 2학기 사회
2단원 세계 여러 지역의 자연과 문화

여행 정보

- **주소** 서울특별시 강동구 올림픽로 875
- **전화** 02-3426-3857, 02-3416-3867
- **웹사이트** http://sunsa.gangdong.go.kr
- **개방시간** 09:30~18:00
- **휴관일** 매주 월요일
- **해설사 동행 관람** 10:00, 12:00, 14:00, 16:00(인터넷 사전예약제)
- **입장료** 성인 500원, 초·중·고등학생 300원
- **공중화장실** 있음
- **주차장** 유료
- **대중교통** 지하철 8호선 암사역 4번 출구에서 도보 15분
  버스 •간선 340 •지선 02, 3411 / 마을버스02(암사역 1번 출구 앞에서 승차)

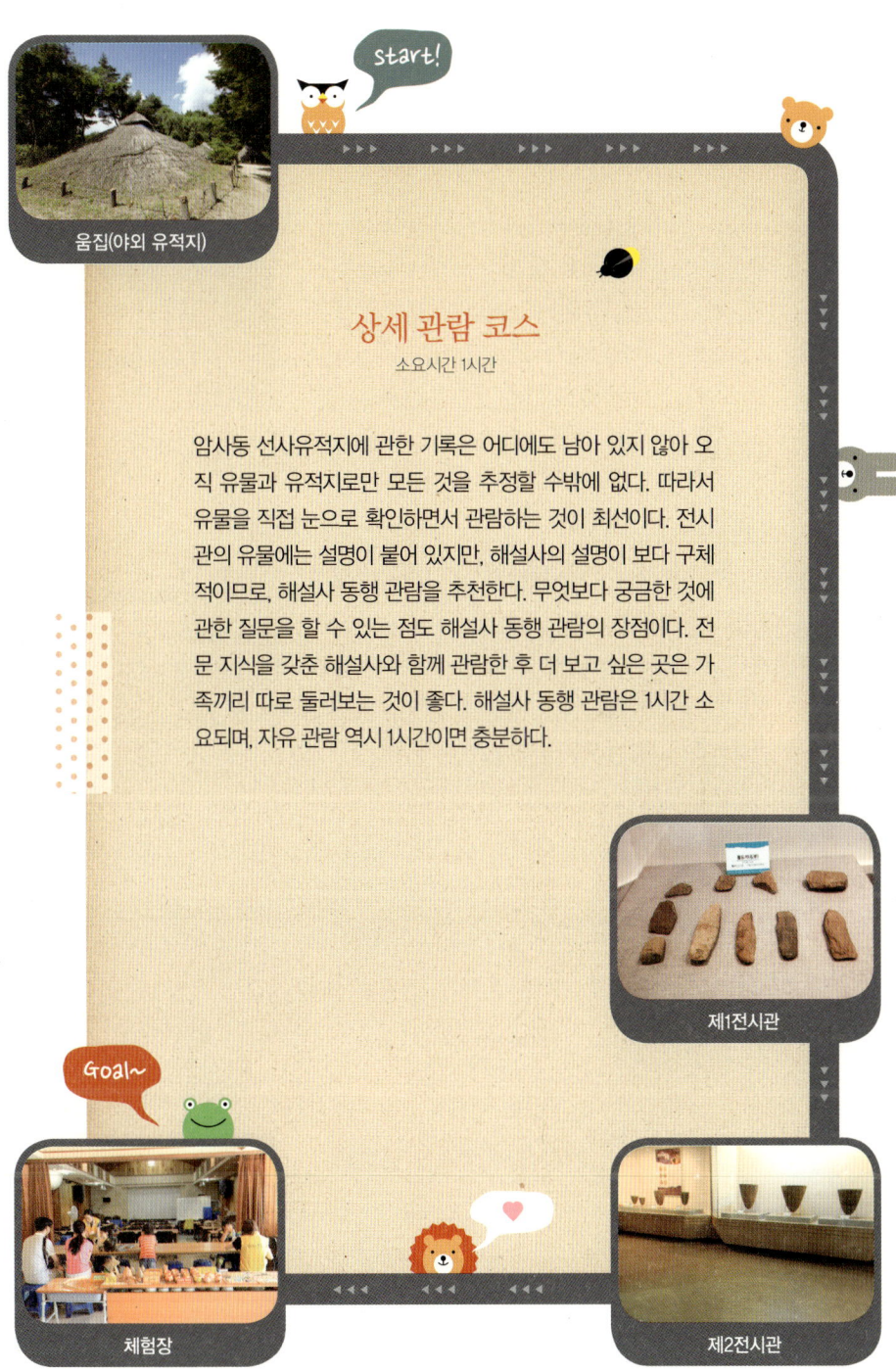

상세 관람 코스
소요시간 1시간

암사동 선사유적지에 관한 기록은 어디에도 남아 있지 않아 오직 유물과 유적지로만 모든 것을 추정할 수밖에 없다. 따라서 유물을 직접 눈으로 확인하면서 관람하는 것이 최선이다. 전시관의 유물에는 설명이 붙어 있지만, 해설사의 설명이 보다 구체적이므로, 해설사 동행 관람을 추천한다. 무엇보다 궁금한 것에 관한 질문을 할 수 있는 점도 해설사 동행 관람의 장점이다. 전문 지식을 갖춘 해설사와 함께 관람한 후 더 보고 싶은 곳은 가족끼리 따로 둘러보는 것이 좋다. 해설사 동행 관람은 1시간 소요되며, 자유 관람 역시 1시간이면 충분하다.

암사동유적 꼼꼼히 둘러보기

서울에 흩어져 있는 유적지 가운데 가장 오래된 곳이 강동구 끝자락에 위치한 암사동유적이다. 교과서에 자주 등장하는 암사동유적은 대표적인 신석기시대 주거지이다. 이곳에는 여러 개의 움집터가 있으며, 빗살무늬토기, 돌도끼, 돌화살촉, 동물의 뼈나 단단한 열매를 깨뜨리는 데 사용했던 돌공이, 갈돌과 갈판 등 선사시대의 유물을 볼 수 있다.

빗살무늬토기와 동물의 뼈를 이용해 만든 생활용품

암사동유적에 대한 당시의 정확한 자료는 없다. 그 이유는 유적지가 조성될 당시에는 기록할 수 있는 문자가 없었기 때문이다. 다만 암사동유적에서 발굴된 신석기, 청동기, 철기 시대 때 사용했던 다양한 유물로 미루어 농경사회를 바탕으로 살았던 터전임을 알 수 있다. 빗살무늬토기로 신석기 문화를, 민무늬토기와 청동을 사용하여 만든 무기는 청동기 문화를, 이음식 독널무덤과 승석문 목단지, 철을 이용한 도끼는 백제 문화의 흔적을 고스란히 보여 주고 있다.

나무와 돌을 이용하여 만든 돌도끼

암사동유적은 일부만 발굴을 마친 상태다. 발굴 작업이 언제 마무리될지 알 수는 없지만 작업이 마무리되면 우리나라 선사시대 역사를 새롭게 수록해야 할지도 모르는 중요한 고대 유적지다.

자연재해가 가져다준 선사시대의 선물

 움집(야외 유적지)

암사동유적은 1925년 발생한 대홍수로 발견되었다. 당시 이곳에 터를 잡고 살았던 선조들에게는 재앙이었지만 역사적, 문화적 관점에서 보면 자연이 준 커다란 선물이었다. 대홍수는 거대한 물줄기를 형성하여 한강 주변에 조성된 마을과 경

움집의 내부

움집의 내부. 사냥으로 잡은 동물이나 생선은 천장에 매달아 건조시켰다.

작지를 휩쓸고 지나갔다. 홍수가 지나가고 얼마 지나지 않아 암사동 일대 땅속에 묻혀 있던 석기시대 유물과 생활터가 모습을 드러냈다. 암사동유적은 이렇게 우연히 발견되었다.

지금 기준으로 보면 암사동유적이 넓다고 생각하지 않을 수도 있다. 그러나 약 6000년 전에 조성되었다는 사실을 생각하면 제법 커다란 유적지임에 틀림없다. 천천히 걸으며 야외 유적지를 둘러보는 데 필요한 시간은 20~30분이면 충분할 정도로 아담하다.

야외에는 옛날 이곳을 터전으로 살았던 선조들의 생활을 살펴볼 수 있는 움집이 복원되어 있다. 암사동유적에서 발견된 신석기시대 주거지인 움집은 12기에 달한다. 그 가운데 7호 움집만 실내가 원형이고, 나머지 11곳은 네모와 원형이 혼합된 형태인데 거의 네모에 가깝다. 크기는 저마다 달라 보통 한 면이 5.5~6.5미터에 달하고 큰 움집의 경우 폭이 8미터가 넘는 것도 있다. 움집은 모래땅을 1미터쯤 파낸 다음,

암사동에 복원해 놓은 움집

그 위에 진흙을 덮어 바닥을 만들었다. 그리고 중앙에는 한강에서 쉽게 구할 수 있는 돌로 화덕을 만들어 놓았다. 실내에는 음식을 보관할 수 있는 공간이 있으며, 사냥으로 잡은 동물이나 생선 등은 천장에 매달아 건조시켰다.

겉으로 드러난 원뿔형 움집도 구조가 흡사하다. 출입구는 모두 남쪽을 보고 있어 실내를 밝고 따뜻하게 해 주는데, 이는 태양이 많이 비추는 방향이 남쪽임을 선사시대 사람들이 이미 알고 활용한 것으로 보인다.

선사시대 유물과 생활상

course 제1전시관 → 제2전시관 → 체험장

우리나라 선사시대 유물과 생활상을 전시해 놓은 암사동유적 전시관

암사동유적 전시관에서 선사시대 생활을 직접 체험하는 어린이들

선사시대 생활용품을 전시해 놓은 암사동유적 전시관

움집을 둘러본 다음 이동할 곳은 전시관이다. 제1전시관은 옛날 움집터 위에 만들어 놓았다. 모두 6개 구역으로 이루어진 제1전시관을 효과적으로 관람하려면 중앙의 움집터를 본 다음 입구에서 시계 방향으로 둘러보아야 한다.

신석기시대의 역사와 배경을 이해할 수 있는 자료들을 보고 나서, 생활상에 관한 이야기를 그림으로 꾸며 놓은 전시를 지나면 유물이 나타난다. 빗살무늬토기를 중심으로 고기를 잡는 데 사용했던 그물추, 사냥에 사용했던 돌화살촉, 반달돌칼을 비롯한 각종 석기 유물은 암사동에 거주했던 사람

석기시대 사람들이 사용했던 돌도끼

들이 어떤 도구를 사용했는지 잘 보여 준다.

제2전시관은 청동기시대 문화와 유적에 관한 전반적인 이야기와 당시의 생활상, 그리고 각 지역에 분포되어 있는 청동기 문화 유적지를 알기 쉽게 전시해 놓았다. 제2전시관을 둘러보면, 신석기 문화보다 청동기 문화가 보다 많은 지역에 형성되었음을 알 수 있다. 전시관 한쪽에는 간단한 영상물과 체험 공간이 있어 온가족이 함께 선사시대를 체험해 볼 수 있다.

나무로 만든 절구

암사동유적은 창덕궁이나 경복궁처럼 화려한 유적지가 아니다. 하지만 우리의 뿌리가 어떤 문화를 배경으로 출발했는지 보여 주는 중요한 유적지다.

선사시대 대표적인 생활용품인 빗살무늬토기

한대규 선생님의 역사 가이드

움집터에 나 있는 구멍은 무엇을 위한 것이었을까요?

움집은 땅바닥보다 낮게 만든 반지하 집이에요. 땅을 파서 집을 지으면 여름에는 바깥보다 시원하고 겨울에는 따뜻해요. 물론 땅속은 땅 위보다 습기가 많고 축축해서 편하지만은 않았을 거예요. 대신 화덕을 만들어 습기를 없앨 수 있었지요. 그런데 움집터를 가만히 살펴보면 바닥에 구멍이 숭숭 나 있는 걸 볼 수 있어요. 이 구멍은 어디에 쓰는 것이었을까요? 정답을 보기 전에 가족들과 함께 구멍의 쓰임에 대해 다양하게 추측하고 상상해 보세요. 가장 재미있게 대답한 사람은 누구인가요?

움집 내부의 모습을 재현하고 있다.

자, 충분히 상상력을 발휘했다면 이제 정답을 알려 드릴게요. 구멍은 기둥을 세웠던 구멍이거나, 빗살무늬토기처럼 끝이 뾰족한 그릇의 밑부분을 꽂아서 똑바로 세우는 자리입니다.

02

백제시대 초기에 건설된 성곽

풍납토성

한성백제 때 암사동 남쪽에 축성한 풍납토성

여행 정보

- 주소 서울특별시 송파구 위례성대로 71
- 전화 02-2147-2800
- 웹사이트 http://culture.songpa.go.kr
- 개방시간 24시간
- 휴관일 연중무휴
- 해설사 동행 관람 없음
- 입장료 무료
- 공중화장실 없음. 주변 큰 건물 이용
- 주차장 없음. 주변 유료 주차장 이용
- 대중교통 지하철 5·8호선 천호역 10번 출구에서 도보 6분, 8호선 강동구청역 5번 출구에서 도보 20분 버스 ·간선 340, 341, 342 ·지선 1-4, 30, 70

암사동 남쪽에는 백제 사람들이 건설한 풍납토성이 있다. 현재 남아 있는 풍납토성은 그 둘레가 2,250미터에 달한다. 지금은 볼 수 없는 서쪽 성곽을 합하면 총 3,500미터로 수원화성에 버금가는 크기였다. 풍납토성은 바닥에 돌을 깔아 평평하게 만든 다음 그 위에 흙을 다져 쌓아 올린 형태이다. 한강과 이어진 성벽은 당시 이곳이 백제의 영토임을 보여 주고 있다.

《삼국사기》에 등장하는 풍납토성은 서기 1세기 경부터 백제 수도를 웅진(지금의 공주)으로 옮길 때까지 약 500년 동안 사용된 것으로 추정하고 있다. 풍납토성에서는 금으로 만든 허리 장식대를 비롯하여 청동으로 만든 초두(액체를 데우는 데 사용)와 민무늬토기, 그물추 등 다양한 유물이 발견되었는데 그중 일부는 암사동유적과 몽촌토성에서 발굴된 것과 유사하다.

백제의 중요한 군사시설
몽촌토성

자연지형을 최대한 활용한 몽촌토성

여행 정보

- **주소** 서울특별시 송파구 올림픽로 424
- **전화** 02-410-1114
- **웹사이트** http://culture.songpa.go.kr
- **개방시간** 24시간
- **휴관일** 연중무휴
- **해설사 동행 관람** 없음
- **입장료** 무료
- **공중화장실** 있음
- **주차장** 유료
- **대중교통** 지하철 8호선 몽촌토성역 1번 출구에서 도보 2분, 2호선 잠실역 1번 출구에서 도보 20분
  버스 · 간선 212, 300, 522, 568, 569, 571, 813, 813-1 · 지선 16, 16-1, 21, 30-1, 64, 70

몽촌토성은 풍납토성 남쪽에 조성된 흙으로 만든 성곽이다. 몽촌이란 지명은 토성 안에 있던 마을 이름에서 유래되었다. 몽촌토성은 나지막한 구릉과 그 위에 축성한 성곽이 조화를 이룬 고대 성곽으로 전체적인 모양은 타원형에 가까운 마름모이다. 전체 둘레는 2,285미터에 달한다. 몽촌토성 주변에 풍납토성을 비롯하여 방이동 고분군과 석촌동 고분군이 자리한 것으로 미루어 몽촌토성은 백제의 중요한 성곽이었음을 짐작할 수 있다.

몽촌토성은 군사적 목적으로 만들어진 성곽이다. 성곽 주변에 해자(성 밖을 둘러 파 놓은 연못)와 성곽의 길목에 만들어 놓은 방어용 목책(말뚝을 박아 만든 울타리)은 몽촌토성

토성으로 진입하는 적을 막기 위하여 세워 놓은 목책

몽촌토성 안에 있던 주거 유적지

| TIP |
천천히 걸어서 둘러보는 방법 외는 뾰족한 방법이 없다.
유적지는 넓지만 중간에 휴식을 취할 수 있는 공간이 잘 마련되어 있으며 음료와 식사가 가능한 곳도 있어 아이와 둘러보는 데 크게 불편함이 없다.
올림픽공원을 상징하는 탑을 중심으로 원하는 방향을 따라 편하게 둘러보면 된다.
둘러보는 데는 1~2시간이 소요된다.

이 군사적인 시설임을 보여 주는 좋은 예다. 자연환경을 활용해 완성한 몽촌토성에는 모두 9개의 출입구가 있었는데 이중 동, 남, 북쪽의 출입문이 확인되었다. 남과 북, 그리고 동과 서를 잇는 도로는 바둑판처럼 잘 정비되어 있다. 몽촌토성에서는 백제의 고유 토기인 흑색마연연질토기, 삼족토기, 그릇을 받치는 데 사용된 무개고배를 비롯해 군사용품으로 보이는 다량의 석기와 갑옷, 철로 만든 무기 등도 발굴되었다.

올림픽공원 지역에 축성한 몽촌토성의 남쪽 성곽

04

선사시대의 유적을 전시
몽촌역사관

몽촌역사관에 전시되어 있는 선사시대 생활용품

여행 정보

- **주소** 서울특별시 송파구 위례성대로 71(올림픽 공원)
- **전화** 02-410-1114
- **웹사이트** www.museum.seoul.kr
- **개방시간** 09:00~18:00
- **휴관일** 매주 월요일
- **해설사 동행 관람** 없음
- **입장료** 무료
- **공중화장실** 있음
- **주차장** 유료
- **대중교통** 지하철 5호선 올림픽공원역 3번 출구에서 도보 10분, 8호선 몽촌토성역 1번 출구에서 도보 10분 버스 • 간선 472 • 지선 6411, 4412, 3219

몽촌토성 중앙에는 몽촌역사관이 있다. 이곳에는 몽촌토성에서 발굴된 유골을 중심으로 몽촌토성 지역과 인근에서 발굴된 유물과 자료가 가득하다. 몽촌역사관은 한강 유역의 고대 문화와 이 지역을 기반으로 살았던 사람들의 생활상을 잘 보여 주고 있다.

내부는 시계 방향을 따라 시대별로 둘러볼 수 있도록 유물을 전시해 놓고 있다. 박물관 입구에는 선사시대 유적인 암사동 움집 모형과 명일동 주거지 모형, 역삼동 주거지 모형이 전시되어 있다. 이것으로 선사시대 거주지가 어떻게 발전해 왔는지 확인할 수 있다. 전시장 안쪽에는 석촌동, 가락동, 방이동 고분을 재현해 놓은 모형이 있어 시대에 따른 묘지의 형태를 잘 보여 준다. 고분에서 나온 유물들을 감상한 후, 동선을 따라가면 백제와 신라관을 둘러볼 수 있다.

05
화려한 백제 문화를 한눈에
한성백제박물관

올림픽공원 남쪽에 새롭게 들어선 한성백제박물관

여행 정보

- **주소** 서울특별시 송파구 위례성대로 71(올림픽 공원)
- **전화** 02-2152-5800
- **웹사이트** www.museum.seoul.kr
- **개방시간** 평일 09:00~21:00, 주말·공휴일 09:00~19:00 (11~2월 주말과 공휴일은 18:00까지)
- **휴관일** 매주 월요일
- **해설사 동행 관람** 없음
- **입장료** 무료
- **공중화장실** 있음
- **주차장** 유료
- **대중교통** 지하철 5호선 올림픽공원역 3번 출구에서 도보 10분, 8호선 몽촌토성역 1번 출구에서 도보 10분
  버스 • 지선 30, 30-5, 3216, 3412, 3413(올림픽 2남문 하차)

몽촌토성 유적지 남쪽에는 2012년 새롭게 개장한 한성백제박물관이 있다. 몽촌토성 유적지를 전망할 수 있는 전망대와 각종 편의시설을 갖추고 있는 한성백제박물관은 기원전 18년부터 서기 475년까지 약 500년 동안 이 지역에서 화려한 문화를 꽃피운 백제 문화를 이해할 수 있도록 꾸며 놓은 박물관이다. 백제의 문화 외에도 고구려와 신라, 동아시아 문화관도 마련되어 있어 우리나라 고대 문화에 대하여 전반적으로 이해하는 데 더없이 유익한 박물관이다.

박물관에 들어서면 먼저 지하로 내려가 제1전시장을 둘러본 후 1층으로 이동한다. 제1전시관은 문명의 기원과 농경문화에 관해 전시하고 있다. 불을 이용하는 것과 농경이 시작된 배경, 여러 나라의 등장 과정 등이 전시되어 있어, 문명의 발달 과정과 백제의 탄생을 이해할 수 있다. 1층에 위치한 제

| TIP |

유물과 자료가 많아 상세히 살펴보려면 시간을 충분히 잡고 방문해야 한다. 먼저 지하로 이동해 제1전시관을 보고 1층 제2전시관, 제3전시관 순으로 둘러본 후 다시 지하로 내려가 체험관에서 원하는 것을 체험해 보는 방법을 추천한다(1시간 30분 소요).

한성백제시대 때 착용한 것으로 추정되는 의복

2전시관은 백제 건국과, 바다와 강을 중심으로 활발하게 무역을 전개하고 문화를 교류했던 백제 사람들의 생활상을 볼 수 있도록 꾸며 놓았다. 제3전시관은 한강을 중심으로 백제, 고구려, 신라의 발전 과정을 볼 수 있다. 영상자료나 체험 공간도 아이들과 함께 이용해 보도록 하자.

몽촌토성 지역에서 발굴된 생활용품

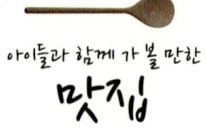
아이들과 함께 가 볼 만한
맛집

| 토방 |

단돈 오천 원에 푸짐한 한 상이 차려져 나오는 토속 음식 전문점.
백반을 주문하면 10가지가 넘는 밑반찬도 같이 나와 성대한 한끼 식사를 할 수 있다.

● **주소** 울시 송파구 풍납동 269-93　● **전화** 02-488-3320
● **영업시간** 10:30~22:00　● **휴무** 연중무휴
● **가격대** 5,000원~30,000원　● **주차** 가능

| 유천냉면 |

송파구 대표 맛집으로 지정된 냉면집. 얼음을 동동 띄운
새콤한 맛의 물냉면과 매콤달콤한 소스와 깻가루가 뿌려진 비빔냉면 모두 깔끔한 맛을 낸다.

● **주소** 울시 송파구 풍납2동 397-18　● **전화** 02-486-5102
● **영업시간** 10:00~22:00　● **휴무** 11~2월 둘째주, 넷째주 월요일
● **가격대** 7,000원~10,000원대　● **주차** 가능

| 스시야미 sushiyammi |

바와 테이블로 이루어진 자리에서 주방장이 초밥을 만드는 모습이 보인다.
짭조름한 간장새우초밥과 입에서 살살 녹는 연어초밥이 이 집의 대표메뉴.
가격도 저렴해 다시 찾게 되는 맛집이다.

● **주소** 서울시 강동구 천호동 409-11　● **전화** 02-478-3034
● **홈페이지** http://cafe.naver.com/sushiyammi
● **영업시간** 월·화·목·금요일 12:00~15:00, 17:00~22:00 토요일 12:00~16:00, 17:00~22:00 일요일
12:00~16:00, 17:00~21:00　● **휴무** 수요일　● **가격대** 8,000원~50,000원대　● **주차** 가능(유료)

| 바실리아 Basilia |

만원 이하로 스파게티를 맛볼 수 있는 이탈리안 요리 전문점이다.
또한, 사천 원만 더 내면 샐러드 바를 이용할 수 있어 저렴한 가격에
이탈리안 요리를 배부르게 먹을 수 있다.

● **주소** 서울시 강동구 천호2동 454-53　● **전화** 02-477-1478
● **영업시간** 11:00~22:00　● **휴무** 연중무휴
● **가격대** 5,500원~10,000원대　● **주차** 불가능

경기

수원화성

화성행궁 / 수원화성박물관 /
용주사 / 융·건릉

수원화성과 주변을 여행하는 방법

정조의 꿈과 효성이 녹아 있는 수원화성과 함께 화성행궁, 수원화성박물관, 용주사, 융·건릉을 돌아본다.

서쪽 성곽에서 바라본 화성행궁 전경

여행 정보
travel information

여행 소요시간 | 총 8~9시간
여행 시기 | 수원화성과 주변 유적지는 5~7월과 9~11월 사이에 찾는 것이 적합하다.
예상 경비 | 4인 가족 기준(성인 2명, 어린이 2명)
• **입장료** : 15,000원(수원화성·화성행궁·수원화성박물관·수원박물관의 4종 통합관람권 성인 3,500원, 어린이 800원 /용주사 성인 1,500원, 어린이 700원/융건릉 성인 1,000원, 어린이 무료)
• **식비** : 30,000원~40,000원
• **총 경비** : 45,000~55,000원(차량유류비 및 주차비, 대중교통비 제외)
*수원화성·화성행궁·수원화성박물관의 개별 요금은 4인 가족 기준으로 11,800원, 4종 통합관람권은 8,600원이므로 수원박물관에 들르지 않더라도 통합관람권을 구입하는 게 이득이다.

교통 정보
traffic information

대중교통을 이용하는 데 큰 불편은 없지만 유적지를 보다 상세히 살펴보려면 자가용이나 택시를 이용하여 신속하게 이동하는 것이 효과적이다. 대중교통은 지하철을 이용하여 수원역에서 하차 후 시내버스를 타고 장안문으로 이동하거나, 버스를 이용하여 직접 장안문이나 행궁 앞에 내리면 된다. 자가용을 이용하려면 먼저 화성의 중심에 해당하는 행궁주차장 또는 공용주차장에 주차 후 수원화성, 화성행궁, 수원화성박물관을 관람하고 용주사로 이동하면 된다.

당일여행 추천 코스
travel route

1 수원화성
09:00~12:10
현존하는 최대 출입문이자 종합군사시설물인 장안문과 용도에 따라 다른 군사시설물 살펴보기.
☞상세 관람 코스는 P.249

도보 10분 ★ 음식을 선택할 수 있는 폭이 넓은 화성행궁 주변으로 이동한다.

2 점심식사
12:20~13:20
화성행궁 주변에서 식사 후 행궁으로 이동한다.

도보 10분 ★ 식사 후 걸어서 이동한다.

3 화성행궁
13:30~14:20
혜경궁 홍씨의 회갑잔치가 열렸던 장소를 찾아보고, 행사에 사용되었던 악기 살펴보기.

도보 7~10분 ★ 수원화성박물관은 화성행궁에서 500m 거리에 있다.

4 수원화성박물관
14:30~15:00
화성 설계와 건설 과정을 기록해 놓은 자료와 기구를 작동해 보기.

택시 30분(또는 버스 50분) ★ 자가용 이용시 30~40분 소요.

5 용주사
15:30~16:10
홍살문의 특징 살펴보기.

도보 20분 ★ 택시나 자가용 이용시 5분 소요.

6 융·건릉
16:30~17:30
조선 왕릉의 3대 명당 중 하나인 건릉 꼼꼼히 둘러보기.

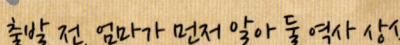

수원화성에 담긴 역사 이야기

정조의 효성과 실학자들의 충성심이 만든 합작품

조선 후기 토목건축의 백미로 꼽히는 수원화성 건축의 이면에는 정조의 효심과 애민정신, 그리고 왕도정치 실현을 위한 정조의 강한 개혁 의지가 고스란히 녹아 있다. 왕위에 오른 정조는 배봉산(서울 휘경동)에 있던 아버지 사도세자의 무덤을 명당인 수원 화산으로 옮기기로 했다. 그렇게 하려면 원래 이 지역에 뿌리를 내리고 살던 백성들을 10리 밖으로 이주시켜야 했고, 그들을 위한 새로운 터전이 필요했다. 이에 정조는 팔달산 아래에 화성을 새로이 만들게 된 것이다. 지리적으로 한양, 충청도, 전라도, 경상도를 잇는 좋은 위치에 있는 화성은 백성들의 중요한 삶의 터전으로 자리 잡았다. 정조는 전국 상인들이 모여 거래를 할 수 있도록 도로를 정비하고 시전(시장)을 개설해 주었으며, 소상인을 보호하기 위하여 가난한 상인들에게 이자 없이 돈을 빌려 주기도 했다.

화성 축성에는 겉으로 드러나지 않은 정조의 정치적인 계산도 숨어 있었다. 정조는 화성과 행궁을 만드는 과정을 통해 새로운 인재를 등용하고, 당시 막강한 힘을 지닌 노론파를 견제하여 왕권을 강화하려 했다. 그 중심에 있던 사람들이 조선 후기 문화와 경제의 중심에 있던 실학파다.

화성은 설계부터 마무리까지 선진문물을 받아들인 실학자 정약용, 박지원, 홍대용, 박제가, 조심태 등 젊고 유능한 관료들이 대거 참여했다. 도시의 틀을 결정하는 설계는 다산 정

1. 화성에서 가장 높은 성곽으로 이루어진 동쪽 지역 2. 동북노대에서 바라본 동북공심돈. 화성에서 가장 독특한 군사시설이다.

약용이 맡았다. 공사 책임자는 정조의 스승이자 실학자의 후견인을 자임했던 채제공이었다. 길이 5.7킬로미터에 달하는 성벽과 4개의 주요 출입문을 비롯하여 각종 군사시설 등 총 48개에 달하는 웅장하고 멋진 수원화성은 공사를 시작한 지 불과 2년 8개월만인 1796년 9월에 모습을 드러냈다.

우리 아이가 알아야 할 역사 포인트

1 실학파

실학파란 우리들이 살아가는 데 필요한 실질적인 학문을 연구하고 실천했던 사람들을 말한다. 실학파는 백성들의 생활과 동떨어진 이론보다 실제 생활에 꼭 필요한 학문을 해야 한다고 주창했다. 실학이 처음 시작된 곳은 중국 송나라였다. 실학사상이 우리나라에서 꽃피운 시기는 조선 후기에 해당하는 17세기 중엽부터 19세기 초반 사이로, 정약용, 박지원, 홍대용, 박제가 등이 그 대표적인 인물이다.

2 노론파

노론파는 성리학을 신봉했던 사람들이 중심이 되어 조선 후기 정치를 좌지우지했던 정치집단이다. 이들은 자신들의 기득권을 유지하기 위해 다른 주장을 펼치는 학자와 정치집단을 배척했으며, 백성을 생각하기보다는 대지주와 대상인의 입장을 대변했던 집단이었다. 대표적인 인물로는 김장생, 송시열 등이 있다.

3 정약용과 거중기

정약용은 조선 후기를 대표하는 학자이자 과학자이며 정치가였다. 우리나라의 역사와 지리에 관심이 많았던 정약용은 백성들의 윤택한 생활을 위하여 실질적으로 도움이 되는 《목민심서》, 《경세유표》 같은 책을 저술하였다. 또한 과학에도 뛰어난 재능을 발휘하여 다양한 장비를 만들어 냈는데, 그중 하나가 수원화성 건설에 사용했던 거중기이다. 거중기는 도르래를 이용하여 작은 힘으로도 무거운 물건을 들어 올릴 수 있도록 만든 것이다. 거중기의 발명은 화성을 축성하는 데 크게 기여하였다.

수원화성박물관 야외전시장에 있는 거중기

01

왕조의 새로운 도약
수원화성

동북공심돈에서 바라본 성곽과 연무대

교과서 연계 정보

3학년 1학기 사회
1단원 고장의 모습
2단원 고장의 자랑
3단원 고장의 생활과 변화

5학년 2학기 사회
1단원 조선 사회의 새로운 움직임

6학년 1학기 사회
1단원 우리 국토의 모습과 생활

여행 정보

- **주소** 경기도 수원시 팔달구 행궁길 185번지(남창동 68-5)
- **전화** 031-290-3600
- **웹사이트** http://www.swcf.or.kr
- **개방시간** 성곽 24시간
- **휴관일** 연중무휴
- **해설사 동행 관람** 없음
- **입장료** 성인 1,000원, 청소년 700원, 어린이 500원
- **공중화장실** 화성 성곽유적지 주변에 11개 있음
- **주차장** 연무대 주차장, 창룡문 주차장, 행궁 주차장 이용. 모두 유료
- **대중교통** 버스 수원역 4번 출구(북측광장)에서 시내버스 11, 13, 13-3, 36, 39번 이용 화성행궁 하차 / 서울 잠실역에서 좌석버스 1007번 이용 화성행궁 하차 / 서울 강남역에서 좌석버스 3000번 이용 팔달문 하차 / 수원역 건너편(지하도로 이동) 시내버스 60, 660, 700-2, 7, 7-2번 이용 화성행궁 하차

상세 관람 코스

소요시간 3~4시간

화성열차를 이용하거나, 주요 유적지 인근까지 자동차로 이동 후 관람하는 방법도 있지만, 시간이 된다면 걸어서 둘러보는 것이 가장 좋다. 전체 길이 5.7킬로미터에 달하는 성곽에는 주요 장소마다 휴식을 취할 수 있는 공간이 마련되어 있어, 아이와 둘러보는 데 크게 어렵지 않다. 먼저 서쪽 서장대에서 전체적인 성곽과 도시를 파악한 다음, 북쪽, 동쪽, 남쪽 방향으로 둘러본 후 행궁으로 이동하는 것이 좋다.

화성열차

임금이 타던 가마를 형상화한 화성열차는 팔달산 → 화서문 → 장안공원 → 장안문 → 북수문(화홍문) → 연무대 구간을 운행하는 관광열차. **운행시간** 10:00~17:50(편도 30분 소요), 우천시 운행 중지 **요금** 성인 1,500원, 청소년 1,100원, 어린이 700원

웅장한 서북공심돈. 서북 지역의
대표적인 군사시설물이다.

수원화성 꼼꼼히 둘러보기

장안문과 성곽으로 접근하는 적군을 공격하기 위하여 포루에 설치된 대포

수원화성은 개혁과 실용을 중시했던 정조와 실학자들이 뭉쳐서 실현시킨 계획 도시로, 자연지형을 활용하는 우리의 전통적인 건축방법을 바탕으로 서양과 중국의 새로운 기술과 장비를 결합시킨 조선 후기 건축기술의 꽃으로 불린다.

특히 거중기, 녹로(크레인), 유형거(수레) 등과 같은 실용적인 장비를 활용하고, 가로, 세로 크기가 40~60센티미터 사이로 일정한 크기의 벽돌을 사용하여 화포의 공격을 받아도 구멍만 뚫리고 무너져 내리지 않게 했다. 그리고 일한 만큼 임금을 주며 공사 구역을 나눠 경쟁을 시키는 등 효과적인 축성 과정을 통해서 10년을 예상했던 공사 기간을 2년 8개월로 단축시키기기도 했다.

사전 준비부터 공사 진행의 모든 과정을 기록해 놓은 사료집 《화성성역의궤》는 훗날 일제강점기와 6.25전쟁으로 파괴되고 사라진 수원화성 유적을 완벽하게 복원하는 데 결정적인 기여를 했다. 화성의 독창성과 우수성은 세계적으로 인정받아 1997년 유네스코 세계문화유산으로 등재되었다.

화성 유적지 가운데 가장 높은 곳에 자리한 서장대

화성 여행의 출발점 서장대

course 서장대 → 화서문 → 서북공심돈

수원화성의 관람은 군사를 지휘하는 곳이었던 서장대 누각에서 시작하는 것이 좋다. 이곳에서는 자연지형에 맞춰 높이를 달리한 성곽을 비롯하여, 용도에 따라 다르게 건설한 출입문, 적군의 침략에 대비한 다양한 군사시설물, 잘 정리된 도로와 행궁까지 한눈에 볼 수 있어 화성이 어떤 구조로 건설되었는지 알 수 있다.

서장대 주변을 둘러본 후 성곽을 따라 서포루와 주변을 경계했던 망루 서북각루를 지나면 화서문이 나온다. 화서문은 4개의 성곽 출입문 중 서북쪽으로 통하는 것으로, 장안문과 팔달문만큼 크거나 화려하지 않다. 이는 화서문이 군사용으로 건설된 것이기 때문이다.

화서문 옆에는 서북공심돈이 있다. 화성에는 원래 세 개의 공심돈이 있었지만 지금은 서북공심돈과 동북공심돈 두 곳만 남아 있다. 서북공심돈은 3층 건물로 내부가 비어 있다. '공심돈'이란 안이 비어 있는 돈대라는 뜻으로, 성곽 중간에 높게 만들어 병사들이 신속하게 밖을 살피고 방어와 공격을 동시에 할 수 있는 다용도 군사시설물이다. 적군의 동태를 파악하여 신속하게 대응할 수 있도록 높이와 방향을 다르게 만들어 놓은 공심돈은 과학적이고 실용적인 군사시설물로 높이 평가 받고 있으며, 우리나라는 수원화성에서만 유일하게 볼 수 있다.

화성 서북쪽의 관문인 화서문과 적의 공격에 대비해 건설해 놓은 서북공심돈

화성 출입문의 꽃 장안문과 북수문

course
장안문 → 북수문(화홍문) → 동북각루(방화수류정)

화성에는 11개의 출입문이 있다. 동서남북으로 세워진 4대 관문과 동암문, 서암문, 북암문, 남암문, 남암문은 사람들이 지나다닐 수 있는 문이고, 나머지 두 곳은 물이 흐르는 개천 위에 세워진 수문이다. 4개의 관문 중 한양으로 통하는 장안문은 화성 출입문의 상징이다.

장안문은 적의 공격으로부터 보호받을 수 있도록 방어시설을 갖추고 있다. 접근하는 적을 사방에서 포위하여 공격할 수 있도록 성문 밖으로 반원형 성벽을 쌓아 놓았는데, 이런 구조물을 '옹성'이라고 한다. 옹성 외에도 다른 성곽에서 찾아볼 수 없는 다른 시설이 많이 있다. 적의 방화로부터 성을 지키고, 더불어 물을 뿌려 적의 접근을 막는 기능까지 할

화성 관문 중 최대 규모를 자랑하는 장안문의 위풍당당한 외관

장안문에 그려진 벽화. 침입한 적으로 하여금 위협을 느끼게 하기 위함이다.

우아한 아치와 누각이 돋보이는
북수문(화홍문)

수 있는 오성지, 적이 찾을 수 없도록 병사들이 몸을 숨길 수 있는 시설인 여장 등, 장안문이 백성을 지키기 위해 치밀하게 기획된 것을 알 수 있다. 한편 장안문 천장과 누각에는 멋진 천장화와 벽화가 그려져 있다. 백성들이 출입하는 천장에는 힘이 넘치는 용의 그림이, 적군이 볼 수 있는 벽에는 무서운 동물상이 그려져 있다.

장안문 동쪽에는 먼 곳에 있는 적을 감시하고 멀리서도 효과적으로 공격할 수 있는 북동적대와 장거리 포격이 가능한 북동포루가 있다. 북동포루 옆으로는 군사시설물이란 사실을 짐작조차 할 수 없을 정도로 아치와 누각의 우아함이 돋보이는 북수문이 있다. 화홍문으로 더 잘 알려진 북수문은 수로, 포루, 각루 등이 주변 환경과 잘 어우러져 마치 궁궐의 일부처럼 느껴질 정도다.

북수문 동쪽 언덕 위에는 동북각루가 있다. 방화수류정으로 더 잘 알려진 동북각루는 적의 동태를 파악했던 곳으로,

왕이 머무는 한양으로 통하는 장안문

군사시설까지도 풍류가 깃들어 있는 북수문과 동북각루(방화수류정)

멋진 누각처럼 보이는 동북각루(방화수류정)

이곳에 서면 북수문, 인공연못, 장안문, 그리고 멀리 서장대까지 한눈에 들어온다. 선비들이 풍류를 즐기는 장소였다고 해도 손색이 없을 정도로 멋진 전경을 보여 준다.

지형에 따라 다르게 건설해 놓은 군사시설물

course 동북공심돈 → 창룡문 → 팔달문 → 서남각루

동북각루 위쪽으로 비상시에만 사용하는 동암문을 지나면 연무대 구역이다. 군사를 훈련시키고 지휘했던 연무대 위쪽에는 위풍당당 위용을 자랑하는 동북공심돈이 우뚝 서 있

화성에 건설된 군사시설 가운데 최대 규모를 자랑하는 연무대(동장대). 군사를 훈련시키고 지휘했던 곳이다.

화성에서 가장 독특한 군사시설인 동북공심돈

4대 관문 중 하나인 동쪽의 창룡문. 적으로부터 성문을 효과적으로 방어하기 위하여 만들어진 옹성이 둘러싸고 있다.

국가의 위급한 상황을 알릴 때 사용되었던 봉돈

다. 돌과 벽돌을 이용해 건축한 동북공심돈은 서북공심돈과 마찬가지로 적군을 효과적으로 방어하고 공격할 수 있도록 만들어 놓았다.

동북공심돈 동남쪽 창룡문에는 적을 향하여 포탄을 날릴 수 있는 세 개의 포루와 적을 보다 잘 감시하기 위하여 바깥쪽으로 튀어나오게 만든 치성을 비롯해 위급한 상황을 불과 연기를 피워 알리는 봉돈 등의 시설이 있다. 다양한 군사 시설이 이곳에 집중되어 있는 것으로 보아, 이 구역이 적군의 주요 이동경로였다는 사실을 알 수 있다.

성곽 남쪽에는 장안문과 쌍벽을 이루는 팔달문이 있다. 일제강점기 때 개설한 도로로 인하여 원래 모습이 많이 변형되었지만, 그 위용은 여전하다. 반원형 옹성을 갖춘 팔달문은 규모와 분위기가 장안문과 별반 다르지 않다.

팔달문에서 서장대로 이어지는 서남쪽은 전형적인 군사지역이다. 서남 지역 군사시설물도 동북 지역과 유사하지만, 이 지역에서만 볼 수 있는 한 가지 독특한 시설이 있다. 그것은 '무화양루'라고도 불리는 서남각루인데, 사방을 살펴볼 수 있는 망루와 무기를 신속하게 이동시킬 수 있도록 만든 넓고 평평한 도로로 이루어져 있다.

성벽 가까이 접근하는 적군을 공격하기 위해 성곽 바깥쪽으로 튀어나오게 만든 치성

적의 공격으로부터 성문을 방어할 목적으로 건설해 놓은 팔달문의 옹성

장안문에 이어 두 번째로 큰 규모를 자랑하는 남쪽 팔달문

서남각루와 서남암문 사이를 잇는 넓은 군사용 도로. 앞에 보이는 것이 서남암문.

수원화성은 수도 남쪽의 국방 요새로서 활용하는 것 외에도, 백성들의 중요한 생활 터전이며, 당쟁을 물리치려 했던 정조의 정치 중심지라고 할 수 있다. 오늘날 지구촌이 꿈꾸는 도시를 220년 전에 이미 실현한 셈이다. 시작 단계부터 주도면밀하게 계획된 수원화성은 정조의 안목과 주어진 일을 합리적으로 묵묵히 실행했던 실학자들이 존재했기에 가능했다.

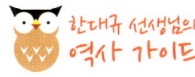

공격과 방어가 완벽한 성, 화성의 비밀을 찾아볼까요?

성문을 두르고 있는 옹성, 적의 움직임을 감시하기 위한 공심돈, 적을 공격하기 위한 포루 등 수원화성에는 적의 침략을 대비하여 여러 장치들을 해 놓았어요. 만약 여러분이 여기서 적과 마주하고 있다면 어떻게 성을 지켜 낼 수 있을까요? 적이 침입해 왔을 때 적을 무찌를 수 있는 방법을 추측해 보세요. 또 성벽에 뚫려 있는 총구는 높이와 기울어진 정도가 다른데, 어떤 것이 가까운 거리에 쏘는 것이고 어떤 것이 먼 거리에 쏠 때 쓰는 것인지도 생각해 보세요.

1. 아름다운 그림이 그려진 포루 2. 옹성. 성벽에 뚫려 있는 총구를 살펴보자.

02

임금이 임시로 머물던 곳
화성행궁·수원화성박물관

조선시대 건설한 행궁 가운데 최대 규모를 자랑하는 화성행궁

여행 정보

화성행궁
- 주소 경기도 수원시 팔달구 행궁길 11번지
- 전화 031-290-3600
- 웹사이트 www.swcf.or.kr
- 개방시간 3~10월 09:00~18:00, 11~2월 09:00~17:00
- 휴관일 매주 월요일
- 해설사 동행 관람 없음
- 입장료 성인 1,500원, 청소년 1,000원, 어린이 700원(4종 통합 관람권 이용 가능)
- 공중화장실 행궁에 있음
- 주차장 유료
- 대중교통 버스 수원역 4번 출구(북측광장)에서 시내버스 11,

수원화성 중심에는 화성행궁이 있다. 행궁이란 임금이 지방을 둘러보거나 전쟁 혹은 재난으로 궁궐을 떠나 머물 곳이 필요할 때 사용했던 궁이다. 강화행궁, 의주행궁, 남한산성행궁, 온양행궁 등 십 여 곳에 이르는 행궁이 전국에 분포되어 있으며, 화성행궁은 이중 최대 규모를 갖추고 있다. 화성행궁은 평소에는 화성유수(유수: 조선시대 수도 이외의 요긴한 지역을 다스리던 우두머리 관리)의 집무관청으로 사용하다, 왕이 내려오면 왕의 행궁으로 사용되었다.

효성 깊은 정조는 재임 24년 동안 아버지 세도세자를 모신 융릉을 13차례나 찾아왔는데, 그때마다 이곳 화성행궁에 머물며 다채로운 행사를 열었다. 화성행궁에서 거행한 행사 중

13, 13-3, 36, 39번 이용 화성행궁 하차 / 서울 잠실역에서 좌석버스 1007번 이용 화성행궁 하차 / 서울 강남역에서 좌석버스 3000번 이용 팔달문 하차 / 수원역 건너편(지하도 이동)에서 시내버스 60, 660, 700-2, 7, 7-2번 이용 화성행궁 하차

| TIP |
화성행궁 공연 안내

무예 공연 조선시대 전통무예를 중심으로 24가지 무술시범을 펼치는 행사
일시 매주 화~일요일 11:00, 15:00

장용영수위의식 정조대왕의 친위부대인 장용영 군사들의 군사훈련 모습을 재현
일시 매주 일요일 14:00

토요상설공연 수원화성 축성을 기념하여 펼친 낙성연과 산대희 공연으로 전통줄타기, 궁중무용 등
일시 3월 말~11월 말의 매주 토요일 14:00

여행 정보

수원화성박물관
- **주소** 경기도 수원시 팔달구 창룡대로 21(매향동)
- **전화** 031-228-4242
- **웹사이트** http:// hsmuseum.suwon.ne.kr
- **개방시간** 09:00~18:00
- **해설사 동행 관람** 10:00, 11:00, 12:00, 13:00, 14:00, 15:00, 16:00, 17:00(30~50분 소요)
  *음성 안내기 무료 대여 가능
- **휴관일** 매월 첫째 주 월요일
- **입장료** 성인 2,000원, 청소년 1,000원, 어린이 무료(4종 통합 관람권 이용 가능)
- **공중화장실** 있음
- **주차장** 유료
- **대중교통** 화성행궁에서 도보 7~10분 버스 시내버스 2, 7-2, 60, 660, 700-2, 1007 이용

정조의 초상화가 전시되어 있는 화령전 내부

대표적인 것이 어머니 혜경궁 홍씨의 회갑잔치로, 이곳 전시관에는 정조의 효심을 보여 주는 회갑잔치를 재현해 놓았다. 또한 인재 등용을 위한 과거시험도 이곳에서 치러졌다.

행궁 건너편에는 화성 건설에 관련된 다양한 자료를 모아 전시해 놓은 수원화성박물관이 있다. 각종 자료가 보관 전시되고 있는 박물관 2층에는 화성의 공사 진행 과정을 상세히 기록해 놓은 《화성성역의궤》를 비롯하여 정조가 화성을 찾을 때 착용했던 황금갑옷, 정조가 직접 작성한 문집 《홍재전서》 등이 전시되어 있다.

수원화성박물관

03

사도세자의 명복을 빌기 위한 사찰

용주사

1. 호성전 마당에 세워진 부모은중경탑 2. 갈양사7층석조사리탑과 천보루. 용주사의 상징이다.

여행 정보

- **주소** 경기도 화성시 송산동 188번지
- **전화** 031-234-0040
- **웹사이트** www.yongjoosa.or.kr
- **개방시간** 24시간
- **해설사 동행 관람** 없음
- **휴관일** 연중무휴
- **입장료** 성인 1,500원, 청소년 1,000원, 어린이 700원
- **공중화장실** 있음
- **주차장** 무료
- **대중교통** 버스 수원역과 팔달문에서 버스 24번, 46번(35~40분 소요) / 수원 영통, 화성에서 버스 34번, 34-1번(25~30분 소요) / 화성 동탄, 병점에서 버스 50번, 35-1번(15분 소요)

수원화성의 서남쪽으로, 화성시 태안읍 화산에는 고찰 용주사가 있다. 신라 문성왕 때 처음 세워질 당시에 이 사찰의 이름은 갈양사였다. 갈양사는 병자호란 때 소실되었으나, 정조가 아버지 사도세자의 능을 화산으로 옮겨 오면서 옛 갈양사 터에 아버지의 명복을 빌기 위한 사찰을 세우고 그 이름을 용주사라고 칭하였다.

정조의 효심이 만들어 낸 효행사찰 용주사의 건물 배치는 전통적인 사찰과 다르다. 승려가 거처하고 수행하는 방을 비롯하여 좌우로 종의 방이 죽 붙어 있는 삼문은 사찰보다는 궁궐의 건물 배치와 흡사하다. 대웅보전 동쪽 호성전에는 추존왕 장조(사도세자)와 경의왕후(혜경궁 홍씨), 정조와 효의왕후의 위패가 모셔져 있으며, 입구에 세워진 홍살문은 이곳이 능사(능을 지키기 위해 지은 절)임을 말해 주고 있다.

04

사도세자와 혜경궁 홍씨가 잠들어 있는 곳

융·건릉

1. 잡귀가 들어올 수 없도록 설치해 놓은 건릉의 홍살문 2. 입구에서 융·건릉으로 이어지는 울창한 숲길 3. 조선왕릉 가운데 3대 명당으로 꼽히는 아름다운 건릉와 정자각

여행 정보

- **주소** 경기도 화성시 효행로 21번지
- **전화** 031-222-0142
- **웹사이트** http://hwaseong.cha.go.kr
- **개방시간** 2~5월 09:00~18:00, 6~8월 09:00~18:30, 9~10월 09:00~18:00, 11~1월 09:00~17:30
- **해설사 동행 관람** 입구에서 신청시 수시로 진행
- **휴관일** 매주 월요일
- **입장료** 성인 1,000원, 24세 이하 무료
- **공중화장실** 2개 있음
- **주차장** 무료
- **대중교통** 버스 수원역과 팔달문에서 버스 24번, 46번(40분 소요) / 수원 영통, 화성시에서 버스 34번, 34-1번(30분 소요) / 화성 동탄, 병점에서 버스 50번, 35-1번(15분 소요)

용주사 너머 화산 서쪽에는 비운의 삶을 살았던 사도세자와 혜경궁 홍씨, 정조와 정조의 비 효의왕후의 안식처 융·건릉이 있다. 정쟁의 희생양이 되어 무더운 여름날 뒤주 속에서 세상을 떠난 사도세자와 친정에 충실했던 혜경궁 홍씨가 잠들어 있는 곳이 융릉이다. 참고로 1899년 고종 36년에 이르러서야 사도세자는 장조, 혜경궁 홍씨는 경의왕후로 왕과 왕비의 칭호가 주어졌다.

효성이 지극했던 정조와 효의왕후도 사후에 아버지에 옆에 묻혔으며 이들의 능 이름이 건릉이다. 본래 건릉은 현재 위치가 아니라 융릉 동쪽에 있었으나, 효의왕후가 서거하자 풍수적으로 좋지 않다는 이유로 건릉을 융릉 서쪽 지금의 자리로 옮겨 왔다.

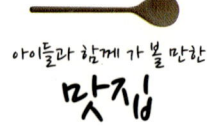

아이들과 함께 가 볼 만한 맛집

| 한봉석 할머니 순두부 |

재래식 방법으로 고소한 순두부를 사용한 순두부 정식이 맛있는 곳이다.
넓은 가게 내부를 나무로 인테리어 해 밝고 깔끔한 느낌을 준다.

● **주소** 경기 수원시 팔달구 남창동 130-14　● **전화** 031-241-6676
● **영업시간** 11:30~21:00　● **휴무** 매월 첫째주, 셋째주 수요일
● **가격대** 8,000원~30,000원대　● **주차** 가능

| 차이니즈 카페 오제이 Chine's Cafe O.J |

화성행궁 주변 맛집으로 유명한 퓨전 중식당이다. 진한 고깃국물과 푸짐한 해물,
아삭하게 씹히는 채소, 직접 뽑은 수타면이 환상적인 조화를 이루는 짬뽕이 인기 메뉴.

● **주소** 경기 수원시 팔달구 남수동 130-2　● **전화** 031-244-4023
● **영업시간** 11:30~21:00(마지막 주문은 20:30)
● **휴무** 연중무휴　● **가격대** 5,000원~30,000원대　● **주차** 가능

| 진미통닭 |

수원 치킨 하면 가장 먼저 떠오르는 진미통닭.
커다란 가마솥에 큼지막한 닭을 바삭하게 튀겨 나온다.
치킨을 겨자 소스에 콕 찍어 먹으면 그 맛이 환상적이다.

● **주소** 경기 수원시 팔달구 팔달로1가 50　● **전화** 031-255-3401
● **영업시간** 수~월요일 12:00~24:20　● **휴무** 화요일
● **가격대** 13,000원~15,000원　● **주차** 가능(4대 한정)

| 단오 |

화성행궁 옆으로 길게 나 있는 공방거리의 터줏대감 단오. 전통차와 손수 빚은
떡을 판매하는 떡 카페이다. 아기자기한 소품으로 꾸민 카페 내부는 고풍스러운 느낌을 준다.

● **주소** 경기 수원시 팔달구 남창동 93-3　● **전화** 031-244-4669
● **영업시간** 10:00~22:00　● **휴무** 연중무휴
● **가격대** 4,000원~20,000원대　● **주차** 불가능

인천 강화

고려궁지

강화성공회성당 / 강화산성 /
전등사 / 초지진

고려궁지 주변을 여행하는 방법 :

고려의 무신정신과 자존심이 공존하는 고려궁지와 주변의 강화성공회성당, 강화산성, 전등사, 초지진을 돌아본다.

단군의 세 아들이 쌓았다는 전설이 전해지고 있는 정족산의 삼랑성 출입문

여행 정보
travel information

여행 소요시간 | 총 6~7시간
여행 시기 | 고려궁지와 강화도 유적지 여행은 바다를 함께 즐길 수 있는 6~8월 사이가 제격이다.
예상 경비 | 4인 가족 기준(성인 2명, 어린이 2명)
• 입장료 : 12,400원(고려궁지 성인 900원, 어린이 600원/초지진 성인 700원, 어린이 500원/전등사 성인 2,500원, 어린이 1,000원/강화성공회성당, 강화산성 무료)
• 식비 : 30,000원~40,000원
• 총 경비 : 42,400원~52,400원(차량유류비 및 주차비, 대중교통비 제외)

교통 정보
traffic information

강화도 유적지는 대중교통을 이용해 둘러보기가 매우 불편하다. 따라서 자가용이 편리하며 대중교통을 이용할 경우 우선 시외버스를 이용하여 강화읍으로 이동한 후 버스와 택시를 함께 이용하는 것이 효과적이다. 승용차 이용시 서울이나 인천 방향에서 출발한 경우 먼저 고려궁지로 이동한다. 고려궁지 주차장에 주차 후 주변을 둘러본 후 전등사 이동시 다시 차량을 이용한다.

당일여행 추천 코스
travel route

1 고려궁지
10:00~11:00
외규장각 안에 전시된 도서와 문서 살펴보기.
☞상세 관광 코스는 P.269

도보 10분 ★ 자가용 이용시 고려궁지 주차장에 주차 후 걸어서 이동.

2 강화성공회성당
11:10~11:30
전통 한옥을 이용한 외관과 바실리카식 내부 둘러보기.

도보 10분 ★ 자가용은 그대로 두고 걸어서 이동한다.

3 강화산성
11:40~12:00
강화산성과 출입문 살펴보기.

도보 10분 ★ 식당이 많이 모여 있는 강화읍내로 걸어서 이동한다.
자가용 이용시 10분 소요.

4 점심식사
12:10~13:10
바지락칼국수부터 된장찌개와 김치찌개, 꽃게 요리까지 다양한 음식을 선택할 수 있다.

자가용 40분 ★ 버스 이용시 60~70분 소요.

5 전등사
13:50~15:20
대웅전 나부상과 《조선왕조실록》과 《묘법연화경》의 목판 확인하기.

자가용 20분 ★ 버스 이용시 30분 소요.

6 초지진
15:40~16:10
초지진의 진지와 대포 살펴보기.

강화 ★ 고려궁지

고려궁지에 담긴 역사 이야기

몽골 항쟁의 상징

몽골의 일방적인 침략 전쟁은 39년에 걸쳐 총 일곱 차례나 계속되었다. 1231년 몽골의 첫 번째 침략 이후, 무신정권의 지도자 최우는 몽골군의 침략을 막기 위해 수도를 강화도로 옮겼다. 하지만 그후로도 몽골은 여섯 차례나 국경을 넘어 고려를 침략하고 닥치는 대로 불을 지르고, 사람들을 잔인하게 죽였다. 뿐만 아니라 곳곳에 있는 문화

ㄷ자 형태의 이방청. 고려궁지에 남아 있는 건물 중 최대 규모이다.

재를 찾아내 불사르고 값진 물건은 빼앗아 갔다. 몽골과 전쟁 중에 사라진 대표적인 문화재는 구인사에 보관되어 있던 최초의 《고려대장경》을 비롯하여 황룡사9층석탑 등 다 헤아릴 수조차 없을 정도다. 고려인들은 이러한 몽골의 침략에 저항을 해 나갔다. 가난한 백성과 승려, 천민, 사병들도 스스로를 지키기 위해 끝없는 항쟁을 계속하였고 곳곳에서 승리를 거두었다. 대표적인 것이 승려 김윤후가 노비들을 이끌어 승리한 처인성(경기도 용인) 전투이다.

고려인들의 완강한 저항에 결국 몽골은 화해를 청했다. 오랜 전쟁으로 지친 고려 왕실은 이를 받아들이고 39년만에 원래의 자리인 개경(송도)으로 돌아가게 되었다. 여기에는 몽골의 힘을 얻어 무신정권의 세력을 약화시키고 왕권을 강화하려는 왕실의 의도가 있었다. 왕실은 삼별초 무신들에게 개경으로 돌아오라는 명령을 내렸으나, 무신들은 개경 환도를 반대하며 강화도에 남았다. 이후 삼별초는 4년 동안 몽골과 고려의 연합군을 상대로 치열하게 싸웠다.

아이가 알아야 할 역사 포인트

1 무신정권

왕의 신하는 문과 출신의 벼슬과, 군대에 적을 둔 무과 출신으로 나누어져 있었는데, 고려시대 무신들이 실질적인 권력을 행사했던 시기를 무신정권시대라고 말한다. 무신정권은 의종 24년(1170년)부터 원종 11년(1270년)까지 꼭 100년에 걸쳐 이어졌다. 무신정권이 탄생한 배경에는 무신에 대한 문신들의 차별대우가 자리 잡고 있다. 아무리 뛰어난 관리일지라도 무신

일 경우에는 정3품 이상 오르지 못하도록 한 제도는 무신을 문신의 지배 아래 놓이게 만들었다. 무신은 각종 공사에 동원되기도 하고, 월급에 해당하는 군인전도 제대로 지급받지 못하는 지경에 이르자, 정중부 등이 중심이 되어 반란을 일으켰다. 반란의 성공으로 결국 무신이 실질적인 권력을 잡고 100년간 정치를 좌지우지하게 되었다. 무신정권을 상징하는 인물로는 최충헌, 최우, 김준, 임연 등이 있다.

2 최우

최충헌은 무신정권을 대표하는 인물로, 그가 구축한 독재체제는 4대에 걸쳐 60여 년간의 강력한 최씨 정권으로 이어졌다. 최충헌의 아들 최우는 1219년 아버지의 뒤를 이어 실질적 집권자가 되었다. 최우는 몽골의 침공 소식에 왕실을 강화도로 옮기고 성을 쌓아 몽골의 침략에 대비하였다. 그후 오랜 세월에 걸친 몽골과의 전쟁으로 많은 백성이 죽고 생활도 어려워졌지만, 최우의 업적도 적지 않았다.

학문의 중요성을 인식했던 최우는 1243년 고려 최고의 교육기관인 국자감을 설치하였고 사재까지 털어 팔만대장경판을 만드는 데 힘을 기울였다. 또한 부당하게 탈취했던 땅과 재산을 주인에게 돌려주기도 했으며, 출신을 가르지 않고 유능한 사람을 중용하여 관직을 주었다. 뿐만 아니라 백성을 괴롭히는 관리를 파면하거나 유배시키는 등 나름 개혁에도 힘을 썼던 권력자였다. 최우로 이어졌던 최씨 집권은 다시 최항, 최의까지 세습되었다.

3 삼별초

삼별초는 고려 무신정권 시대의 특수 군대로 개인 사병의 성격이 강했다. 고려 말에 숱한 전쟁으로 생활고를 견디지 못한 백성들의 봉기(폭동)가 빈번해지자 최우는 그들로부터 목숨과 재산을 지킬 군대가 필요하다고 느꼈다. 그리하여 조직된 것이 야간순찰대에 해당하는 야별초였다. '별초'란 '용사들로 조직된 선발군'이란 뜻으로, 야별초의 수가 증가하면서 좌별초와 우별초로 분류되었고, 몽골에 잡혀갔다 탈출한 사람들을 모아 신의군을 편성하면서 삼별초란 이름을 갖게 되었다. 삼별초는 세력이 확장되면서 치안을 담당하는 선을 넘어 간간이 육지로 나와 몽골을 상대로 전투를 벌였으며 때론 왕을 호위하는 업무까지 담당하였다.

그러나 1270년 최씨 무신정권이 붕괴되고, 왕실은 수도를 다시 개경으로 옮기기로 결정하면서 삼별초는 강화에 남게 되었다. 개경으로 돌아가는 것은 몽골에 대한 항복과 같다고 여긴 삼별초는 진도와 탐라(제주)까지 옮겨 항쟁을 계속하였으나, 결국 고려와 몽골 연합군에 의해 진압되었다.

01 고려 무인정신의 산실
고려궁지

고려궁지에 있는 오래 된 나무와 강화유수의 직무실이었던 명위헌

교과서 연계 정보

3학년 1학기 사회
2단원 고장의 자랑
3단원 고장의 생활과 변화

3학년 2학기 사회
1단원 고장 생활의 중심지

4학년 1학기 사회
1단원 우리 지역의 자연환경과 생활 모습

5학년 1학기 사회
2단원 다양한 문화를 꽃피우는 고려

여행 정보

- **주소** 인천광역시 강화읍 북문길 42번지
- **전화** 032-930-7078(7079)
- **웹사이트** www.ghss.or.kr
- **개방시간** 24시간
- **휴관일** 연중무휴
- **해설사 동행 관람** 수시로 실시
- **입장료** 성인 900원, 18세 미만 600원
- **공중화장실** 있음
- **주차장** 무료(강화읍 삼거리에서 우회전, 300미터 지점에 위치)
- **대중교통** 버스 · 간선 700, 700-1 · 지선 10, 96, 2, 15, 20, 21, 22, 23, 24, 25 · 광역버스(강화행) 서울 신촌·영등포·김포공항·인천버스터미널·부평·부천에서 이용, 강화읍 삼거리 하차 후 도보 5분

상세 관람 코스
소요시간 1시간

다섯 채의 건물을 중심으로 이루어진 고려궁지는 면적이 좁아 어렵지 않게 원하는 곳을 찾아 둘러볼 수 있다. 현장에는 고려궁지에 관한 자료가 따로 준비되어 있지 않으며, 상세하고 알찬 관람을 위해서는 해설사 동행 관람을 추천한다(1시간 이내 소요). 자유 관람을 원한다면, 각 유적지 앞에 있는 설명을 먼저 숙지한 후 관람하는 것이 효과적이다.

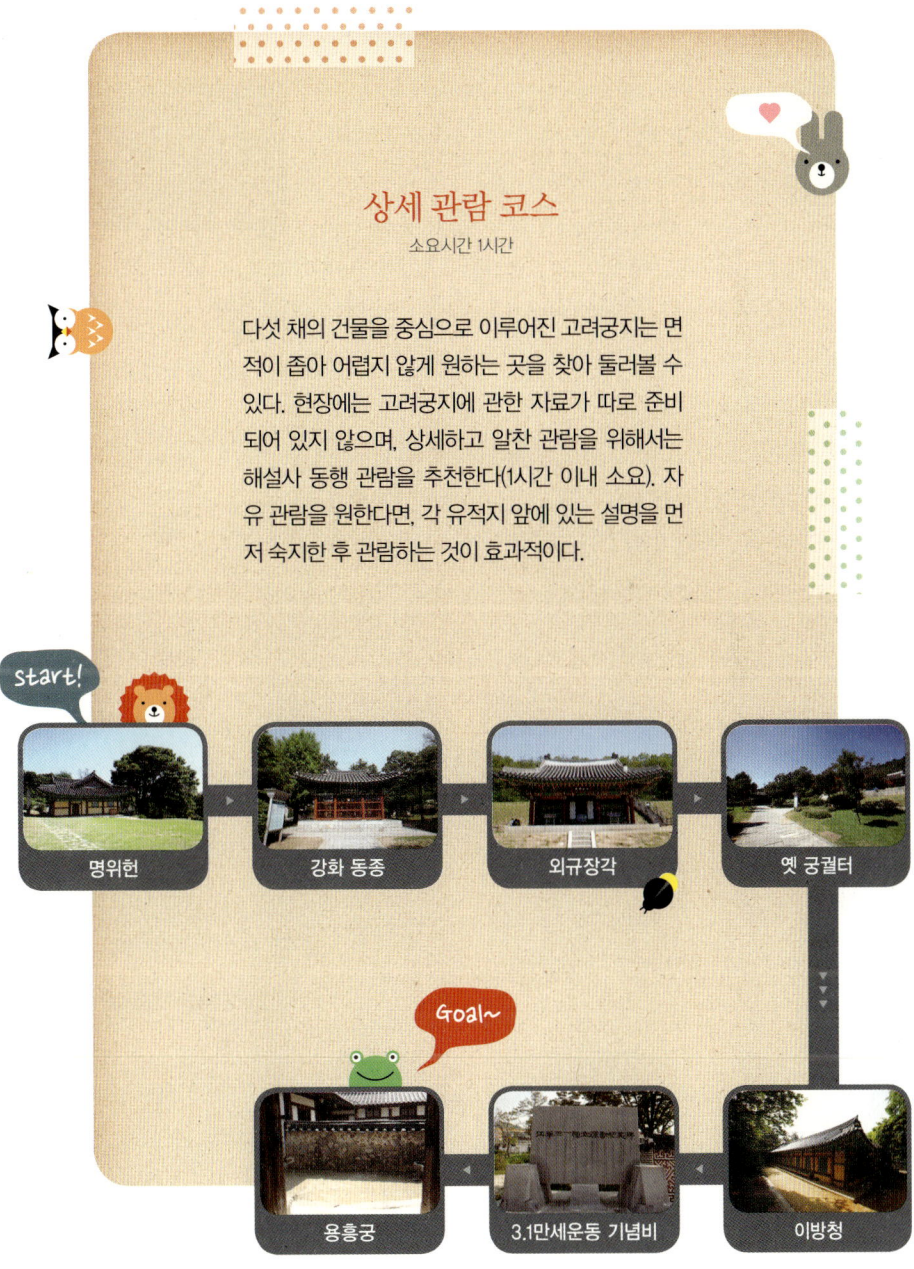

Start! 명위헌 → 강화 동종 → 외규장각 → 옛 궁궐터 → 이방청 → 3.1만세운동 기념비 → 용흥궁 Goal~

고려궁지 꼼꼼히 둘러보기

사적 제133호 고려궁지는 고려의 궁궐터로, 현재 강화읍 도심에 있다. 1232년 고려 왕실은 왕실의 안전을 위해 도읍을 송도(개경)에서 강화로 옮겼다. 도읍을 내륙이 아닌 섬으로 옮긴 이유는 몽골군이 넓은 초원에서 강하지만, 물에는 약했기 때문이다. 강화도로 향하는 뱃길은 매우 위험해서 다른 외적의 침입에 대비하는 효과도 있었다.

최우의 주도 아래 계획된 고려궁지에는 제법 많은 건물이 있었지만, 나중에 도읍을 송도로 다시 옮겨 간 후 건물 대부분이 훼손되었고, 조선시대 인조에 의해 다시 복원되었다. 고려궁지에 현존하는 몇 안되는 건물은 모두 조선시대의 것이지만, 39년 동안 외적의 침입을 견디어 내며 고려 왕실을 이었던 역사의 현장임을 느낄 수 있다.

고려궁지의 출입문에 해당하는 승평문

조선시대 강화유수의 업무 공간 명위헌

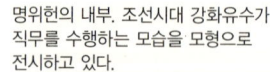

course 명위헌 → 강화 동종

3.1만세운동 기념비가 세워진 주차장에서 언덕길을 따라 오르면 계단 위에 승평문이 보인다. 옛 고려의 궁궐로 통하는 출입문이란 사실이 무색할 정도로 평범해 보이는 승평문을 들어서면, 고려시대 왕이 머문 궁궐 건물이 아니라, 조선시대 강화유수가 업무를 보았던 명위헌 건물을 볼 수 있다.

명위헌은 오늘날 지방자치단체장의 업무 공간과 같은 곳으로, 현존하는 건물은 인조 1년(1638년)에 세워진 것을 복원한 것이다. 전형적인 한옥 건축양식으로 이루어진 명위헌 내부에는 강화유수(유수: 수도가 아닌 군사적 요지에 두었던 최고 관직)의 업무와 백성들의 생활을 가늠해 볼 수 있는

명위헌의 내부. 조선시대 강화유수가 직무를 수행하는 모습을 모형으로 전시하고 있다.

강화유수가 업무를 보았던 명위헌은 인조 1년에 세운 것을 복원한 것이다.

보물로 지정된 강화 동종

강화 동종이 보존되어 있는 종루

자료가 전시되어 있다. 인조 때 건축한 건물들도 병인양요 때 프랑스 군대에 의하여 대부분 잿더미로 사라지고, 이곳에는 명위헌과 이방청만 남아 다른 나라의 침략에 끈질기게 저항했던 아픈 역사를 대변해 주고 있다.

　명위헌 서쪽에 녹색과 검정색이 어우러진 강화 동종은 보물 제11호로, 조선시대 숙종 37년에 만들어진 것이다. 종을 매다는 윗부분은 두 마리 용의 머리로 연결된 좀 특이한 형태를 갖추고 있다. 종의 크기와 문양은 불교가 크게 발전되었던 신라시대 상원사 동종이나 고려시대 낙수정 동종, 내소사 동종, 삼선암 동종만큼 크지도 화려하지도 않지만, 전통적인 고려 양식에서 벗어나 조선시대 범종의 특징을 잘 나타내고 있는 것으로 평가되고 있다.

고려 궁궐터에 세워진 조선 왕실의 부속 도서관인 외규장각

역경의 역사를 담고 있는 외규장각

route 외규장각 → 옛 궁궐터

고려궁지 중앙에는 외규장각이 있다. 이 건물은 영조가 왕실의 서적을 보관하기 위하여 고려궁지에 세운 일종의 왕실 문서보관소이자 도서관이다. 이 건물도 1866년 병인양요 때 프랑스 군대에 의하여 641권의 책과 함께 잿더미가 된 것을 최근 복원한 것이다. 자유롭게 실내를 둘러볼 수 있는 외규장각에서는 조선시대 왕실 도서관이 어떤 형태로 꾸며졌으며 어떤 책이 보관되어 있는지 확인할 수 있다. 물론 이곳에 보관된 서적이 원본은 아니지만, 아이와 함께 고난의 역사를 느껴 보기에 충분한 자료들이 관람용으로 준비되어 있다.

외규장각에서 계단을 따라 오르면 쓸쓸한 옛 궁궐터를 볼 수 있다. 하지만 처음 이곳에 고려 궁궐이 들어설 때는 지금과 확연히 달랐다. 송도(개경)에 있는 궁궐을 본떠 이곳에 궁궐을 세웠는데, 기록에 의하면 3년에 걸친 공사 끝에 드러낸

외규장각 안에 보관 전시되고 있는 왕실 서적

궁궐은 본궁인 연경궁을 중심으로 강안전, 경령궁, 건덕전 등 수십 채에 달했으며, 궁궐의 뒷산 이름도 송도 이름을 따서 송악산이라고 했다. 비록 지금은 궁궐은 없고 터만 남아 있지만, 이곳에 서면 고려궁지와 주변의 경관이 훤히 내려다보이는 것이 한 나라의 궁궐이 있기에 참으로 좋은 위치임을 알 수 있다.

옛 궁궐터

그 밖의 유적지

course 이방청 → 3.1만세운동 기념비 → 용흥궁

강화 동종 남쪽에는 고려궁지에 남아 있는 건물 가운데 가장 큰 이방청이 있다. 이방청이란 조선시대에 각 지역 유수를 도와 인사와 행정을 집행했던 기관을 말한다. ㄷ자 형태의 이방청 건물의 크기는 당시 강화유수부의 전체 규모를 짐작케 한다.

고려궁지 아래쪽에는 강화 시장터에서 일어난 3.1만세운동

이방청 출입문에 그려 놓은 장식

강화유수의 실질적인 업무를 담당했던 이방청

강화 ★ 고려궁지 **273**

철종이 왕위에 오르기 전에 거주했던 용흥궁

강화 시장터에서 벌어진 3.1만세운동을 기념하는 기념비

을 기념해 세워 놓은 기념비가 있다. 이 기념비는 강화읍 시장터에 있던 것을 이곳으로 옮겨 온 것이다.

  3.1만세운동 기념비 남쪽에는 철종이 왕위에 오르기 전에 살았던 집, 용흥궁이 있다. 용흥궁은 여느 양반집과 특별히 다르지 않다. 전형적인 양반 가옥에 궁이란 이름을 붙인 사람은 정기세였다. 철종이 이곳에 살던 시기에 강화유수를 지낸 그는 철종이 왕위에 오른 후 이곳을 보수, 증축하고 용흥궁이라 칭하였다. 아담한 규모를 갖춘 용흥궁은 조선 중기 양반집의 형태를 잘 보여 준다.

고려궁지는 수많은 건물로 가득했던 궁궐이라고 믿기 어려울 정도로 규모가 작다. 게다가 당시 건물이 모두 사라진 현재의 모습은 조금 실망스럽기까지 하다. 하지만 막강한 몽골군에 대항하여 항복하지 않고 끝까지 저항했던 고려인의 정신을 잘 보여 주는 유적지라고 할 수 있다.

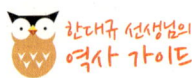

몽골과 맞서 싸운 고려인들의 기상을 느껴 볼까요?

강화도는 몽골의 침략을 여러 번 겪었어요. 강화도로 향하는 뱃길은 매우 위험하여 수중전에 약한 몽골군을 가까스로 막을 수 있었지요. 당시 몽골의 지도자는 칭기즈칸이었는데, 아시아 전부와 지금의 동유럽까지 자신의 손에 넣은 몽골의 왕으로 세계 역사상 보기 드문 대제국을 이루었어요. 유럽 사람들은 그의 이름만 들어도 벌벌 떨 정도였다고 해요. 이러한 몽골에 굴복하지 않고 끝까지 맞서 싸운 고려인들이야말로 얼마나 강인한 민족이었는지 짐작이 갈 거예요. 지금은 비록 고려의 유적은 찾아볼 수 없지만, 가족과 함께 옛 고려 궁궐터를 둘러보고 고려인들의 용맹함을 이야기해 보세요.

최초의 성공회성당

강화성공회성당

보는 위치에 따라 전혀 다른 느낌을 주는 강화성공회성당 외관

여행 정보

- **주소** 인천광역시 강화군 강화읍 관청리 250번지
- **전화** 032-934-6171
- **웹사이트** www.skhseoul.or.kr
- **개방시간** 24시간
- **휴관일** 연중무휴
- **해설사 동행 관람** 없음
- **입장료** 무료
- **공중화장실** 있음
- **대중교통** 버스 • 간선 700, 700-1 • 지선 10, 96, 2, 15, 20, 21, 22, 23, 24, 25 • 광역버스(강화행) 서울 신촌·영등포·김포공항·인천버스터미널·부평·부천에서 이용. 강화읍 심리 하차 후 도보 5분

강화성공회성당은 고려궁지 남동쪽 자그마한 동산에 터를 잡고 주변을 바라보고 있다. 이곳은 1900년 대한성공회 초대 주교인 코프 신부가 세운 우리나라 최초 성공회성당으로, 우리나라 최초의 세례가 있었던 곳이기도 하다.

낭만적인 분위기를 연출하는 강화성공회성당은 독특한 건축물로 유명하다. 예배당을 비롯해서 출입문인 외삼문과 내삼문, 사제관, 종을 보관하는 종각 등이 모두 한옥이며, 건물 배치도 불교 사찰과 흡사하다. 외관은 이렇게 완벽한 한옥처럼 보이지만, 실내는 서양식이다. 로마와 파리에서 흔히 볼 수 있는 기독교 건축양식인 바실리카의 평면 구조를 하고 있으면서도 장식은 매우 간결하여 화려한 서양 종교건축과 다른 동서양의 절묘한 조화를 느낄 수 있다.

03

고려시대에 건설된 성곽

강화산성

강화도 주요 주거 지역을 연결하는 강화산성의 중성

여행 정보

- **주소** 인천광역시 강화군 강화읍 국화리 산 3번지
- **전화** 032-930-3114
- **개방시간** 24시간
- **휴관일** 연중무휴
- **해설사 동행 관람** 없음
- **입장료** 무료
- **주차장** 무료
- **공중화장실** 주요 산성 유적지에 있음
- **대중교통** 버스 · 간선 700, 700-1 · 지선 10, 96, 2, 15, 20, 21, 22, 23, 24, 25

강화산성은 수도를 송도(개경)에서 강화로 옮기면서 건설하였다. 고려 말 무신정권의 실세인 최우가 계획한 강화산성은 궁궐과 관청을 방어하기 위하여 만든 내성을 중심으로, 백성들이 모여 살았던 지역에는 중성을, 김포와 강화도 사이를 잇는 선착장 인근에는 외성을 축성하였다.

 강화산성의 전체적인 분위기와 형태는 송도의 성곽을 기초로 하고 있다. 송도의 성곽과 다른 점이 있다면 주요 출입문이 있는 곳을 제외한 대부분이 돌이 아닌 흙을 사용하여 만들었다는 점이다. 하지만 현존하는 강화산성은 돌을 이용한 석성이 주를 이룬다. 이는 조선시대 인조, 효종, 숙종 때 성을 복원하는 과정에서 돌을 사용했기 때문이다. 고려시대에 건설한 성곽은 대부분 북한에 있고 남쪽에 있는 유적지로는 강화산성이 유일하다.

04

왕실의 주요 기록을 보관하던 사찰

전등사

1. 보물 제178호로 지정되어 있는 전등사 대웅보전 2. 부처님의 말씀이 담긴 책을 보관했던 전등사 마당에 있는 운장대

여행 정보

- **주소** 인천광역시 강화군 길상면 온수리 635번지
- **전화** 032-937-0125
- **웹사이트** www.jeondeungsa.org
- **개방시간** 24시간
- **휴관일** 연중무휴
- **해설사 동행 관람** 없음
- **입장료** 성인 2,500원, 청소년 1,700원, 어린이 1,000원
- **주차장** 유료
- **공중화장실** 2개 있음
- **대중교통**  직행
  시외버스 3100번(신촌 → 전등사행) : 30~90분 간격, 1시간 30분~2시간 소요
  • 완행 시외버스(영등포 → 전등사행) : 10분 간격, 2시간 소요 / 인천 좌석버스 700번(인천 버스터미널 → 동암역 → 전등사행) : 30~40분 간격, 2시간 10분 소요

강화도 동남쪽 정족산 기슭에는 유서 깊은 사찰 전등사가 있다. 고구려 소수림왕 11년(381년) 진나라에서 건너온 아도 화상이 창건한 것으로 알려진 이곳은 현존하는 우리나라 사찰 가운데 가장 오랜 역사를 자랑하는 사찰 중 하나다. 처음 이 사찰의 이름은 전등사가 아니라 진종사였다. 이름이 전등사로 바뀐 것은 고려 충렬왕 때부터다. 고려 왕실의 각별한 관심을 받았던 전등사는 충렬왕 이후 충숙왕, 충혜왕, 충정왕 때에 증축되었으며 조선시대와 일제강점기 때도 계속적으로 보수 작업이 이루어졌다. 전등사는 왕실의 주요 기록인 《조선왕조실록》과 《묘법연화경》의 목판 등을 보관했던 곳이기도 하다.

대웅보전 처마 밑 네 모퉁이에는 벌거벗은 여인의 모습을 한 '나부상'이 있다. 이것은 대웅보전을 짓던 도편수가 자신을 떠난 여인을 벌하기 위해 지붕을 떠받치도록 만들어 놓은 것이라는 이야기가 전해진다.

05

조선시대의 군사시설
초지진

해상으로 침입하는 적을 방어할 목적으로 건설한 초지진과 김포를 잇는 강화초지대교

여행 정보

- **주소** 인천광역시 강화군 길상면 해안동로 58번지 (구 초지리 624번지)
- **전화** 032-930-7072(7073)
- **웹사이트** www.ghss.or.kr
- **개방시간** 3~4월 09:00~18:00, 5~8월 09:00~19:00, 9~10월 09:00~18:00, 11~2월 09:00~17:00
- **휴관일** 연중무휴
- **해설사 동행 관람** 없음
- **입장료** 성인 700원, 18세 미만 500원
- **주차장** 무료
- **공중화장실** 있음
- **대중교통** 버스 • 간선 42, 44, 50, 51, 57, 62, 64, 65 • 지선 3

강화도로 통하는 남쪽 관문인 강화초지대교를 들어서면 조선시대에 건설한 군사시설인 초지진을 만난다. 초지진은 바다로 침입하는 외적을 막기 위하여 효종 7년(1656년)에 건설한 전형적인 해상 군사시설이다. 초지진은 건설된 후 210년 동안 비교적 평온했지만 19세기 중엽부터는 세 번의 큰 국제 전쟁을 겪은 격전지로 역사에 남게 되었다.

초지진이 국제적으로 알려진 것은 고종 3년(1866년)에 발생한 병인양요 사건이다. 병인양요는 천주교 탄압을 빌미로 강화도를 침략한 프랑스 함대와의 전쟁이었다. 이어 고종 8년(1871년)에는 통상을 강요하며 침략한 미국 함대와 전투가 벌어졌는데, 이것이 신미양요다. 이어 고종 12년(1875년)에는 일본 군함 운양호와의 전투가 이어졌다. 병인양요와

초지진에 설치되어 있는 대포

적군을 방어하기 위해 만든 돈대

신미양요 때는 초지진에서 적군을 물리치기는 했으나, 운양호 사건이라고 하는 일본과의 전쟁에서 패배함으로써, 조선은 인천, 부산, 원산을 개항하기로 약속하는 강화도조약(병자수호조약)을 체결하게 되었다. 이는 결국 나라의 주권을 상실하는 결정적인 계기가 되었다.

초지진 성벽 북쪽으로 덕진진(덕진돈대)을 비롯하여 광성보 같은 군사시설이 자리하고 있다

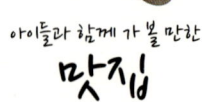

아이들과 함께 가 볼 만한 맛집

| 우리옥 |

45년 전통의 자랑하는 백반 전문점.
담백한 밑반찬과 칼칼한 맛의 찌개가 정갈하게 차려 나온다.
어머니의 손맛이 나는 음식들이 옛 생각을 나게 한다.

●**주소** 인천광역시 강화군 강화읍 신문리 184 ●**전화** 032-934-2427
●**영업시간** 07:30~21:00 ●**휴무** 명절
●**가격대** 5,000원~30,000원 ●**주차** 불가능

| 명동송탄부대찌개 |

깔끔하고 시원한 맛의 부대찌개 전문점이다. 소시지와 햄, 페퍼로니가
듬뿍 들어간 부대찌개가 담백하니 맛있다. 부대찌개 이외에도 샤브샤브도 판매하고 있다.

●**주소** 인천광역시 강화군 강화읍 관청리 481 ●**전화** 032-932-5949
●**홈페이지** http://cafe.naver.com/mganghwar ●**영업시간** 10:00~24:00
●**휴무** 매월 둘째주, 넷째주 일요일
●**가격대** 12,000원~16,000원대 ●**주차** 가능

| 신아리랑집 |

강화도 향토음식 젓국갈비 전문점. 새우젓으로 간을 한 투명하게 국물에 투박하게 썰은 두툼한 고기와
두부, 단호박, 버섯 등이 들어간 젓국갈비는 짜지 않고 담백해 아이들 입맛에도 잘 맞는다.

●**주소** 인천광역시 강화군 강화읍 신문리 105 ●**전화** 032-933-2025
●**영업시간** 06:00~21:00 ●**휴무** 명절
●**가격대** 10,000원~20,000원대 ●**주차** 불가능

| 서해왕해물찜 |

갓 잡은 싱싱한 해물과 아삭하게 씹히는 콩나물을 사용해 만든 매콤한
해물 찜이 이 집의 대표메뉴. 해물 찜을 다 먹은 후 남은 양념에 밥을 볶아 먹는 것도 별미다.

●**주소** 인천광역시 강화군 강화읍 신문리 4-4 ●**전화** 032-934-1465
●**홈페이지** blog.naver.com/insun1461
●**영업시간** 11:00~22:00 ●**휴무** 매월 첫번째 일요일
●**가격대** 4,000원~55,000원대 ●**주차** 불가능

인천 강화

부근리고인돌군

강화역사박물관 / 장정리 석조여래입상 /
장정리5층석탑 / 교산리고인돌군 /
오상리고인돌군

부근리고인돌군 주변을 여행하는 방법

지구촌 거석문화의 상징인 강화 부근리고인돌군과 주변의 강화역사박물관, 장성리 석조여래입상, 장정리5층석탑, 교산리고인돌군, 오상리고인돌군을 돌아본다.

부근리고인돌군 서북쪽에 있는 강화 장정리5층석탑

여행 정보 travel information

여행 소요시간 | 총 7~8시간
여행 시기 | 강화도 고인돌 유적지를 둘러보고 바다에서 휴식을 취하거나 체험을 즐길 수 있는 6~8월 사이가 좋다.
예상 경비 | 4인 가족 기준(성인 2명, 어린이 2명)
• 입장료 : 6,000원(강화역사박물관 성인, 어린이 1,500원/그외 유적지는 모두 무료)
• 식비 : 30,000원~40,000원
• 총 경비 : 36,000원~46,000원(차량유류비 및 주차비, 대중교통비 제외)

교통 정보 traffic information

강화도 고인돌과 유적지 관람에는 대중교통보다 자가용이 편리하다. 대중교통인 버스를 이용할 경우 고인돌과 유적지를 둘러보려면 버스에서 하차 후 도보로 이동해야 하지만 승용차를 이용할 경우 유적지 앞까지 접근이 가능하다.
서울과 인천에서 출발할 경우 고려궁지와 강화역사박물관을 먼저 둘러보고 이동하는 것이 좋다. 대중교통 이용시는 시외버스를 이용하여 강화읍으로 이동 후 강화도 지선버스를 이용해 부근리고인돌군으로 이동한다.

당일여행 추천 코스
travel route

1 부근리고인돌군
10:00~10:50
우리나라 대표 탁자식 고인돌을 살펴보고 기념사진 촬영하기.
☞상세 관람 코스는 P.287

도보 5분 ★
박물관은 부근리고인돌군 바로 건너편에 위치하므로 걸어서 이동한다.

2 강화역사박물관
11:00~12:20
강화도 역사와 발굴 유물 확인하기.

자가용 10~15분 ★
도보 10~20분 거리에 작은 식당이 2~3곳 있으나, 다양하게 선택하려면 차로 이동한다.

3 점심식사
12:30~13:50
강화 부근리고인돌군 주변에서 바지락 칼국수와 생선 요리 등으로 점심식사.

자가용 5~10분 ★
대중교통이 불편하니 자가용 이용

4 장정리 석조여래입상
14:00~14:20
자그마한 전각 안에 자리한 석조여래입상 앞에서 기념사진 촬영하기.

자가용 10분 ★
대중교통이 불편하니 자가용 이용

5 장정리5층석탑
14:30~15:00
사찰터가 아닌 산중턱에 조성된 석탑 둘러보기.

자가용 10분 ★
대중교통이 불편하니 자가용 이용

6 교산리고인돌군
15:10~15:40
다양한 형태의 고인돌 비교해 보기

자가용 15분 ★
버스가 없으니 택시나 자가용을 이용해야 한다.

7 오상리고인돌군
16:00~16:30
여러 형태의 탁자식 고인돌 비교해 보기.

> 출발 전, 엄마가 먼저 알아 둘 역사 상식

부근리고인돌군에 담긴 역사 이야기

정착생활의 시작을 보여 주는 고인돌

고구려와 백제, 신라, 고려, 조선, 대한민국으로 이어지는 역사의 주요 길목마다 등장했던 강화도는 섬 전체가 거대한 박물관이다. 하늘의 신에게 제사의식을 올렸던 참성단, 단군의 세 아들이 만들었다는 삼랑성, 몽골과 오랜 전쟁을 벌인 고려궁지 등 강화는 우리 역사의 출발지이자 역동적인 격변기 역사를 담고 있다. 그 많은 유적지 중에서도 부근리고인돌군

석기시대와 청동기시대 사람들이 생활했던 움집을 재현해 놓았다.

은 집단을 이룬 정착생활의 시작을 보여 주는 중요한 유적지라고 할 수 있다.

강화 부근리고인돌군은 고대국가가 탄생하기 전, 기원전 10세기를 전후하여 시작된 씨족사회와 부족사회의 사회상을 들여다볼 수 있는 좋은 유적지로 꼽힌다. 고인돌을 만들기 위해 많은 인력 동원이 가능했다는 것은, 당시 사람들이 모여서 정착생활을 했다는 것을 추측할 수 있다. 또 부근리고인돌을 비롯한 강화도에 남아 있는 고인돌은 대부분 평원지대보다 나지막한 구릉과 산자락에 조성되어 있는데, 이것은 고인돌을 건설했던 사회의 구성원들이 어떤 자연지형을 배경으로 살았는지도 잘 보여 주고 있다.

우리 아이가 알아야 할 역사 포인트

1 농경사회와 고인돌

거대한 돌을 운반하여 고인돌을 만드는 데 필요한 인력은 적게는 십여 명, 많게는 수백 명이 힘을 모으지 않으면 불가능한 일이다. 이것은 당시에 많은 사람들이 모여서 정착생활을 했다는 증거로 볼 수 있다. 많은 사람이 모여 살려면 무엇보다 먹을 것을 해결하지 않으면 안 되었고, 사람들이 정착생활을 유지할 수 있도

개석식 고인돌

록 안정적인 농업에 기본적인 생계를 의존하게 된 것이다. 농사로 곡식이 많아지면서 재산을 많이 가진 사람과 적게 가진 사람이 생겨났고, 이는 곧 지배하는 사람과 지배를 받는 사람으로 나뉘어지게 되었다. 따라서 쉽게 만들 수 없는 고인돌은 힘 있는 마을의 대표나 족장의 무덤일 것으로 추측된다.

② 탁자식 고인돌

1. 교산리고인돌군의 탁자식 고인돌 2.한반도 북부 지방에서 발견되었다고 해서 북방식으로 불리던 탁자식 고인돌. 후에 남부 지방에서도 발견되었다.

강화도 고인돌 유적지를 상징하는 부근리고인돌은 마치 탁자처럼 평평하다고 해서 탁자식 고인돌로 불린다. 탁자식 고인돌은 받침돌을 이용해 무덤방을 만들고, 그 위에 평평하고 거대한 돌을 얹은 형태를 취한다. 불과 10여 년 전까지만 해도 한강 이북에 많이 있다고 해서 북방식 고인돌이라고도 했지만, 제주도와 남부 지방에서도 많이 발견되면서 탁자식 고인돌로 불리게 되었다. 현재 발견된 탁자식 고인돌은 1,500기가 넘는다.

③ 바둑판식 고인돌

바둑판식 고인돌은 지하에 무덤방을 만들고, 그 위에 작은 받침돌을 세워 덮개돌을 얹은 형태이다. 바둑판식 고인돌은 과거에는 남방식으로 불리던 고인돌이다. 실제 바둑판식 고인돌은 한강 남쪽에 많이 분포되어 있으나 한강 이북지방에서도 어렵지 않게 발견할 수 있다. 우리나라 고인돌 가운데 가장 많은 부분을 차지하고 있는 고인돌로 현재 발견된 것만도 20만 기가 넘는다.

01

부족사회와 청동기문화를 엿볼 수 있는
부근리고인돌군

우리나라 최대 규모의 탁자식 고인돌

교과서 연계 정보

3학년 1학기 사회
2단원 고장의 자랑
3단원 고장의 생활과 변화
4학년 1학기 사회
1단원 우리 지역의 자연환경과 생활 모습
5학년 1학기 사회
1단원 하나된 겨레
6학년 1학기 사회
1단원 우리 국토의 모습과 생활

여행 정보

- **주소** 인천광역시 강화군 하점면 강화대로 994-19번지
- **전화** 032-933-3624 ●**웹사이트** http://tour.ganghwa.incheon.kr
- **개방시간** 24시간 ●**휴관일** 연중무휴 ●**해설사 동행 관람** 수시로 실시
- **입장료** 무료 ●**공중화장실** 있음 ●**주차장** 무료
- **대중교통** 버스 •강화도 지선버스 1, 2, 23, 24, 25, 26, 27, 30, 32, 35 •서울 출발 광역버스 88(영등포-강화터미널), 3000(신촌-강화터미널) •인천 출발 광역버스 70(인천-강화터미널), 90(부평-강화터미널), 700, 700-1(인천신세계백화점-강화서문) •일산 출발 광역버스 96(대화역-강화서문)

부근리고인돌군 꼼꼼히 둘러보기

전국에 산재되어 있는 수많은 고인돌 유적지 가운데 대표적인 곳이 강화도다. 강화도 고인돌 유적지는 섬의 북쪽에 흩어져 있다. 현재 확인된 고인돌은 122기(기 : 무덤, 비석을 셀 때 쓰는 단위)에 달하며 유적마다 5기에서 많게는 20기 정도가 모여 있다. 그중에서도 강화도 하점면 부근리에 있는 부근리 고인돌은 세계문화유산으로 등재되어 있다. 부근리에는 원래 10기의 고인돌이 있었지만 현재는 4기만 남아 있는데, 북방식 고인돌의 상징인 탁자식 고인돌로 유명하다.

해질 무렵의 고인돌은 더욱 신비롭다.

우리나라에 현존하는 최대 규모의 탁자식 고인돌

강화도 북쪽, 부근리고인돌군에는 늠름한 자태를 자랑하는 고인돌이 서 있다. 우리나라에 현존하는 고인돌 가운데 가장 잘생긴 고인돌로 알려져 있는데, 두 개의 커다란 받침돌 위에 넓고 긴 덮개돌이 놓인 모양새가 탁자와 비슷해

청동기 농경사회를 상징하는 주요 유적지 하나인 부근리고인돌 유적

상세 관람 코스
소요시간 1시간 이내

부근리고인돌군은 누구나 자유롭게 관람할 수 있는 작은 공원이어서 딱히 코스를 따라갈 필요도 없다. 각 고인돌에는 별다른 표시나 설명이 없으니 해설사 동행 관람을 하거나(30분 소요) 자유롭게 둘러보면 된다. 고인돌 유적지를 관람한 후에는 길 건너 강화역사박물관을 찾아 고인돌에 관한 자료를 둘러보자.

매년 4월 말에는 이곳을 중심으로 강화 고인돌문화축제가 열리고 있으니, 이 시기에 방문해 보는 것도 좋다. 강화 고인돌을 소재로 어린이와 가족이 함께 즐길 수 있는 다양한 놀이는 물론, 교육이 겸비된 체험도 가능하다.

마치 자연석처럼 보이는 개석식 고인돌. 강화도의 고인돌 중 가장 무겁다.

탁자식 고인돌이라고 불린다. 이것은 우리나라에 현존하는 최대 규모의 탁자식 고인돌로, 두 개의 받침돌의 높이가 2.6미터, 덮개돌은 길이 7.1미터, 너비 5.6미터에 이른다.

부근리고인돌에서 차로 5분 거리에 있는 점골고인돌 역시 전형적인 탁자식 고인돌이다.

청동기시대의 무덤양식으로 알려진 고인돌은 '지석묘'라고도 한다. 강화지석묘로 더 잘 알려진 이곳의 탁자식 고인돌은 처음 완성 당시의 모습과 용도가 정확하게 밝혀지지는 않았다. 많은 의문과 추측이 남아 있지만, 지금까지 밝혀진 자료에 따르면 시신을 땅에 묻고 그 위에 거대한 자연석을 이용하여 모양을 갖춘 것으로 보아 막강한 권력을 지닌 부족장의 무덤이거나 제사를 올렸던 제단이라는 주장이 설득력을 얻고 있다. 고인돌을 만들기 위해 동원된 인력은 꽤 많았을 것으로 추정하고 있는데, 이는 한반도에 부족사회가 형성되었음을 보여 주는 좋은 예다.

가장 큰 탁자식 고인돌 옆에는 조금 작은 탁자식 고인돌이 하나 더 있으며 그 북쪽에는 선사시대 움집이 재현되어 있다. 움집은 고인돌 유적지를 건설했던 사람들이 거주했던

움집 안에 들어가 볼 수 있다.

주거 형태로, 직접 들어가 볼 수 있도록 개방되어 있는 움집도 있으니 꼭 한번 체험해 보도록 하자.

움집 유적지에서 동쪽 고인돌을 지나 남쪽으로 이동하면 또 다른 커다란 고인돌을 만날 수 있다. 이 고인돌은 탁자식이 아니라 그냥 자연석에 가까워 보인다. 무게로만 따지면 강화도에 흩어져 있는 122기에 달하는 고인돌 가운데 가장 무겁다. 이토록 무거운 고인돌을 인근 산에서 옮겨 오려면 수백 명이 있어야 가능했을 것으로 보인다. 이는 부근리에 많은 사람들이 거주했음을 보여 주는 좋은 증거이기도 하다.

고인돌은 유럽이나 중국, 북아프리카, 서남아시아 등 다른 나라에서도 발견되었지만, 우리나라에서 가장 많이 발견되었다. 두만강에서 제주도까지 전 국토에 걸쳐 골고루 분포되어 있는데, 문화재청 자료에 의하면 현재까지 확인된 것만으로도 약 3만기에 이르며 북한에서 확인된것도 1만 5천기에 달한다. 지구상에 현존하는 고인돌이 5만기가 조금 넘는 것을 감안하면 우리나라를 고인돌 왕국이라고 표현하는 것도 당연하다고 할 수 있다.

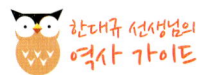

고인돌의 무덤은 어느 방향을 보고 있을까요?

고인돌은 받침돌 위에 뚜껑처럼 덮개돌이 앉아 있는 형태를 하고 있어요. 고인돌을 보러 갈 때 나침반을 반드시 챙겨 가서 고인돌의 방향을 확인해 보세요. 나침반과 비교해 보면 덮개돌의 긴 쪽이 남쪽을 보고 있다는 것을 알 수 있을 거예요. 당시 청동기시대 사람들이 방향을 정확히 알고 있었다는 사실이 정말 신기할 따름이지요.

강화도 역사를 만날 수 있는 곳
강화역사박물관

고인돌공원 건너편에 2011년 개관한 강화역사박물관

여행 정보

- **주소** 인천광역시 강화군 하점면 강화대로 994-19(고인돌공원 내)
- **전화** 032-934-7887
- **웹사이트** http://museum.ganghwa.go.kr
- **개방시간** 09:00~18:00
- **해설사 동행 관람** 수시로 진행
- **휴관일** 매주 월요일
- **입장료** 성인 1,500원, 18세 미만 1,000원
- **공중화장실** 있음 ● **주차장** 무료
- **대중교통** 버스 · 강화도 지선버스 1, 2, 23, 24, 25, 26, 27, 30, 32, 35 • 서울 출발 광역버스 88(영등포-강화터미널), 3000(신촌-강화터미널)

부근리고인돌군 건너편에는 강화도 역사와 문화에 관한 자료를 확인할 수 있는 강화역사박물관이 있다. 강화역사박물관에서 먼저 찾을 곳은 2층 '고인돌의 땅 강화' 전시실이다. 석기시대와 청동기시대를 살았던 사람들의 다양한 생활용품이 전시되어 있다.

'신나는 청동기시대 탐험' 관은 이곳은 퍼즐 맞추기 등으로 꾸며져 있어, 아이들이 궁금한 점을 흥미롭게 풀어 볼 수 있다. 1층은 시대별 강화도 역사와 문화를 엿볼 수 있도록 꾸며져 있다. '고려 강화' 전시실에서는 고려 왕릉과 유적지에서 발굴된 '청자상감쌍학문소합'을 비롯한 청동으로 만든 거울과 왕릉 주변에서 출토된 석인상 같은 유물, 또 각종

• 인천 출발 광역버스 70(인천-강화터미널), 90(부평-강화터미널), 700, 700-1(인천신세계백화점-강화서문) • 일산 출발 광역버스 96(대화역-강화서문)

액세서리가 전시되어 있다.

옆으로는 조선시대와 근대에 강화도에서 발생한 역사적인 사건과 문화를 전시해 놓은 '조선·근대 강화' 실이 있다. 조선시대의 작은 대포와 외규장각에 보관되었던 의궤 및 각종 조약문서(대부분 복제품)와 1871년 신미양요 때 광성보에서 벌어진 미국과의 전투를 재현해 놓은 실감나는 모형이 볼 만하다.

강화역사박물관 마지막 관람 코스는 체험전시공간과 영상실, 기획전시실 등이다. 이곳에서는 강화의 자연 생태계와 고인돌, 소나무 이야기를 영상물로 만날 수 있으며 일부 전시품은 직접 만지고 체험해 볼 수 있다.

강화도 교산리에서 발굴된 구석기 시대의 주먹찌르개

박물관에 전시되어 있는 빗살무늬토기

강화역사박물관을 찾은 가족과 어린이가 전시장을 둘러보는 모습

03

고려시대의 불상

장정리 석조여래입상

1. 높이 2.8미터에 달하는 입상으로 11세기 작품으로 추정된다. 2. 개경에 있던 봉은사에서 옮겨 온 것으로 추정된다.

여행 정보

- 주소 인천광역시 강화군 하점면 장정리 산 122번지
- 개방시간 24시간
- 휴관일 연중무휴
- 해설사 동행 관람 없음
- 입장료 무료
- 주차장 무료
- 공중화장실 없음
- 대중교통 없음. 자가용이나 택시를 이용

부근리고인돌군에서 자동차로 5분 거리에는 고려시대 때 제작한 강화 장정리 석조여래입상(보물 제615호)이 있다. 사방이 숲으로 둘러싸인 돌담 전각에 모셔진 석조여래입상은 높이가 2.83미터로 아담하다. 화강암을 조각한 석조여래입상의 특징은 독특한 비율이다. 신체에 비해 큰 머리와 손, 심하게 과장된 귀, 짧은 목 등 그동안 흔히 접했던 여래입상들과는 사뭇 다르다. 한눈에 보아도 전체적인 균형감이 떨어져 보인다. 또 둥근 머리와 둥근 얼굴, 두꺼운 입술, 짧은 인중, 군살이 붙은 턱 등, 불교를 숭배했던 고려시대의 아름답고 세련된 불교미술과는 다른 어딘가 둔탁하면서도 친근한 매력이 있다. 하지만 머리의 표현과 살이 오른 얼굴, 목에 있는 세 개의 주름, 간략하게 처리된 옷의 선과 손가락은 당시 고려시대 불상의 특징을 잘 보여 주는 부분이기도 하다.

04

엉뚱한 곳에 남아 있는
장정리 5층석탑

보물 제10호로 지목쪽에 있는 강화 장정리 5층석탑

여행 정보

- **주소** 인천광역시 강화군 하점면 장정리 산 193번지
- **웹사이트** www.cha.go.kr
- **개방시간** 24시간
- **휴관일** 연중무휴
- **해설사 동행 관람** 없음
- **입장료** 무료
- **주차장** 무료
- **공중화장실** 있음
- **대중교통** 없음. 자가용이나 택시를 이용

장정리 석조여래입상에서 언덕을 넘거나, 자동차로 5분쯤 서쪽으로 이동하면 보물 제10호로 지정된 강화 장정리 5층 석탑을 만날 수 있다. 높이 3.5미터에 달하는 아담한 석탑은 고려의 수도를 강화도로 옮긴 시기에 세운 고려 후기 석탑이다. 겉보기에 완벽해 보이지만, 사실 무너진 채로 오랫동안 방치되어 있던 것을 1960년에 다시 세운 것이다. 현존하는 석탑의 기단 부분과 1·2층은 처음부터 있던 것이지만, 3·4·5층과 지붕돌, 머리장식 부분은 흔적조차 찾을 수 없어 복원 과정에서 새로 제작한 것이다.

일반적으로 석탑은 사찰이나 종교적인 상징성을 지닌 장소에 세워지지만, 장정리 5층석탑은 종교적인 흔적을 찾아볼 수 없는 가파른 언덕에 세워져 있다. 왜 이곳에 세워졌는지, 이곳이 절터였는지 의문으로 가득한 이색적인 석탑이다.

05

다양한 고인돌 집합지
교산리고인돌군

복원되지 않은 상태로 흩어져 있는 교산리고인돌

여행 정보

- **주소** 인천광역시 강화군 양사면 교산리 산 108외 33필지
- **웹사이트** www.cha.go.kr
- **개방시간** 24시간
- **휴관일** 연중무휴
- **해설사 동행 관람** 없음
- **입장료** 무료
- **주차장** 없음. 도로변에 주차 가능
- **공중화장실** 있음
- **대중교통** 없음. 자가용이나 택시 이용

부근리고인돌군 북서쪽, 양사면 교산리에는 다양한 고인돌이 흩어져 있는 봉천산이 있다. 해발 291미터 봉천산 중턱에 조성된 교산리고인돌군은 민간인 출입을 통제하고 있어 비교적 잘 보존되어 있다.

11기의 고인돌이 반경 300~400미터 안에 걸쳐 흩어져 있는 교산리고인돌군에서는 우리나라의 대표적인 고인돌 형식을 모두 볼 수 있다. 제일 많은 형태는 지상에 사면을 판석으로 막아 시신을 안치하고 그 위에 덮개돌을 올려놓는 탁자식 고인돌이다. 지하에 시신을 안치한 후, 작은 받침돌 위에 덮개돌을 올려놓는 바둑판식 고인돌과 받침돌이 아예 없는 개석식 고인돌도 있다. 이렇게 다양한 형태의 고인돌이 함께 있는 것은 북부 지방에서는 보기 드문 일이다.

모두 탁자식 고인돌
오상리고인돌군

탁자식 고인돌이 남아 있는 오상리고인돌 유적지

여행 정보

- **주소** 인천광역시 강화군 내가면 오상리 산 124번지
- **웹사이트** www.cha.go.kr
- **개방시간** 24시간
- **휴관일** 연중무휴
- **해설사 동행 관람** 없음
- **입장료** 무료
- **주차장** 없음. 도로변 주차 가능
- **공중화장실** 없음
- **대중교통** 없음. 자가용이나 택시 이용

교산리고인돌군 남쪽에는 11기의 고인돌이 남아 있는 규모가 큰 오상리고인돌군이 있다. 나지막한 언덕 위에 조성된 오상리고인돌은 모두 탁자식이다. 고인돌의 덮개돌은 비교적 잘 보존되어 있는데, 재미있는 것은 부근이나 교산리 덮개돌과는 달리 하나같이 인위적으로 손질되어 있다는 점이다. 또한 받침돌과 옆을 막을 때 사용하는 막음돌을 견고하게 세우기 위하여 주변에 작은 쐐기돌을 박아 놓은 점, 전체 크기에 관계없이 받침돌의 높이가 모두 50~60센티 정도로 흡사한 것도 특이하다. 오상리고인돌은 이처럼 공통점을 가지고 있지만, 크기와 모양은 서로 차이가 있다. 작은 고인돌의 경우 길이 130센티, 폭 60센티에 불과한 것도 있고 가장 큰 고인돌은 길이가 335센티나 된다. 그리고 바닥에 깔아 놓은 판돌의 경우도 크기가 저마다 다르다.

아이들과 함께 가 볼 만한 맛집

| 오류네 칼국수 |

노부부가 10년째 운영해오고 있는 칼국수 전문점. 그때그때 사장님이 직접 밀어 만든 쫄깃한 면발과 꿩 육수를 사용해 만든 국물이 담백하고 뒷맛이 깔끔하다.

- ●주소 인천광역시 강화군 송해면 하도리 288-1　●전화 032-933-3823
- ●영업시간 월요일 10:00~15:00, 화~일요일 10:00~18:00　●휴무 명절
- ●가격대 5,000원　●주차 가능

| 고인돌숯불갈비 |

고인돌 부근에 자리 잡고 있어 고인돌숯불갈비이다. 달콤한 갈비 맛과 정갈한 밑반찬도 일품이지만, 엄마를 연상케 하는 사장님의 친절함에 다음에 또 찾고 싶어지는 곳이다.

- ●주소 인천광역시 강화군 하점면 부근리 118-1　●전화 032-933-7728
- ●영업시간 월요일 10:00~15:00, 화~일요일 10:00~18:00
- ●휴무 명절　●가격대 8,000원~30,000원대　●주차 불가능

| 덕수가든 |

오동통하게 살이 오른 싱싱한 해물과 신선한 채소를 사용해 만든 푸짐한 해물탕이 맛있는 집. 양념을 강하게 하지 않아 자극적이지 않은 시원한 국물 맛이 끝내준다.

- ●주소 인천광역시 강화군 하점면 부근리 173-3　●전화 032-933-6436
- ●영업시간 10:00~21:00　●휴무 연중무휴
- ●가격대 9,000원~40,000원대　●주차 가능

| 카페 헤밍웨이 Roastery Cafe Hemingway |

고즈넉한 산자락에 위치한 코발트블루 색이 인상적인 카페. 털보 화가 사장님이 직접 내려주신 드립커피 맛이 일품인 곳이다. 커피 이외의 간단한 식사도 가능하다.

- ●주소 인천광역시 강화군 하점면 부근리 234-4　●전화 032-4115-5706
- ●영업시간 10:00~21:00　●휴무 명절
- ●가격대 8,000원~30,000원대　●주차 가능

경기

행주산성

서오릉 / 반구정 / 도라전망대 /
임진각 평화누리공원

행주산성 주변을 여행하는 방법 :

민족의 저력을 보여준 행주산성과 그 주변의 서오릉, 반구정, 임진각 평화누리공원, 도라전망대를 둘러본다.

임진각 평화누리공원의 철책. 여기부터는 더 이상 들어갈 수 없다.

여행 정보
travel information

여행 소요시간 | 총 9시간
여행 시기 | 행주산성과 서오릉, 반구정, 평화누리공원, 도라전망대를 코스는 봄부터 가을까지 해당하는 5~10월 사이에 찾는 것이 좋다. 이 시기에는 각종 야외 전시회와 수준 높은 음악회를 무료로 감상할 수 있다.
예상 경비 | 4인 가족 기준(성인 2명, 어린이 2명)
• 입장료 : 49,400원(행주산성 성인 1,000원, 어린이 300원/서오릉 성인 1,000원, 어린이 무료/반구정 성인 1,000원, 어린이 500원/평화누리공원 무료/도라전망대 버스 투어 이용시 성인 11,700원 어린이 9,200원)
• 식비 : 30,000원~40,000원
• 총 경비 : 79,400~89,400원(차량유류비 및 주차비, 대중교통비 제외)

교통 정보
traffic information

행주산성과 서오릉, 반구정, 평화누리공원, 도라전망대 코스는 대중교통을 이용해 하루에 둘러보는 것은 무리다. 따라서 자가용을 이용하거나 중간에 택시를 이용해야 한다. 특히 행주산성과 도라전망대 관람은 자가용 이용이 필수다.

당일여행 추천 코스
travel route

1. 서오릉 09:00~10:00
조선 왕릉 중 유일하게 빈자리로 남아 있는 홍릉 확인해 보기.

자가용 30분 ★ 버스 이용시 70분 소요.

2. 행주산성 10:30~11:50
행주대첩비와 자료관 둘러보기.
☞상세 관람 코스는 P.303

도보 10분 ★ 주변 식당가로 걸어서 이동

3. 점심식사 12:00~13:00
행주산성 주변에는 한식과 분식을 비롯하여 양식까지 각종 음식을 즐길 수 있는 곳이 많다.

자가용 40분 ★ 버스가 없으므로 택시를 이용한다.

4. 반구정 13:40~14:10
반구정에서 한강과 북한 지역 감상하기.

자가용 15~20분 ★ 버스 이용시 환승해야 하며 대기시간 포함 1시간~1시간 30분이 걸리니 택시나 자가용을 이용한다.

5. 도라전망대 14:30~17:00
도라전망대에서 북한을 바라보고 땅굴 체험하기. 관람 지역은 동일하지만 기차 투어보다 버스 투어에 참가하는 것이 편리하다.

도보 5분 ★

6. 임진각 평화누리공원 17:10~18:00
전쟁의 흔적과 자유의 다리, 평화의 종 살펴보기. 이후 조각품과 음악회 등 감상해 보기.

출발 전, 엄마가 먼저 알아 둘 역사 상식

행주산성에 담긴 역사 이야기

모두가 하나가 되어 승리를 일군 행주대첩

행주대첩기념탑이 세워진 행주산성 정상

행주산성은 단합된 힘이 얼마나 놀라운 결과를 만들어 내는지 보여 준 전투 현장이다. 행주산성은 지정학적인 위치로 인하여 일찍이 삼국시대 때부터 군사 요충지로 중시되어 왔다. 고구려, 백제, 신라는 영토 확장을 위해 끊임없이 한강유역에 교두보를 설치하였는데 그중 한 곳이 행주산성이다. 이를 증명하듯 덕양산 지역에서는 다양한 시대의 토기와 유물이 발견되었고, 행주산성 토성은 이미 삼국시대에 만들어진 것으로 알려져 있다. 삼국시대 때부터 격전지였던 행주산성은 고려시대 때는 중요성이 크게 드러나지 않았지만 임진왜란을 기점으로 그 중요성이 다시 부각되었다.

우리 아이가 알아야 할 역사 포인트

 임진왜란

임진왜란은 1592년부터 1598년까지 2차에 걸친 일본의 침략 전쟁이다. 처음 선조 25년(1592년) 임진년에 침략한 전쟁은 임진왜란, 선조 30년(1592년) 정유년에 벌어진 2차 침략은 정유재란으로 부르는 것이 정확하지만, 흔히 두 번의 전쟁을 통틀어 임진왜란이라고 한다. 두 번에 걸친 왜군의 침략으로 목숨을 잃은 백성과 소실된 유적지는 파악조차 할 수 없을 정도로 엄청나다. 임진왜란은 연산군 이후 무능한 왕조와 파벌 싸움을 일삼았던 관리들이 만들어 낸 역사적 비극이었다.

② 임진왜란 3대 대첩

임진왜란은 십만 대군으로 무장한 왜군과 펼친 치열한 싸움이었다. 전투에서 무기력하게 패한 경우도 있지만, 백성이 하나가 되어 막강한 왜군을 격퇴시킨 전투도 많이 있었다. 그중 열악한 조건 속에서도 왜군의 주력 부대를 무찌른 대표적인 전투 3가지를 꼽아 임진왜란 3대 대첩이라고 한다. 3대 대첩 가운데 최고로 꼽는 전투는 임진년 9월 이순신 장군이 이끄는 함대가 한산도 앞바다에서 왜군을 격파한 한산도대첩이다. 이어 크게 승리한 싸움이 권율 장군의 행주대첩이다. 행주대첩은 관군뿐 아니라 승병, 의병, 일반 여성들까지 힘을 모아 왜군을 격퇴시킨 전투로 유명하다. 나머지 하나는 곽재우, 고종후, 강희열 같은 의병이 중심이 되어 왜군 3만 명을 무찌르고 대부분이 사망한 진주성대첩이다.

3 권율

조선중기 명장으로 손꼽히는 권율 장군은 무신 출신이 아니라, 선조 15년(1582년) 문과에 급제해 등용된 문인 출신 장군이다. 과거 급제 후 전라도도사와 의주목사를 지낸 권율은 1592년 임진왜란이 일어나자 광주목사로 임명되었고, 이때 군사와 의병을 이끌고 이치전투에서 왜병을 격파했다. 이후 한양을 되찾기

행주나루터에 있던 권율 장군의 사당을 옮겨 와 새롭게 복원한 충장사

위하여 관군, 의병, 승병, 백성으로 구성된 2,300명을 이끌고 왜군 3만 명을 행주산성에서 격파하였다. 한양 외곽에서 벌어진 전투에서 우리가 승리함으로써 왜군은 큰 타격을 입었다.

4 의병

의병이란 자발적으로 전쟁에 참여한 백성으로 구성된 군대를 말한다. 왜군에 의하여 국토가 짓밟히고 죄 없는 백성들이 처참하게 죽음을 맞는 상황에 이르자, 스스로 몸을 지키고 나라를 구하기 위하여 전국에서 의병이 일어났다. 의병은 천민부터 평민, 양반까지 신분에 관계없이 참여하였는데, 임진왜란 당시 의병장과 주요 지휘관은 전직 관료이거나 존경받는 사람이 대부분이었다. 의병은 자신들이 살고 있는 지역을 중심으로 전투를 펼치다 국가에서 의병을 모집할 때는 다른 지역에까지 이동해 전투에 참여하여 많은 공을 세웠다. 임진왜란 때 활동했던 의병장으로는 곽재우, 고경명, 김천일 등이 있다.

01

민족의 저력을 보여 준
행주산성

권율 장군의 영정이 안치된 충장사. 1970년 행주산성에 복원해 놓은 것이다.

교과서 연계 정보

3학년 1학기 사회
2단원 고장의 자랑
3단원 고장의 생활과 변화
4학년 1학기 사회
1단원 우리 지역의 자연환경과 생활모습
5학년 1학기 사회
3단원 유교 전통이 자리 잡은 조선
6학년 1학기 사회
1단원 우리 국토의 모습과 생활

여행 정보

- 주소 경기도 고양시 덕양구 행주내동 덕양산 26-2번지
- 전화 031-8075-4662(4643)
- 웹사이트 www.visitgoyang.net(명소탐방)
- 개방시간 3~10월 09:00~18:00, 11~2월 09:00~17:00
- 휴무일 연중무휴
- 해설사 동행 관람 10:30, 14:00
- 입장료 성인 1,000원, 청소년 500원, 초등학생 300원
- 공중화장실 있음
- 주차장 유료
- 대중교통 버스 ・지선 85-1 ・간선 108, 870, 921 ・광역 1082, 9707
  지하철・버스 3호선 화정역에서 지선버스 011, 012, 85-1번 이용 / 2・8호선 잠실역에서 좌석버스 1007번 이용 능곡역 하차, 지선버스 011, 012번 환승

상세 관람 코스
소요시간 1~2시간

행주산성 유적지를 둘러볼 때는 걷는 것 외에 뾰족한 방법이 없다. 산의 능선을 따라 조성된 유적지이지만 경사가 완만하여 걷기 좋고, 주차장까지는 자가용과 대중교통을 이용할 수 있다. 권율 장군 동상에서 시작하여 언덕길을 따라 이동하면 잔디광장에 이른다. 여기서 많은 관람객들이 충장사로 가는 우측 길을 따라 이동하는데, 전체를 효과적으로 둘러보려면 여기서 좌측으로 이동할 것을 권한다. 그러면 행주 기씨의 발상지를 지나 삼국시대 때 만든 토성이 있는 북쪽 지역을 관람한 후, 정상을 거쳐 남쪽으로 내려오는 코스로 둘러볼 수 있다. 7~9월 경에는 야간개장 일정을 체크해 보는 것도 좋다.

해설사 동행 관람은 2회뿐이므로 자유 관람할 때는 티켓판매소에서 제공하는 작은 안내책자를 보고 둘러볼 코스를 선택한 후 체크하면서 관람하는 것이 좋다.

행주산성 꼼꼼히 둘러보기

서울과 경기도 경계 지점에서 한강을 굽어보고 있는 덕양산 중턱, 이곳에 축성된 행주산성의 겉모습은 평범해 보인다. 남한산성처럼 웅장하지도 서울성곽처럼 뚜렷하게 표시된 성곽 영역도 찾을 수 없다. 능선을 따라 남아 있는 토성은 홍수로 발생하는 토사를 막아 주는 정도다.

하지만 이곳은 임진왜란 3대 대첩 중 하나인 행주대첩이 일어났던 역사적인 현장이다. 권율 장군의 지휘 아래 13배가 넘는 숫자의 적군을 물리친 행주대첩은 많은 승병, 의군 등 백성들이 힘을 모았던 전투로 유명하다. 전투에 참여한 부녀자들이 앞치마에 돌을 옮겨 와 무기 대신으로 사용했던 일화는 지금까지 회자되고 있다.

왼쪽은 행주대첩기념탑. 오른쪽 건물은 안에는 행주대첩비가 있다.

삼국시대 때 건설한 토성

`course` 권율 장군 동상 → 행주산성 토성

행주산성의 출입문인 대첩문 우측으로 한강과 주변을 응시하고 있는 위풍당당한 권율 장군이 보인다. 숲을 배경으로 서 있는 권율 장군 동상은 총 8.5미터에 달할 정도로 웅장하

행주산성에 세워진 권율 장군의 동상

행주산성에 뿌리를 내리고 살았던 행주 기씨의 묘

다. 근엄한 모습의 권율 장군 동상 뒤편에는 행주산성 전투에 참여했던 승병, 의병, 관군을 비롯하여 아낙들이 항전하는 모습이 담긴 부조가 있다.

　장군 동상에서 언덕길을 따라 이동하면 잔디광장에 이른다. 여기서 좌측으로 이동하면, 잔디광장이 끝나는 지점에 과거 이 지역에 거주했던 행주 기씨의 발상지임을 표시해 놓은 푯말과 비석이 세워져 있다.

　행주 기씨 발상지에서 언덕길을 오르면 좌측으로 토성이 이어진다. 인공적으로 축성해 놓은 산성이라기보다 산자락 등산로로 착각할 정도로 자연스럽게 보이는 덕양산 중턱 토성은 정확히 언제, 누구에 의하여 축성되었는지 알 수 없지만, 대략 삼국시대 초반에 만들어진 것으로 추정하고 있다. 현존하는 토성은 몇백 미터에 불과하지만, 여기에 토성을 쌓았다는 사실은 이 지역이 삼국시대 때부터 중요한 요충지였다는 것을 짐작하게 해 준다. 행주산성 토성은 행주대첩의 결정적인 장소이기도 하다. 권율 장군은 토성을 기점으로 튼튼한 목책(통나무 울타리)을 이중으로 세워 적군을 막아낼 수 있었다.

흙을 이용해서 축성한 행주산성 토성. 일부러 쌓은 산성이라기보다 등산로처럼 보인다.

행주산성의 정상 부근

course 충의정 → 행주대첩비 → 덕양정 → 진강정

행주산성 토성을 지나 숲길을 오르면 충의정이 나온다. 호국의식을 함양하기 위하여 건설해 놓은 충의정에서는 행주산성 역사부터 행주대첩에 관한 기록 영화가 상영되고 있다. 충의정 앞에는 커다란 행주대첩기념탑이 우뚝 서 있다. 한강과 주변을 응시하고 있는 행주대첩기념탑은 경기도민과 국민 성금으로 건립한 웅장한 탑이다.

행주대첩기념탑 아래에는 선조 35년(1602년)에 세운 행주대첩비가 있다. 아담한 비각에 안치되어 있는 행주대첩비는 권율 장군의 업적을 기리기 위하여 부하들이 세운 기념비이다. 보통 기념비는 후손이나 제자에 의해서 세워졌지만 부하들이 상관을 위하여 세운 기념비는 찾기가 어려운데, 그 대표적인 예가 행주대첩비다. 높이 178센티, 너비 82센티, 두께 18센티에 달하는 거대한 행주대첩비는 받침돌과 비석

권율 장군 부하와 백성들이 세운 행주대첩비

행주산성 북쪽에 세워진 충의정

행주대첩비 뒤로는 한강과 김포 지역을 내려다볼 수 있는 덕양정이 서 있다.

일부가 땅에 묻히고 갈라졌지만, 411년 동안 이곳을 지키고 있다.

　행주대첩비 아래에는 주변 경치를 감상하며 휴식을 취할 수 있는 정자 덕양정과 진강정이 있다. 한강과 김포 지역을 훤히 내려다볼 수 있는 두 정자는 역사적으로 중요한 의미는 없다. 그저 행주산성을 찾은 방문객에게 편안한 쉼터가 되어 주고 있을 뿐이다.

임진왜란의 전쟁사를 담고 있는 기념관과 사당

course 대첩기념관 → 충장사 → 충훈정

덕양정에서 출입구를 향하여 내려오다 보면 임진왜란 당시 무기고와 식량창고터에 세워진 대첩기념관이 나타난다. 기념관에는 행주대첩에 사용되었던 화차와 함께 행주대첩도, 이치대첩도, 독산성전투도 등이 전시되어 있다. 벽면에 장식된 대형 그림은 관군, 승병, 의병, 백성으로 구성된 2,300명

임진왜란 당시 무기와 식량창고로 사용되었던 장소에 건립해 놓은 대첩기념관. 당시 전투에 사용되었던 무기 등이 전시되어 있다.

이 왜적 3만 명을 상대로 싸웠던 행주대첩 전투 장면을 생생하게 담고 있다. 한편 대첩기념관에 전시된 화차 '신기전'과 '총통기'는 조선의 뛰어난 무기 수준을 보여 주고 있다.

대첩기념관 아래에는 권율 장군의 영정을 모신 사당 충장사가 있다. 원래 권율 장군의 사당은 이곳이 아닌 행주나루터 마을에 있었다. 마을에 있던 사당이 6.25전쟁 때 잿더미로 사라진 것을 1970년 행주산성에 복원해 놓은 것이다. 권율 장군의 영정이 안치된 충장사에서 권율 장군 동상 앞을 지나 왼편으로 내려가면 충훈정을 만나게 된다. 행주산성에 세워진 건물 중 최대 규모를 자랑하는 충훈정은 행주대첩과는 전혀 상관없는 건물이다. 이곳은 활을 쏘는 국궁장으로 나중에 따로 만든 것이다.

행주산성 충장사에 걸려 있는 편액(문 위에 거는 액자)

권율 장군의 영정이 모셔져 있는 충장사 내부

관군과 의병, 승병은 물론 일반 백성이 하나로 뭉쳐 13배가 넘는 정규군을 격파한 전투는 어느 전쟁사에서도 찾아볼 수 없는 예이다. 행주대첩은 우리 민족의 저력을 유감없이 발휘

권율 장군의 영정을 모셔 둔 사당 충장사

행주산성 남쪽에 위치한 충훈정. 국궁장으로 사용되었던 곳이다.

자연지형을 활용해 축성해 놓은 행주산성의 토성

한 역사적 사건으로, 그 배경이 된 행주산성은 우리의 암울한 과거 침략사의 한 획을 긋는 임진왜란에서 빠질 수 없는 중요한 곳이다. 아이들과 함께 행주산성을 둘러보며, 작은 힘도 합치면 불가능한 것도 가능하게 만들 수 있다는 사실을 역사 속에서 느껴 보자.

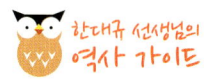
한대규 선생님의
역사 가이드

치열하게 왜군과 맞서 싸우는 장면을 상상해 볼까요?

행주산성은 그리 높지 않는 자그마한 덕양산에 있어요. 하지만 산 정상에 서면 한강과 임진강, 멀리 파주와 김포까지 한눈에 들어오는 확 트인 곳이기도 해요. 잠시 이곳에 서서 골짜기를 따라 올라오는 왜군들에게 권율 장군과 병사들, 의병들, 성 안의 부녀자들까지 힘을 합쳐 싸우는 모습을 머릿속에 그려 보세요. 가족끼리 전쟁터에서 싸우는 그들의 목소리나 행동을 상상하며 직접 해 보는 것도 재미있을 거예요.

서쪽에 있는 다섯 개의 능

서오릉

영조의 정비 정성왕후가 묻혀 있는 홍릉

관람 정보

- **주소** 경기도 고양시 덕양구 서오릉로 334-92번지
- **전화** 02-359-0090
- **웹사이트** http://goyang.cha.go.kr
- **개방시간** 2~5월 06:00~18:00,
  6~8월 06:00~18:30,
  9~10월 06:00~18:00,
  11~1월 09:00~17:30
- **휴관일** 매주 월요일
- **해설사 동행 관람** 없음
- **입장료** 성인 1,000원,
  18세 미만 무료
- **주차장** 무료
- **공중화장실** 있음
- **대중교통** 버스 · 간선 702A
  · 광역 9701 지하철 · 버스 3호선

서오릉은 서쪽에 있는 다섯 개의 능이라고 해서 붙여진 이름으로, 이곳에는 저마다 사연 있는 인물들의 능이 모여 있다. 아버지 세조의 업보를 지고 병약한 왕세자로 끝내 열아홉이란 나이에 생을 마감한 의경세자, 폭군 연산군의 할머니 인수대비, 왕후에서 폐위되었다가 다시 복위된 인현왕후, 사약을 받고 죽음을 맞이한 경종의 생모 장희빈, 아들이 뒤주 속에서 죽는 비운을 겪어야 했던 사도세자의 생모 선희궁 영빈 이씨 등이 그 주인공이다.

세조 3년(1457년) 의경세자가 죽자 세조는 직접 이곳을 찾아 아들의 능을 결정했다. 훗날 덕종으로 추존된 의경세자와 그의 비 소혜왕후의 능인 경릉은 다른 왕릉과 다른 점이

녹번역 4번 출구 은평구청 앞에서
광역버스 9701, 간선버스 702A번
이용 / 6호선 구산역 1번 출구 앞에서
광역버스 9701번 이용

장희빈이 묻혀 있는 대빈묘

추존왕 덕종과 소혜왕후가 잠들어
있는 경릉

있다. 바로 왕비인 소혜왕후(인수대비)의 능이 왕의 왼쪽에 있다는 사실이다. 조선 왕릉의 경우 왕후의 능은 왕의 오른쪽에 조성하는 것이 원칙이었지만, 특이하게도 경릉만 유일하게 반대로 조성되었다. 이것은 풍수지리설에 의한 것이기도 하고, 또 소혜왕후(인수대비)의 높은 위상이 반영된 것이기도 하다.

조선 21대 왕 영조의 정비 정성왕후의 능인 홍릉도 독특한 사연을 가지고 있다. 영조는 정성왕후의 능 자리를 정하면서 자신이 죽은 후에 이곳에 함께 묻히고자 왕비 옆에 자신의 자리를 마련해 두고, 석물도 쌍릉의 형태로 배치해 놓았다. 하지만 아들 정조는 홍릉의 빈 자리를 그대로 두고 할아버지 영조의 시신을 동구릉으로 모셨다. 그래서 홍릉은 한쪽이 아직까지 빈터로 남아 있는 유일한 왕릉이 되었다.

영조를 기다렸던 홍릉의 빈자리, 영조가 묻힐 예정이었던 공간이 그대로 남아 있다.

황희 선생의 유적지
반구정

한강과 임진강이 만나는 곳에 자리한 반구정

여행 정보

- **주소** 경기도 파주시 문산읍 사목리 산 122번지
- **전화** 031-954-2170
- **웹사이트** www.pajucc.or.kr
  http://tour.paju.go.kr
- **개방시간** 3~10월 09:00~18:00, 11~2월 09:00~17:00
- **휴관일** 매주 월요일
- **해설사 동행 관람** 10:00 이후 수시 진행(30분 소요)
- **입장료** 성인 1,000원, 18세 미만 500원
- **주차장** 무료
- **공중화장실** 있음
- **대중교통** 대중교통보다 승용차를 이용하는 것이 편리하다.

반구정은 고려 말기와 조선 초기의 대표적인 청백리 정치가 황희 선생 유적지에 있는 임진강변의 낭만적인 전각이다. 청백리는 관직 수행 능력과 청렴·근검·도덕·효 등의 덕목을 고루 갖춘 인물에게 특별히 주어지는 호칭이었다. 고려 창왕 때 문과에 합격한 황희 선생은 고려가 멸망하자 은둔생활을 시작했다. 그후 조선 왕실의 요청으로 성균관에서 학생들을 가르치던 황희는 태조, 정종, 태종, 세종을 가까이에서 모신 관료로 특히 세종으로부터 두터운 신망을 얻었다.

황희 선생 유적지는 황희 정승의 신주를 모신 방촌영당을 중심으로 반구정, 양지대, 그리고 각종 자료를 전시해 놓은 방촌기념관으로 구성되어 있다.

버스 9710번, 909, 92번 버스 이용 문산 하차, 지선버스 3번 환승 / 불광동 버스터미널 출발 909번 버스 이용 월롱역 하차, 지선버스 7, 053번 환승
지하철·버스 서울역 출발, 경의선 월롱역 하차, 지선버스 7, 053번 환승

방촌영당

방촌영당 옆에는 황희 선생의 고손자 황맹헌의 신주를 모신 월헌사가 있으며 그 앞쪽 언덕 위에 반구정이 있다. 반구정은 황희 정승이 관직에서 물러나 갈매기를 벗 삼아 여생을 보낸 곳에 세운 정자이다. 이 정자는 선생이 돌아가신 후 전국 유생들이 힘을 모아 세운 것인데 6.25전쟁 때 화재로 소실되었던 것을 복원한 것이다.

황희 선생의 업적과 자료를 전시해 둔 방촌기념관

방촌영당의 내부에 안치되어 있는 황희 선생의 영정

04

분단의 현실을 느낄 수 있다

도라전망대

1. 임진각 평화누리공원에 세워진 전시관 2. 실향민들이 고향인 북한을 향해 제사를 올리는 망향비 3. 도라전망대를 찾은 방문객들이 전망대에서 북한 땅을 바라보고 있다.

여행 정보

- **주소** 경기도 파주시 문산읍 사목리 481-1번지
- **전화** 031-954-0303
- **웹사이트** http://peace.ggtour.or.kr, http://dmz.gg.go.kr
- **투어시간** 09:00~15:00(주말은 ~15:30)
- **휴관일** 매주 월요일과 공휴일
- **입장료** 버스 투어 성인 11,700원 18세 미만 9,200원
- **주차장** 평화누리 주차장(유료) 이용
- **공중화장실** 있음
- **대중교통** 임진강역이나 평화누리공원에 도착한 다음 투어를 선택해 도라산 지역으로 이동해야 한다. 서울역, 신촌역, 상암DMC에서 경의선을 이용해 임진강역 하차 후 기차 투어 이용 / 서울역, 구파발에서 광역버스 9710번, 간선버스 909번을 이용 문화버스터미널까지 이동 후 지선버스 058번을 이용 평화누리공원 하차, 버스 투어 이용

도라전망대 지역은 남북이 총칼을 겨누며 대치하고 있는 우리의 현실을 몸으로 체험할 수 있는 유적지로, 오늘을 살아가는 대한민국 국민이라면 꼭 한번 방문해야 할 곳이다.

임진각 평화누리공원까지는 원하는 장소를 자유롭게 둘러볼 수 있지만, 도라전망대와 제3땅굴을 둘러보려면 반드시 투어를 신청해야 하며, 안내자의 지시를 따라 함께 이동해야 한다. 관람한 후에는 약간의 자유 시간이 주어지지만 원칙적으로 개별 행동은 허락되지 않는다. 도라전망대에서는 남북의 젊은 군인들이 코앞에서 대치하는 광경을 비롯하여 북한의 모습을 조금이나마 바라볼 수 있다.

| TIP |
도라전망대 투어 방법
❶ 버스 투어 : 임진각 평화누리공원 매표소에서 출발하여 주요 장소를 관람한다. 매시간마다 출발하므로 가장 편리하다(주말은 1시간 2회).
❷ 기차·버스 투어 : 임진강역에서 출발. 기차로 도라산역까지 이동 후 전용버스로 주요 장소를 관람한다. 1일 2회(10:40, 12:10)

05

평화통일을 기원
임진각 평화누리공원

바람의 언덕에 세워진 조형물

여행 정보

- **주소** 경기도 파주시 문산읍 사목리 481-1번지
- **전화** 031-953-4853
- **웹사이트** http://peace.ggtour.or.kr http://dmz.gg.go.kr
- **개방시간** 24시간
- **휴관일** 연중무휴
- **해설사 동행 관람** 없음
- **입장료** 무료
- **주차장** 유료
- **공중화장실** 있음
- **대중교통** 지하철 서울역, 신촌역, 상암DMC에서 경의선을 이용해 임진강역 하차 후 도보 5분 버스 서울역, 구파발에서 광역버스 9710번, 간선버스 909번을 이용 문화버스터미널까지 이동 후 지선버스 058번을 이용 평화누리공원 하차

민족분단의 아픈 역사를 상징하는 자유의 다리를 필두로 6.25전쟁의 상흔이 고스란히 남아 있는 기차, 헤어진 가족과의 상봉을 기다리며 고향을 그리는 실향민의 가슴 아픈 현실이 담긴 망향기념비, 평화통일을 기원하는 평화의 종 등을 볼 수 있는 임진각 평화누리공원은 우리의 과거와 현재 그리고 미래를 동시에 보여 주는 곳이다.

임진각 평화누리공원을 찾았다면 먼저 전시관으로 이동한다. 임진강유역의 화산활동부터 석기시대와 청동기, 삼국시대, 고려, 조선시대, 현재로 이어진 이 지역의 주요 역사와 유물이 이곳에 전시되어 있다. 전시관을 둘러본 후에는 망향기념비와 자유의 다리, 6.25전쟁으로 파괴된 기차와 평화의 종을 관람하는 것이 순서이다. 자유의 종이 세워진 종각에 서면 과거 남북을 잇는 기차가 달리던 철로가 보인다.

아이들과 함께 가 볼 만한
맛집

| 빼꼼 생선구이 |

모듬 생선구이 전문점. 기름기가 쫙 빠진 담백한 맛의 생선구이와 정갈한 밑반찬 모두 깔끔하다. 심플하고 군더더기 없는 인테리어도 깔끔한 식사를 가능하게 해준다.

●**주소** 경기 고양시 일산서구 대화동 2273-3 ●**전화** 031-915-7177
●**영업시간** 11:30~22:00 ●**휴무** 매월 둘째주, 넷째주 월요일
●**가격대** 7,000원~45,000원 ●**주차** 가능

| 오페라 디바스 Opera Divas |

캐주얼한 분위기와 좋은 음악이 함께하는 최고급 이탈리안 레스토랑. 넓고 쾌적한 내부와 모던한 인테리어, 오픈된 주방이 인상적이다.

●**주소** 경기 고양시 덕양구 행주외동 173 ●**전화** 031-938-2500
●**홈페이지** www.operadivas.co.kr ●**영업시간** 11:30~22:00(마지막 주문은 20:30)
●**휴무** 연중무휴 ●**가격대** 9,000원~100,000원대 ●**주차** 가능

| 원조국수 |

행주산성 근처 푸짐한 양을 자랑하는 인기 국수집이다. 칼칼한 김치와 담백한 멸치국물의 잔치국수를 함께 먹으면 그 맛이 끝내준다.

●**주소** 경기 고양시 덕양구 행주내동138-3 ●**전화** 031-255-3401
●**영업시간** 화~일요일 10:00~22:00 ●**휴무** 월요일
●**가격대** 4,000원 ●**주차** 가능

| 해울돈가스 |

직접 손으로 만든 넓고 두툼한 왕돈가스가 유명한 집이다. 깨끗한 기름에 바삭하게 튀긴 돈가스 위에 뿌려진 달달한 소스가 뿌려져 맛을 더한다. 돈가스 이외의 다른 음식의 맛도 보통 이상이다.

●**주소** 경기 고양시 덕양구 행주내동 157-3 ●**전화** 031-978-6789
●**영업시간** 12:00~22:00 ●**휴무** 명절
●**가격대** 6,000원~15,000원대 ●**주차** 가능

경기

자운서원

파주삼릉 / 윤관유적지 /
용미리 마애이불입상 / 보광사 /
흥국사

자운서원으로 출발~

자운서원
윤관유적지
파주삼릉
용미리 마애이불입상
보광사
흥국사

자운서원 주변을 여행하는 방법

조선 대학자 율곡 이이를 기리는 자운서원과 그 주변의 파주 삼릉, 윤관유적지, 용미리 마애이불입상, 보광사, 흥국사를 둘러본다.

세월의 무게를 느끼게 해 주는 보광사의 목어

여행 정보
travel information

여행 소요시간 | 총 9~10시간
여행 시기 | 자운서원과 주변 유적지를 둘러보기에는 신록이 아름다운 5~6월과 화려한 단풍과 어우러진 10~11월 사이에 찾는 것이 좋다.
예상 경비 | 4인 가족 기준(성인 2명, 어린이 2명)
• 입장료 : 5,000원(자운서원 성인 1,000원, 어린이 500원/파주삼릉 성인 1,000원, 어린이 무료/윤관유적지, 용미리 마애이불입상, 보광사, 흥국사는 무료)
• 식비 : 30,000~40,000원
• 총 경비 : 35,000~45,000원(차량유류비 및 주차비, 대중교통비 제외)

교통 정보
traffic information

자운서원과 주변 유적지를 하루에 모두 둘러보려면 뛰어난 기동성이 필수다. 자가용을 이용하면 여유로운 여행이 가능하다. 자운서원~보광사~흥국사 코스는 동선이 길어 대중교통을 이용할 경우 관람시간이 부족해지므로 매우 바쁘게 움직여야 한다. 따라서 일부 구간은 택시를 이용하거나 보광사, 흥국사는 생략하는 것이 효과적이다.

당일여행 추천 코스
travel route

1. 파주삼릉 09:00~10:00
해설사를 따라 능 위까지 올라가 보기.

자가용 20분 ★ 버스 이용시 50분이나 걸려 비효율적이다.

2. 윤관유적지 10:20~10:50
윤관 장군이 생전 아꼈던 말의 묘비 살펴보기.

자가용 2분 ★ 걸어가면 10분 정도 걸린다.

3. 용미리 마애이불입상 10:55~11:30
고려 입상의 특징을 찾아보기.

자가용 5~10분 ★ 주변 식당가는 차로 5~10분, 버스로 10분 거리이다.

4. 점심식사 11:40~13:00
용미리 주변에는 시골밥상과 칼국수, 등을 즐길 수 있는 음식점이 있다.

자가용 30분 ★ 버스는 문산읍을 경유하므로 시간이 오래 걸린다(약 90분 소요). 따라서 자가용이나 택시가 편하다.

5. 자운서원 13:30~15:30
독특한 이이 선생의 부부 묘를 살펴보고 자운서원과 자료실 둘러보기.
☞상세 관람 코스는 P.323

자가용 40분 ★ 버스 이용시 60분 소요.

6. 보광사 16:10~17:00
멋진 벽화로 가득한 대웅전의 외벽 감상하기.

자가용 40분 ★ 버스 이용시 60분 소요.

7. 흥국사 17:40~18:30
영조의 친필이 걸려 있는 약사전 살펴보기.

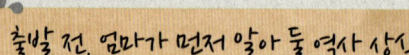

자운서원에 담긴 역사 이야기

율곡 이이의 업적을 기리는 자운서원

율곡 이이 가족 묘역

자운서원은 율곡 이이가 죽은 지 31년이 지난 광해군 7년(1615년)에 세워졌다. 자운서원은 효종 1년에 국가로부터 공식 서원(선비들이 공부하던 교육기관)으로 인정받으면서 크게 발전하였다. 숙종 때는 율곡 이이의 신주가 모셔진 사당에 김장생과 박세채의 신주가 함께 모셔졌다.

 이 지역에 거주하는 유생은 물론 전국의 많은 유생들은 자운서원에 찾아와 학문에 매진했다. 그러나 고종의 아버지 흥선대원군의 서원철폐령으로 폐쇄되는 아픔을 맞았다. 서원 철폐로 이곳에서 학문을 가르치는 것은 허락되지 않았지만 사당에서 제사를 모시는 일은 이어졌다. 335년 동안 이어진 자운서원은 6.25전쟁으로 완전히 파괴되어 제사를 올리는 것조차 허용되지 않았다. 이이의 가족묘역과 묘정비, 신도비만 남아 있던 자운서원 구역이 새롭게 모습을 드러낸 것은 1970년이었다. 경기도 파주 유림(유학을 믿고 따르는 사람들)을 중심으로 전국 유림의 모금과 국가 지원으로 자운서원이 모습을 찾은 후 동재와 서재, 외삼문이 복원되고 율곡기념관이 건립되면서 현재에 이르고 있다.

우리 아이가 알아야 할 역사 포인트

 신사임당

1504년 강릉에서 태어났다. 율곡 이이를 훌륭하게 키운 어머니이자, 효부로 알려져 있으며, 그림, 서예 등 예술 분야에서도 재능을 발휘하여, '초충도병'과 같은 작품을 남기기도 했다. 48세에 작고한 신사임당은 지금도 조선의 천재 여성 예술가, 현모양처의 상징으로 존경받고 있다. 2009년에 만들어진 5만원 지폐의 인물로 선정되며 우리나라 지폐에 등장하는 최초의 여성이 되기도 했다.

2 율곡 이이

율곡 이이는 많은 책을 쓴 것으로도 유명하다. 학문을 시작하는 이들을 가르치기 위해 쓴 《격몽요결》이란 교재를 비롯하여 다양한 분야의 책을 썼다. 그는 죽기 전인 1583년 관군 10만 명을 양성해 외세의 침략에 대비해야 한다는 내용을 담아 《시무육조계》를 저술하여 선조에게 올렸다. 전국 팔도에 각 1만 명씩 8만 명을 양성하여 주둔시키고 중앙에 2만 명을 두라는 그의 십만양병설을 선조는 받아들이지 않았다. 그리고 율곡이 죽은 지 8년이 지난 선조 25년(1592년)에 임진왜란이 일어났다. 이이가 십만양병설을 주장할 때 반대했던 이들도 임진왜란이 터지자 이이의 예측에 감탄했다는 후문도 있다.

율곡기념관에는 이이가 저술한 책이 전시되어 있다.

3 성리학

율곡 이이는 퇴계 이황과 더불어 조선 성리학을 대표하는 대학자였다. 성리학은 유교를 바탕으로 한 사상으로 조선을 건국하고 이끌어 나갔다. 성리학의 도덕 관념에서 가장 기본적인 것이 바로 '삼강오륜'이다. 효를 강조한 삼강오륜은 임금과 신하, 부부와 부모 자식의 관계를 정하며 서로의 역할을 다하는 것이 효의 시작이라고 여겼다. 이는 엄격한 신분 제도 사회의 기틀을 다지는 구심점이 되었다.

4 서원철폐령

조선시대 학문기관으로 오늘날 국립대학에 해당하는 성균관이 한양(서울)에 있다면, 지방에는 각 마을마다 향교가 있었다. 향교는 성균관과 마찬가지로 유교 공부도 하고 선현(공자, 맹자 등 유학에서 학문적으로 뛰어난 성과를 낸 옛 인물)들께 제사도 올리는 곳이었다. 하지만 시간이 지나면서 향교가 제 역할을 하지 못하게 되자 서원이 등장했다. 서원에서도 학문을 가르치는 것은 물론 향교처럼 선현들을 받드는 제사까지 함께 맡았다. 서원은 향촌의 질서를 잡고 성리학이 지방에 퍼지는 데 큰 역할을 했다.

하지만 조선 후기 서원은 학연과 지연을 바탕으로 한 이익집단이 되어 버렸다. 또한 세금과 노역, 군대를 면제받는 특혜를 누리는 당파의 온상이 되었다. 이에 흥선대원군은 고종 8년(1871년)에 서원철폐령을 내려 47개 서원만 남기고 모두 철폐시켰다. 자운서원도 이때 철폐되었다가 복원된 서원 중 한 곳이다.

01

조선 명가의 고향 율곡 이이 유적지
자운서원

자운서원이 세워질 당시부터 같은 자리를 지키고 있는, 수령 400년을 자랑하는 고목

교과서 연계 정보

3학년 1학기 사회
2단원 고장의 자랑
3단원 고장의 생활과 변화

3학년 2학기 사회
3단원 다양한 삶의 모습

5학년 1학기 사회
3단원 유교 전통이 자리 잡은 조선

5학년 2학기 사회
1단원 조선 사회의 새로운 움직임

여행 정보

- **주소** 경기도 파주시 법원읍 동문리 산 5-1번지
- **전화** 031-958-1749
- **웹사이트** www.pajucc.or.kr, www.paju.go.kr
- **개방시간** 3~10월 09:00~18:00, 11~2월 09:00~17:00
- **휴관일** 매주 월요일
- **해설사 동행 관람** 10:00~17:00, 수시로 실시(30~50분 소요)
- **입장료** 성인 1,000원. 18세 미만 500원
- **공중화장실** 있음
- **주차장** 무료
- **대중교통** 버스 불광동 시외버스터미널에서 30, 31번 버스를 타고 법원리에서 하차 후 도보 30분 / 구파발에서 간선 909번이나 광역버스 9710번을 타고 문산 버스터미널까지 이동 후 지선 11번 환승

상세 관람 코스
소요시간 2시간

율곡 이이 유적지를 효과적으로 둘러보려면 초입에 있는 율곡기념관을 먼저 찾아야 한다. 기념관 관람 후에는 독특한 구조와 형태를 지닌 가족묘역을 둘러본 후 자운서원으로 이동해 신주를 모신 사당과 후손들에게 학문을 가르쳤던 강당 등을 살펴보자. 그리고 마지막으로 신도비를 감상하는 코스가 이상적이다. 이곳에서 가장 나이가 많은 400년 된 느티나무와 임진강이 내려다보이는 화석정도 놓치지 말고 감상해 보자.

start! 율곡기념관 ▶ 가족묘역 ▶ 동재·서재 ▶ 강당 ▶ Goal~ 화석정 ▶ 신도비 ▶ 문성사

자운서원 꼼꼼히 둘러보기

서원은 대학자를 스승으로 모시면서 제사를 지내고, 학문을 닦으며 인재를 키우는 조선 중기 사설 교육기관이다. 전국적으로 율곡 이이를 기리는 서원은 송담서원, 구암서원, 배록동서원 등 20여 곳에 달한다. 그중 대표적인 곳이 파주 북쪽 외곽, 율곡 이이 유적지와 함께 있는 자운서원이다.

조선시대 대학자이자 명재상이었던 이이는 중종 31년(1536년)에 강릉 오죽헌에서 태어났다. 그는 13세에 처음 진사시에 합격하여 29세까지 아홉 번의 과거에서 모두 장원급제하였다. 어렸을 적부터 남다른 천재성을 보인 이이는 '구도장원공(아홉 번 장원한 분)'이라고 불렸다. 23세에 별시에 장원하며 쓴 《천도책》은 그 뛰어난 문장력으로 중국에까지 널리 알려질 정도였다. 이러한 율곡 이이와 그의 사상, 그리고 가족사까지 엿볼 수 있는 곳이 바로 율곡 이이 유적지이다.

율곡 이이의 관한 이야기가 기록되어 있는 신도비

이이와 신사임당의 작품과 서적 등이 전시되어 있는 율곡기념관의 내부

율곡 이이의 모든 것을 담고 있는 기념관
course 율곡기념관

율곡기념관의 입구

율곡 이이가 저술한 서적

이이의 친필 자료

율곡 이이 유적지 서쪽에 위치한 팔각형 모양의 2층짜리 율곡기념관에는 총 43종 111점에 이르는 자료가 전시되어 있다. 1층 전시장 입구에는 신사임당과 율곡의 대형 초상화가 걸려 있다. 두 점의 초상화는 현재 사용 중인 화폐에 등장하는 것으로 모자가 동시에 화폐의 인물로 등장하는 경우는 쉽게 볼 수 없는 예이다.

대형 초상화 주변에는 율곡 이이와 신사임당이 직접 사용했던 유품을 비롯하여 오천 원 뒷면에 등장하는 신사임당의 8폭짜리 병풍 '초충도'와 작은 사임당으로 불리던 이이의 누나 이매창의 '매화도' 등이 전시되어 있다.

2층에는 율곡의 탄생부터 일대기와 가족사, 행적, 사상, 교육, 국방에 이르기까지 이이와 관련된 다양한 자료가 전시되어 있다. 유품 중 유독 많이 보이는 것은 그가 평생 집필했던 서적들이다. 율곡 이이의 저서는 하나같이 유명한데 그중 최고로 꼽히는 것은 조선시대 교과서로 불릴 정도로 많이 사용했던 《격몽요결》이다. 그 외에도 《시무육조계》, 《동호문답》, 《학교모범》 같은 걸작들과 글쓰기를 좋아했던 이이가 지인들과 주고받은 편지와 시의 일부도 만날 수 있다.

가족묘역으로 들어서는 출입문

의문으로 가득한 가족 안식처

course 가족묘역

가족 묘역 출입문에 있는 아름다운 단청

율곡기념관 남쪽 자운산 중턱에는 율곡 이이의 가족묘역이 있다. 이이 내외의 묘를 비롯하여 신사임당 내외 묘 등 모두 13기의 묘가 모여 있다. 가족묘 최상단에는 이이와 부인 노씨의 묘가 조성되어 있고, 그 아래 형 이선과 부인 곽씨가 합장묘에 잠들어 있다. 아버지 이원수와 신사임당의 합장묘는 큰아들 부부 묘 아래에 안치되어 있다. 그리고 그 아래 이이의 아들, 이경모의 묘가 있다.

이이 가족묘역은 일반 묘역과 다른 독특한 배치가 눈에 띈다. 묘의 가장 상단에 위치해 있어야 할 아버지 이원수와 어머니 신사임당의 묘가 두 아들의 묘 아래에 조성되어 있는 점이다. 모든 윤리의 근본인 효를 실천하는 것을 중시했던 조선시대에 부모의 묘가 상단이 아닌 아들과 손자 사이에 묻혀 있는 것은 아주 특이한 일이다. 당시 일반적인 상식을

율곡 이이의 묘 앞에 있는 석물과 문인석

파괴한 묘의 위치는 오랫동안 수많은 학자들의 연구의 대상이 되기도 했지만 아직까지 시원한 답을 찾지 못한 상태다.

　율곡 이이 부부의 묘도 특이한 점이 있다. 부부의 묘는 보통 남편의 묘 오른쪽에 부인의 묘를 조성하는데, 이이 부부의 묘는 남편의 묘가 앞에, 부인의 묘가 뒤에 있다. 이런 구조는 좀처럼 찾아볼 수 없는 독특한 구조다. 이이 부부의 묘가 이런 구조로 조성된 이유는 임진왜란 때 죽은 부인의 시신과 노비의 시신을 구분할 수 없어 아예 이이 묘의 뒤쪽에 시신을 안치했다. 이는 조선시대에 신분을 얼마나 중시했는지 잘 보여 주는 예다.

이이의 묘 앞에서 세워진 문인석

옆이 아니라 앞뒤로 안치되어 있는 이이와 부인 노씨의 묘

경기 ★ 자운서원

학문의 전당 자운서원

course 동재·서재 → 강당 → 문성사 → 신도비

가족묘역을 내려오면 동쪽에 위치한 자운서원을 만나게 된다. 고목과 어우러진 서원 구역에는 기숙사로 사용했던 동재와 서재가 있다. 과거 이곳에 머물며 학문에 매진했던 유생들의 흔적이 녹아 있는 동재와 서재를 지나 계단을 오르면 유생들이 교육을 받았던 강당이 나온다. 강당은 6.25전쟁으로 완전히 파손된 것을 재건축한 건물이지만 앞에 세워진 고목 두 그루는 자운서원이 처음 세워질 당시부터 있던 것으로 수령이 400년이 넘는다.

서원의 맨 위쪽에 위치한 문성사에는 율곡 이이의 영정을 중심으로 좌우에 조선 중기 성리학자인 김장생과 박세채의 위패가 모셔져 있다. 이곳 사당에서는 약 300년 동안 매년 8월마다 이이, 김장생, 박세채에게 제향을 올리다 최근에는 가을에 개최되는 율곡문화재 때 제향을 올리는 의식을 재현하고 있다.

한편 자운서원 북쪽 언덕에 세워진 비각 안에는 율곡 이이를 추모하는 신도비가 세워져 있다.

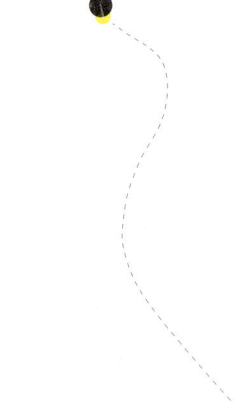
율곡 이이 선생의 영정과 신주가 모셔진 문성사

과거 기숙사로 사용했던 동재에 모셔진 신사임당의 영정

자운서원 북쪽에 세워진 율곡 이이의 신도비는 비각 안에 모셔져 있다.

자운서원의 역사를 묵묵히 지켜보고 있는 고목과 유생들이 공부했던 강당

기숙사로 사용되었던 동재

율곡 이이가 어린 시절 학문을 닦았던 정자

route 화석정

언덕 위에 세워진 화석정

자운서원 북서쪽 임진강이 내려다보이는 언덕 위에는 율곡 이이가 어린 시절 시를 짓고 학문에 매진했던 화석정이 있다. 화석정은 세종 25년(1443년)에 이이의 5대 조부인 이명신이 세운 정자다. 이이는 유년 시절 수시로 이곳을 찾아 독서를 즐기고 시를 지었다. 그가 8살 때 이곳에서 만들었다는 '팔세부시'가 이곳에 걸려 있다. 임진왜란 때 화재로 잿더미가 되었던 화석정을 현종 때 후손이 재건하였으나, 두 번째 화석정도 6.25전쟁으로 다시 소실되었다. 지금의 화석정은 경기도 파주시 유림들이 힘을 모아 다시 복원한 것이다.

이이와 신사임당 하면 강릉 오죽헌을 떠올리는 사람들이 많지만, 율곡 이이의 본가는 파주였다. 이이는 어머니 신사임당의 고향 강릉에서 태어나, 6살 때부터는 본가가 있는 파주

율곡 이이 선생이 유년 시절에 시를 짓고 노년에는 사색을 즐겼던 자운서원 북쪽에 자리한 화석정

자운서원으로 통하는 출입문인 삼외문

율곡리에서 보냈으며, 관직에서 물러난 후에도 제자들과 이곳에서 남은 여생을 보냈다. 그의 호 '율곡'은 밤나무가 많은 골짜기라는 의미가 담긴 '율곡리'에서 따온 것이다. 경기도기념물이었던 파주의 율곡 이이 유적지는 2013년 국가지정문화재로 승격되면서 그 가치를 재조명받고 있다.

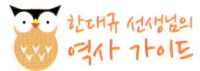

율곡 이이와 신사임당은 어느 지폐 속에 있을까요?

우리가 무심코 매일 쓰는 우리나라 동전과 지폐에는 우리 역사를 빛낸 훌륭한 분들이 있어요. 자운서원의 주인공 율곡 이이와 신사임당도 우리나라 지폐에 등장하지요. 자운서원을 둘러보고 난 후, 휴식을 취하며 율곡 이이와 그의 어머니 신사임당이 각각 얼마짜리 지폐에 있는지 맞춰 보고, 직접 확인해 보세요.

정답은 5천 원과 5만 원이에요. 5천 원에는 율곡 이이가, 5만 원에는 신사임당이 있어요. 지폐 뒷면에 있는 신사임당의 '초충도'도 율곡기념관에서 볼 수 있으니 찾아보세요. 나머지 동전과 지폐에 나오는 인물은 이순신 장군(1백 원), 퇴계 이황(1천 원), 세종대왕(1만 원)이랍니다.

02
한명희의 두 딸이 잠들어 있는
파주삼릉

소박하고 아담한 영릉

여행 정보

- **주소** 경기도 파주시 조리읍 봉일천리 산 4-1번지
- **전화** 031-941-4208
- **웹사이트** http://paju.cha.go.kr
- **개방시간** 2~5월 06:00~18:00, 6~8월 09:00~18:30, 9~10월 06:00~18:00, 11~1월 09:00~17:30
- **휴관일** 매주 월요일
- **해설사 동행 관람** 10:30, 13:30, 15:00(30~50분 소요)
- **입장료** 성인 1,000원, 18세 미만 무료
- **주차장** 무료
- **공중화장실** 있음
- **대중교통**  3호선 구파발역 2번 출구에서 광역버스 9709, 9710번, 지선버스 909, 760번, 간선버스 30, 31번을 이용 파주삼릉입구 하차 후 도보 10분

파주삼릉에는 공릉, 순릉, 영릉이 있다. 삼릉에 제일 먼저 안장된 이는 한명희의 큰 딸로 예종의 비가 되었던 장순왕후이다. 장순왕후는 공릉에 안장되어 있다. 15세에 세자빈이 된 장순왕후는 아들 인성대군을 출산한 다음 해 16세로 세상과 이별해 이곳에 묻혔다. 성종에 의해 왕후로 추존된 장순왕후는 공릉이 조성될 당시에는 세자빈이었기 때문에 능에 병풍석, 난간석, 망주석, 무인석 등이 생략되어 있다. 공릉은 홍살문에서 정자각까지 이어진 신도가 북쪽으로 진행되다 서쪽으로 꺾여 있는데 이런 구조는 조선 왕릉 가운데 공릉이 유일하다.

공릉 건너편에는 한명희의 넷째 딸이자 성종의 원비인 공혜왕후 한씨의 순릉이 있고, 순릉 바로 옆에는 영조의 장자이자 사도세자의 이복형인 진종(사후 추존)와 그의 비 효순왕후(사후 추존)가 잠들어 있는 영릉이 있다.

03

고려 명장 윤관이 잠들어 있는 곳
윤관유적지

장군의 묘로는 드물게 홍살문이 있다.

여행 정보

- **주소** 경기도 파주시 광탄면 분수리 산 4-1번지
- **전화** 031-947-3579
- **웹사이트** www.pajucc.or.kr www.paju.go.kr
- **개방시간** 24시간
- **휴관일** 연중무휴
- **해설사 동행 관람** 10:00~17:00, 수시로 실시(30~50분 소요)
- **입장료** 무료
- **주차장** 무료
- **공중화장실** 있음
- **대중교통** 구파발이나 불광동에서 광탄 버스터미널까지 이동 후 택시를 이용한다.

고려 숙종과 예종 때 여진족을 정벌하고 9성을 개척한 주역으로 알려진 윤관은 고향인 파주 광탄면에 잠들어 있다. 윤관 장군의 유적지에 들어서면 이색적인 묘비를 만날 수 있다. 우측에 세워진 묘비의 주인공은 사람이 아니다. 윤관 장군이 여진족을 정벌할 당시 타고 다녔던 말의 묘비다.

말의 묘비를 지나면 장군이나 대신의 묘에서는 좀처럼 찾아볼 수 없는 홍살문이 나온다. 잡귀를 막아 주는 홍살문 뒤편 언덕 위에는 위풍당당해 보이는 능이 시선에 들어온다. 능으로 이어지는 동쪽 길을 따라 뿌리를 내린 소나무를 지나면 윤관 장군의 묘와 마주하게 된다. 윤관 장군 묘는 강화의 고려 왕릉과 비교해도 손색이 없을 정도로 웅장하다. 장군의 묘가 왕릉보다 크다는 것은 고려 시대말 무장의 힘이 얼마나 막강했는지 보여 주는 좋은 예다.

04

고려 입상의 특징을 잘 보여 주는
용미리 마애이불입상

커다란 자연석을 그대로 이용한 용미리 마애이불입상

여행 정보

- **주소** 경기도 파주시 광탄면 용미리 산 8번지
- **전화** 031-942-0265
- **웹사이트** www.pajucc.or.kr www.paju.go.kr
- **개방시간** 24시간
- **휴관일** 연중무휴
- **해설사 동행 관람** 없음
- **입장료** 무료
- **주차장** 무료
- **공중화장실** 있음
- **대중교통** 버스 불광동 시외버스터미널에서 용미리 경유 광탄행 완행버스 32번 또는 좌석버스 332번 이용, 용암사 앞 하차

윤관유적지 인근에는 보물 제93호로 지정된 용미리 마애이불입상이 있다. 높이 17.4미터에 달하는 마애이불입상은 커다란 바위를 그대로 활용한 특이한 석불입상이다. 자연암석을 이용한 입상은 삼국시대와 통일신라 때도 많이 제작되었지만 용미리 마애이불입상처럼 상단의 머리와 목 부분은 섬세하게 조각하고 몸체는 자연석 그 자체로 꾸며 놓은 입상은 드물다. 전체적으로 자연석을 활용하면서 상단만 정교하게 제작한 기법은 고려 입상의 특징을 잘 보여 주고 있다.

입상의 머리 위에는 사각형 갓과 둥근 갓이 있는데 이것은 눈이나 비로부터 불상을 보호할 목적으로 만든 것이다. 이런 장식 역시 고려 입상의 특징 중 하나로, 대조사 석조미륵보살입상과 관촉사 석조미륵보살입상 등도 비슷한 모양을 하고 있다.

05

대웅보전의 대형 벽화가 압권

보광사

신라 진성여왕 때 도선국사가 창건한 고찰 보광사의 대웅보전

여행 정보

- **주소** 경기도 파주시 광탄면 영장리 13번지
- **전화** 031-948-7700
- **웹사이트** www.bokwangsa.net
- **개방시간** 24시간
- **휴관일** 연중무휴
- **해설사 동행 관람** 없음
- **입장료** 무료
- **주차장** 있음
- **공중화장실** 있음
- **대중교통** 버스 지하철 3호선 구파발역 2번 출구와 삼송역 8번 출구에서 버스 333번 이용

서울에서 자운서원으로 가다 보면 도선국사가 894년에 창건한 보광사가 나온다. 보광사는 진성여왕의 어명으로 세워진 이후 고려 고종과 우왕 때 다시 지어졌다. 고려시대 경기도의 대표적인 사찰 가운데 한 곳인 보광사도 임진왜란 때 화재로 다수의 전각이 소실되었다. 임진왜란으로 사라진 보광사는 광해군과 인조 때 법당, 승당, 범종을 세웠고 이후에도 현종, 철종, 고종 때까지 여러 차례에 걸쳐 옛 모습을 찾아가는 듯했지만, 6.25전쟁으로 다시금 커다란 재앙을 맞았다.

현재 보광사에는 대웅보전을 비롯하여 원통전, 응진전, 만세루 등 건물 10여 채가 남아 있다. 보광사의 중심인 대웅보전에는 고려 때 제작된 나무로 만든 '목조비로자나삼존불',

고즈넉한 분위기를 간직한 보광사의 전각

보광사 대웅보전의 불화. 회벽이 아닌 나무 위에 그린 벽화이다.

'문수·보현보살상'이 보존되어 있지만 방문객의 이목을 집중시키는 것은 대웅보전에 그려진 벽화다. 회벽이 아닌 대웅보전 나무 벽에 그려진 커다란 벽화는 다른 사찰에서는 보기 드문 대형 벽화로 관람객의 발걸음을 잠시 멈추게 한다. 한편 응진전에는 불상과 16나한상 등이 보존되어 있으며, 영조의 친필 편액(문 위에 거는 액자)과 추사 김정희의 친필 편액 등을 볼 수 있다.

보광사 대웅보전의 벽에 그려진 불화

06

영조의 친필 현판이 걸려 있는
흥국사

신라 문무왕 원년(661년) 당대 최고의 고승 원효대사가 창건한 고찰 흥국사

여행 정보

- **주소** 경기도 고양시 덕양구 지축동 203번지
- **전화** 02-381-7970
- **웹사이트** www.heungguksa.or.kr
- **개방시간** 24시간
- **휴관일** 연중무휴
- **해설사 동행 관람** 없음
- **입장료** 무료
- **주차료** 무료
- **공중화장실** 있음
- **대중교통** 버스 3호선 구파발역 2번 출구에서 지선버스 704번, 간선버스 34번을 이용 (같은 장소에서 흥국사 셔틀버스 이용 가능)

흥국사는 신라 문무왕 때인 661년 당대 최고 고승 원효대사가 창건한 고찰이다. 인근 작은 암자에서 수행하던 원효대사가 지금의 흥국사 약사전 자리에서 약사여래좌상이 나타나 빛을 발산한 것을 목격하고 그 자리에 사찰을 창건했다고 전해지고 있다.

처음 지을 당시 사찰 이름은 흥국사가 아닌 흥서사였다. 흥서사가 새로운 사찰 명을 얻게 된 것은 영조 때였다. 1770년 이곳을 찾은 영조가 이 절의 약사불이 나라를 흥하게 한다고 해서 사찰 이름을 흥국사로 바꿨다. 약사전에 걸린 영조의 친필 현판은 문화재로 지정되어 있다. 정조 때 수행공간이 확장되고, 고종 때는 약사전, 칠성각, 나한전, 산신각 등이 건축되면서 큰 사찰로 거듭나게 되었다.

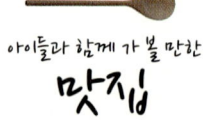

아이들과 함께 가 볼 만한 맛집

| 가림시골밥상 |

깔끔하게 담긴 정식 반찬과 칼칼한 된장찌개, 조기, 제육볶음 등 푸짐한 한 상이 차려져 나온다. 조미료를 사용하지 않아 자극적이지 않고 담백한 맛의 한식을 즐길 수 있는 곳.

- ●주소 경기 파주시 탄현면 성동리 86 ●전화 031-943-1022
- ●영업시간 11:00~21:30 ●휴무 연중무휴
- ●가격대 8,000원~20,000원 ●주차 가능

| 언칼국수 |

파주에서 알 만한 사람은 다 안다는 칼국수 맛집.
사장님이 손수 만든 탱탱한 면발과 얼큰한 국물 맛이 일품이다.

- ●주소 경기 파주시 금촌동 65-7 ●전화 031-949-8839
- ●영업시간 12:00~05:00 ●휴무 월요일
- ●가격대 5,000원~20,000원대 ●주차 가능

| 보리고개 |

나물 위주의 반찬이 푸짐한 보리밥 전문점. 향이 좋은 나물을 보리밥에 넣고 고추장에 쓱싹 비벼 함께 나오는 구수한 된장찌개와 먹으면 꿀맛이다.

- ●주소 경기 파주시 광탄면 영장리 50-10 ●전화 031-948-1012
- ●영업시간 10:00~23:00 ●휴무 연중무휴
- ●가격대 8,000원~50,000원 ●주차 가능

| 은진식당 |

손수 만든 집된장과 짭조름하게 무친 나물, 담백하게 구운 생선까지 상다리가 부러지게 차려 나오는 전주식 백반집. 단돈 만 원이면 모두 맛볼 수 있다.

- ●주소 경기 파주시 광탄면 영장리 304-6 ●전화 031-948-5241
- ●영업시간 08:00~20:30 ●휴무 명절
- ●가격대 10,000원~20,000원대 ●주차 가능

경기

전곡리유적

숭의전 / 고구려 성곽 / 경순왕릉

전곡리유적 주변을 여행하는 방법 :

우리나라 최고의 선사 유적지인 연천 전곡리유적과 그 주변의 숭의전, 고구려 성곽, 경순왕릉을 둘러본다.

임진강을 따라 조성되어 있는 고구려 성곽 중 호로고루성

여행 정보
travel information

여행 소요시간 | 총 7시간

여행 시기 | 전곡리유적과 주변을 둘러보기에 적합한 시기는 봄, 여름, 가을이 좋지만 유적지 주변에서 물놀이를 즐길 수 있는 늦은 봄과 여름이 가장 좋다.

예상 경비 | 4인 가족 기준(성인 2명, 어린이 2명)
- 입장료 : 15,000원(전곡리유적 성인 1,000원, 어린이 500원/전곡선사박물관 성인 4,000원, 어린이 2,000원/숭의전, 고구려 성곽, 경순왕릉은 무료)
- 식비 : 30,000원~40,000원
- 총 경비 : 45,000원~55,000원(차량유류비 및 주차비, 대중교통비 제외)

교통 정보
traffic information

이 지역을 효과적으로 여행하려면 자가용이 필수다. 만약 대중교통을 이용하려면 버스와 택시를 적절하게 이용해야 하나 상당히 불편하다.

당일여행 추천 코스
travel route

1 전곡리유적
09:00~12:00
토총전시관에서 돌도끼 확인하고 선사박물관에서 동굴벽화 살펴보기.
☞상세 관람 코스는 P.345

자가용 5~10분 ★ 연천 시내 식당으로 이동한다.

2 점심식사
12:10~13:10
다양한 음식 선택이 가능한 연천 시내에서 점심 먹기.

자가용 30분 ★

3 숭의전
13:40~14:30
고려 태조 왕건의 신주를 눈여겨보기.

자가용 10분 ★ 고구려 성곽 중에서 숭의전과 가장 가까운 당포성으로 이동한다.

4 고구려 성곽
14:40~15:10
옛 고구려 성곽과 주변의 성터 확인하기.

자가용 20분 ★

5 경순왕릉
15:30~16:00
신라 마지막 왕의 왕릉을 살펴보기.

출발 전, 엄마가 먼저 알아 둘 역사 상식

전곡리유적에 담긴 역사 이야기

한반도 전기 구석기 문화를 보여 주는 곳

선사시대 사람들의 삶을 볼 수 있도록 조성해 놓은 전곡리유적

전곡리유적이 언제 형성되고 어떤 과정을 겪었는지 확인할 수 있는 문헌은 어디에도 없다. 다만 이곳에서 발견된 유물을 과학적으로 분석한 결과, 전기 구석기시대 때 만들어진 것으로 확인된 것이 전부다.

오래된 유적지는 고고학자의 계획에 의해서가 아니라, 우연히 발견되는 경우가 많이 있는데 전곡리유적도 그 중 한 곳이다. 동두천에서 근무하던 미국 공군 하사관 그렉 보웬은 이곳에 왔다가 4점의 석기를 우연히 발견했다. 인디애나대학에서 고고학을 전공했던 그는 자신이 발견한 석기를 구석기를 연구하는 프랑스 고고학자 보르도 교수에게 보냈고, 그러면서 전곡리유적이 세상에 알려지게 되었다. 그후 전곡리유적 발굴은 서울대학교 김원용 교수 팀에 의하여 이루어졌다. 1979년 시작된 전곡리유적 발굴은 지금까지 계속되고 있다.

전곡리유적은 그 범위가 어느 정도인지 정확히 알 수는 없지만 현재까지 발굴된 유물만으로도 세계적인 선사유적지로서 손색이 없다. 전곡리유적에 관한 모든 발굴 작업이 끝나면 우리는 새로운 역사를 배워야 할 지도 모른다.

전곡리유적에 조성해 놓은 원시시대 움집

우리 아이가 알아야 할 역사 포인트

 선사시대

선사시대란 문자가 없었던 시대를 말한다. 나라에 따라 선사시대의 구분이 다르다. 인류 최초로 문자를 통해 기록을 시작한 수메르 문명이 탄생했던 중동 지역의 경우 기원전 3,000년 경부터 문자를 사용했고, 고대 중국은 기원전 약 1,800년 전부터 문자를 사용했다. 이후 그

리스, 로마가 문자를 사용했다. 우리나라의 경우는 한자를 사용했기 때문에 한자를 사용하기 이전 청동기시대와 철기시대가 겹치는 시기까지를 선사시대로 볼 수 있다. 문자가 없었던 선사시대 문화와 생활을 가늠할 수 있는 방법은 발굴된 유물에 의존하는 수밖에 없다. 우리나라 대표적인 선사유적지로는 전곡리와 암사동(P.225)이 있다.

② 인류 최초의 기록, 동굴벽화

문자는 없었지만 선사시대를 살았던 사람들도 나름 기록을 남겼다. 선사시대 사람들이 남긴 흔적 중 가장 확실한 것이 동굴에 그려 놓은 벽화이다.

선사시대 대표 기록물인 동굴벽화는 지구촌 여러 곳에 남아 있는데, 대표적인 곳이 유네스코 세계문화유산으로 등재된 스페인 알타미라 동굴벽화와 프랑스 라스코 동굴벽화다. 두 동굴에 남아 있는 그림들은 선사시대 사람들의 거주 장소와 문화 그리고 자연환경까지도 잘 보여 주고 있다.

유럽 동굴벽화를 재현해 놓은 전곡선사박물관

③ 한반도 선사시대 동굴

충북 제천시 송학면에는 '점말용굴'이란 동굴이 있다. 규모는 작지만 이 동굴은 한반도의 선사시대를 엿볼 수 있는 중요한 유적지다. 여러 지층으로 이루어진 점말동굴에서는 기원전 60,000년 전부터 기원전 700년 전 사이에 서식했던 것으로 추정되는 새, 박쥐, 사슴, 노루, 오소리, 족제비, 여우, 표범, 곰, 호랑이, 코뿔소 같은 동물들의 화석과 빗살무늬토기가 발견되었다. 또 불을 이용한 흔적도 이곳에서 발견되었다.

01

한반도 구석기 시대의 터전
전곡리유적

전곡리유적에 조성해 놓은 석기시대 주거지

교과서 연계 정보

3학년 1학기 사회
1단원 고장의 모습
2단원 고장의 자랑
3단원 고장의 생활과 변화

4학년 1학기 사회
1단원 우리 지역의 자연환경과 생활 모습

5학년 1학기 사회
1단원 하나된 겨레

6학년 1학기 사회
1단원 우리 국토의 모습과 생활

여행 정보

- **주소** 경기도 연천군 전곡읍 전곡리 515번지(양연로 1510)
- **전화** 031-832-2570 ● **웹사이트** www.goosukgi.org
- **개방시간** 3~10월 09:00~18:00, 11~2월 09:00~17:00
- **휴관일** 매주 월요일
- **해설사 동행 관람** 수시로 신청
- **입장료** 성인 1,000원, 18세 미만 500원
- **공중화장실** 있음
- **주차장** 무료
- **대중교통** 지하철 1호선 동두천역이나 의정부역에서 경원선 한탄강역 하차 후 도보 10분 버스 한탄강역이나 전곡읍에서 지선버스 39, 39-1, 39-2, 53-1, 53-3, 53-5, 53-6, 53-9, 55-4, 55-8, 56-2, 56-4, 56-5, 59-1

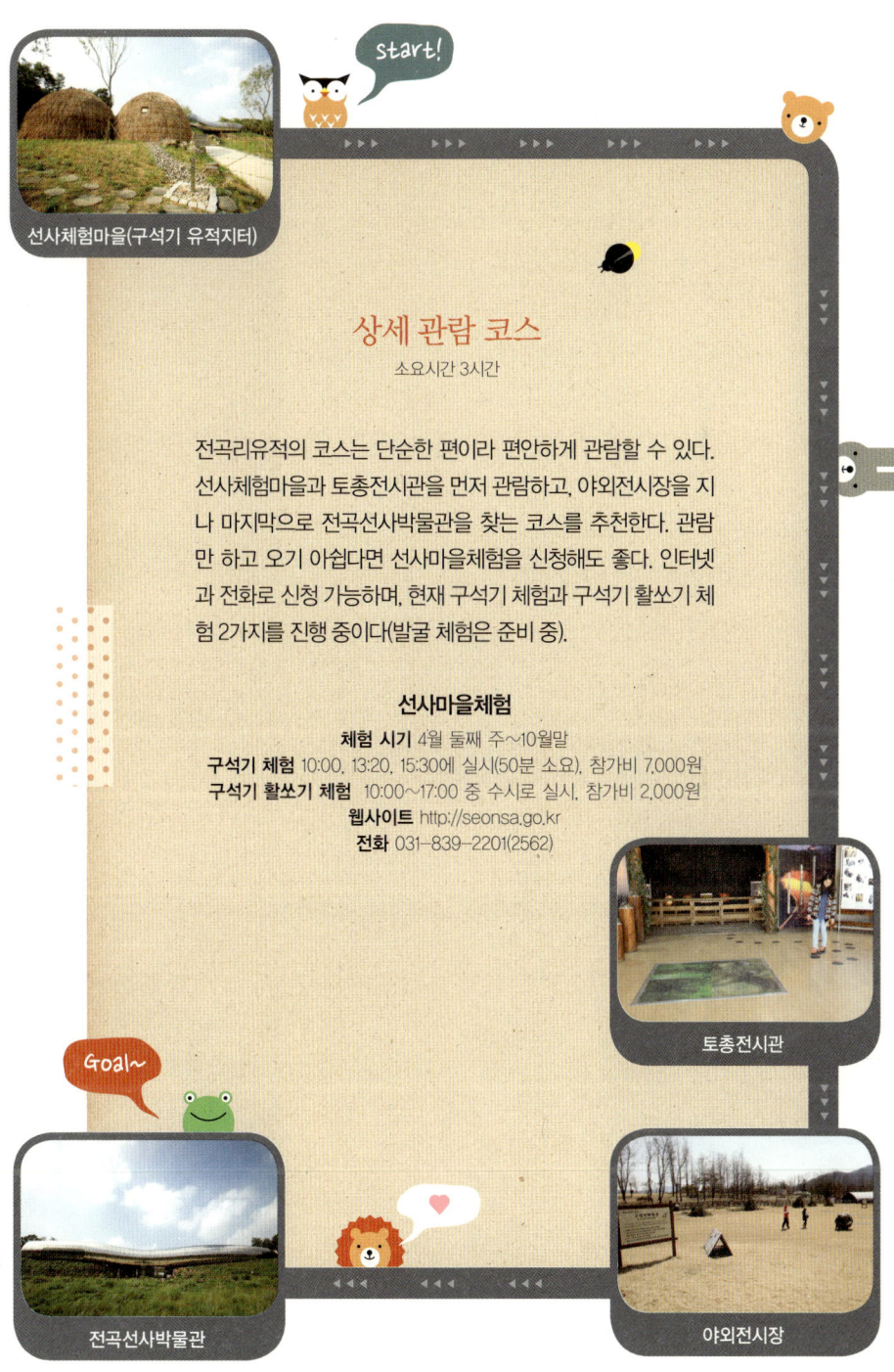

상세 관람 코스
소요시간 3시간

전곡리유적의 코스는 단순한 편이라 편안하게 관람할 수 있다. 선사체험마을과 토층전시관을 먼저 관람하고, 야외전시장을 지나 마지막으로 전곡선사박물관을 찾는 코스를 추천한다. 관람만 하고 오기 아쉽다면 선사마을체험을 신청해도 좋다. 인터넷과 전화로 신청 가능하며, 현재 구석기 체험과 구석기 활쏘기 체험 2가지를 진행 중이다(발굴 체험은 준비 중).

선사마을체험
체험 시기 4월 둘째 주~10월말
구석기 체험 10:00, 13:20, 15:30에 실시(50분 소요), 참가비 7,000원
구석기 활쏘기 체험 10:00~17:00 중 수시로 실시, 참가비 2,000원
웹사이트 http://seonsa.go.kr
전화 031-839-2201(2562)

전곡리유적 꼼꼼히 둘러보기

한탄강 유역 전곡리 선사유적지는 우리나라에서 현재까지 발견된 유적지 가운데 가장 오래 된 곳 중 하나이다. 전곡리 유적에서 발견된 3,000여 점의 인공 석기는 아주 오래 전부터 한반도에 사람들이 이 지역에 거주했음을 보여 주고 있다. 이곳에서는 우리나라 다른 구석기 유적지에서는 찾아볼 수 없었던 가공된 주먹도끼와 냇돌 등이 발견되어 그 의미가 더 크다. 특히 양면이 가공된 주먹도끼는 아프리카 선사유적지에서 발견된 것과 매우 흡사하여 세계 고고학계의 지대한 관심을 모으기도 했다.

선사시대 살았던 동물을 모형으로 재현해 놓은 전곡리유적

선사인의 생활을 추측해 볼 수 있는 체험마을

course 선사체험마을(구석기 유적지터)

전곡리유적의 출입문을 들어서면 선사시대를 재현한 약간은 어설퍼 보이는 조형물들이 방문객을 맞이한다. 조형물들은 선사시대를 살았던 사람들의 단순한 삶을 모형으로 제작

전곡리유적에 만들어 놓은 석기시대 한반도에서 서식했던 동물

석기시대 주민들의 삶을 재현해 놓은 선사시대 유적지

석기시대의 대표적인 주거 형태인 움집

해 놓은 것들이다. 이것을 지나면 우측으로 볏짚과 나무를 이용해 조성해 놓은 선사체험마을이 있다. 움집과 선사시대 사람들이 사용했던 물건 몇 개 정도가 있는 체험마을은 다른 선사체험마을에 비해 규모가 조금 크다는 것을 제외하면 큰 특징이 없지만, 아이들에게 선사시대를 살았던 사람들의 생활상을 간단하게나마 체험할 수 있는 기회를 제공하고 있다.

선사유적지를 재현해 놓은 토총전시관

route 토총전시관 → 야외전시장

토총전시관을 살펴보는 어린이

선사체험마을 옆으로 자그마한 토총전시관이 있다. 규모는 작아도 이곳에는 우리나라 전기 구석기시대를 대표하는 전곡리유적에서 발굴된 각종 유물들이 알차게 꾸며져 있다.

토총전시관에서 가장 아이들이 관심을 갖는 장소는 전곡리 발굴유적지를 재현해 놓은 공간이다. 이곳에 있는 모형은 실제 발굴 유물보다 크기가 작지만, 현장을 경험해 보는 재미를 느낄 수 있다. 이곳에서 발굴된 유물로는 돌도끼, 주먹

1. 한반도의 구석기 문화를 엿볼 수 있는 전곡리유적 전시관 2. 전곡리유적에서 발굴된 대표적인 유물 가운데 하나인 주먹도끼. 양면이 가공되어 있는 것이 특징이다.

도끼, 긁개, 사냥돌 등 선사시대 사람들이 사용했던 석기들이 있다.

 토총전시관을 나와서는 천천히 야외전시장을 둘러보자. 전곡리유적 야외전시장에는 수십 개에 달하는 크고 작은 조형물과 작품이 전시되어 있으며, 구석기인의 생활상을 쉽게 이해하도록 꾸며져 있다. 야외전시장 북쪽에는 계절마다 아름다운 꽃을 만날 수 있는 정원이 조성되어 있다. 이곳에서 가족들과 이야기를 나누며 여유를 즐길 수 있는 것도 전곡리유적의 매력이다.

타임머신을 타고 구석기 탐험

course 전곡선사박물관

전곡리유적 동쪽에는 2011년 새롭게 모습을 드러낸 전곡선사박물관이 있다. 새로 지은 건물답게 외관은 무척 세련되어 보이지만, 출입문을 통과하는 순간 외관에서 느꼈던 것과 달리 타임머신을 타고 구석기 여행을 시작하는 기분이 든다. 거대한 맘모스와 선사시대에 살았던 인간의 화석 14개, 그리고 거대한 동물과 인간이 공존하는 당시 풍광을 재현해 놓은 다양한 모형은 구석기시대로 빠져들게 만든다.

선사시대 각종 자료와 모형, 유물로 가득한 전곡리선사박물관

구석기시대에 살았던 동물의 모습을
재현해 놓은 전곡선사박물관

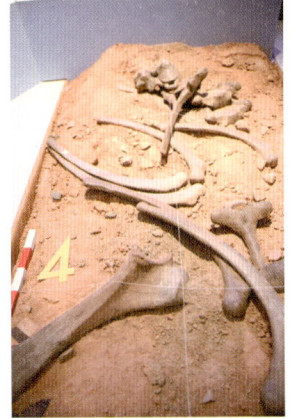

구석기시대에 살았던 동물의 뼈

전시장 한쪽에는 선사시대를 살았던 사람들이 제작한 동굴벽화를 감상할 수 있는 공간이 있다. 전곡선사박물관에 만들어 놓은 동굴벽화는 전곡리 유적지나 우리나라 다른 유적지에서 발견된 것이 아니라, 스페인 북부 알타미라 동굴에 그려진 작품과 프랑스 남부에 있는 라스코 동굴벽화를 재현해 놓은 것이다. 실제 알타미라 동굴과 라스코 동굴처럼 어두운 분위기와 현장감을 느낄 수는 없지만 선사시대 사람들이 어떤 곳에서 어떻게 생활을 했는지 이해하는 데 도움을 준다.

그 밖에도 가족이 함께 선사문화를 체험해 볼 수 있는 공간이 있으며, 각종 서적을 열람할 수 있는 도서관도 갖춰져 있어 구석기시대에 관한 궁금증을 즉석에서 해결할 수 있다.

1. 전곡리유적에서 발견된 석기시대 유물. 돌을 이용하여 만든 생활도구들이다.
2. 구석기시대에 살았던 거대한 맘모스의 뼈

전곡선사박물관
- **주소** 경기도 연천군 전곡읍 전곡리 176-1번지
- **전화** 031-830-5600
- **웹사이트** www.jgpm.or.kr
- **개방시간** 09:00~18:00
- **휴관일** 매월 둘째, 넷째 월요일(공휴일은 정상운영)
- **해설사 동행 관람** 수시로 신청
- **입장료** 성인 4,000원, 18세 미만 2,000원

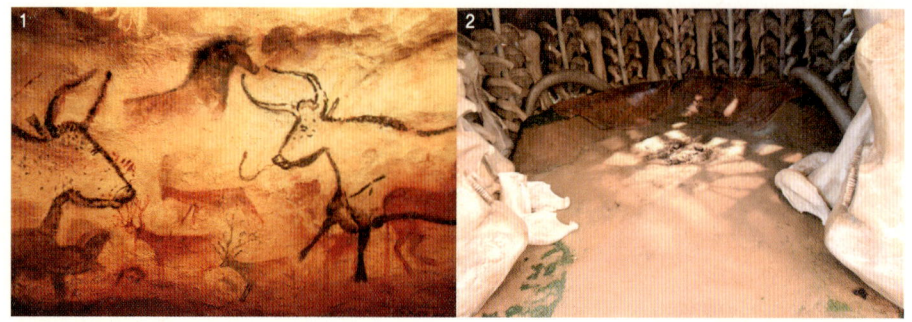

1. 프랑스 라스코 동굴에 그려진 벽화를 재현해 놓은 동굴벽화. 고대인들이 자신이 사냥할 동물을 동굴 벽에 그려 놓은 것으로 짐작하고 있다. 2. 전곡선사박물관에 전시되어 있는 거대한 동물의 뼈

전곡리는 구석기시대를 대표하는 유적지 가운데 한곳이다. 전곡리유적에서 발견된 주먹도끼, 주먹찌르개, 긁개, 사냥돌, 찌르개, 홈날 등은 이전까지 아시아 지역에서 찾아볼 수 없었던 석기로 가치가 매우 높아 세계적인 관심의 대상이 되고 있다.

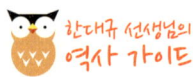

뗀석기는 어떻게 만들어졌을까요?

구석기시대는 돌을 깨뜨리거나 떼어 내서 날카롭게 만든 도구인 '뗀석기'를 썼어요. 뭉툭한 돌을 어떻게 날카롭게 만들었을지 한번 상상해 보세요.

뗀석기를 만드는 방법은 먼저 큰 돌을 바닥에 놓고 작은 돌을 큰 돌에 세게 내리치는 방법, 돌끼리 서로 부딪히게 하는 방법, 뼈나 돌을 올리고 망치로 내려치는 방법, 파듯이 긁어서 떼어 내는 방법 등이 있어요. 특히 주먹도끼는 양쪽 면을 뾰족하게 가공한 예리한 도구로, 등을 손에 쥐고 날로 땅을 파거나, 무엇을 찍는 데도 유용한 만능 도구였답니다.

고려 왕들의 제사를 올리던 곳
숭의전

태조 왕건을 비롯하여 고려 왕들의 신주를 모셔 놓은 숭의전

여행 정보

- **주소** 경기도 연천군 미산면 아미리 7번지
- **전화** 031-835-8428
- **웹사이트** www.iyc21.net (문화관광)
- **개방시간** 3~10월 09:00~18:00, 11~2월 09:00~17:00
- **휴관일** 매주 월요일
- **해설사 동행 관람** 입구에서 신청 가능(20분 소요)
- **입장료** 무료
- **공중화장실** 있음
- **주차장** 무료
- **대중교통** 전곡읍 버스터미널이나 전곡리유적에서 지선 버스 58-10, 58-11, 62, 62-4, 62-5

전곡리유적 서쪽에 있는 숭의전은 고려왕조의 왕들과 공신들의 신주를 모셔 두고 제사를 올렸던 곳이다. 숭의전이 위치한 곳은 고려를 세운 태조 왕건의 사찰이었던 앙암사가 자리했던 곳으로, 이성계가 이곳에 왕건의 신주를 모신 사당을 세우면서 숭의전이 탄생하게 되었다.

임진강이 내려다보이는 숭의전에 원래 모셔진 고려 왕의 신주는 태조 왕건을 비롯하여 혜종, 성종, 문종, 원종, 충렬왕, 공민왕 등 고려를 이끌었던 8명의 왕이었다. 그러나 현재 숭의전에 모셔진 왕의 신주는 4위뿐이다. 이유는 세종 때 종묘에 모셔진 왕의 신주가 5위였는데, 숭의전에 그것보다 더 많은 신주를 모시는 것은 합당하지 않다는 신하들의 청을 받아들여 종묘와 똑같이 4위만 모시도록 했기 때문이다.

03

당포성, 호로고루성, 은대리성
고구려 성곽

임진강을 따라 조성되어 있는 당포성

여행 정보

- **주소** 경기 연천군 미산면 동이리 778
- **전화** 031-839-2565
- **웹사이트** www.iyc21.net (문화관광)
- **개방시간** 24시간
- **휴관일** 연중무휴
- **해설사 동행 관람** 없음
- **입장료** 무료
- **공중화장실** 있음
- **주차장** 무료
- **대중교통**  전곡읍 버스터미널이나 전곡리유적에서 지선 버스 58-10, 58-11, 62, 62-4, 62-5 이용

연천에는 고구려가 방어진지로 구축해 놓은 3곳의 성이 남아 있다. 당포성, 호로고루성, 은대리성으로 불리는 고구려 성곽 유적지는 임진강변을 따라 조성해 놓은 방어용 군사시설로 6세기 때 완성된 것이다. 성곽은 대부분 훼손되어 성벽 일부만 남아 있지만, 돌을 이용한 점이나 강을 향하고 있다는 점 등으로 보아 세 곳 모두 전형적인 방어용 성곽이었다는 것을 알 수 있다. 고구려 성곽은 임진강변의 지형을 적절하게 활용하였기 때문에, 강에서 바라보면 철옹성처럼 보이지만 실제 성이 축성된 위치는 평지에 가깝다.

이 지역에서는 고구려 토기와 생활상을 알 수 있는 유물이 여럿 발견되기도 했다. 참고로 당포성이 숭의전에서 가장 가까운 곳에 있다.

신라의 마지막 왕이 잠든 곳
경순왕릉

민간인 통제구역 안에 자리한 경순왕릉

여행 정보

- **주소** 경기도 연천군 장남면 고랑포리 산18-2번지
- **전화** 031-839-2565
- **웹사이트** www.iyc21.net (문화관광)
- **개방시간** 24시간
- **휴관일** 연중무휴
- **해설사 동행 관람** 없음
- **입장료** 무료
- **공중화장실** 있음
- **주차료** 무료
- **대중교통** 버스 전곡읍 버스터미널 이나 전곡리 유적에서 지선 버스 58-10, 58-11, 62, 62-4, 62-5 이용

숭의전 서쪽 고랑포 위쪽에는 고려 태조 왕건에게 나라를 받친 신라의 마지막 왕, 경순왕의 왕릉이 있다. 56기에 달하는 신라 왕릉 가운데 유일하게 경주가 아닌 곳에 조성된 경순왕릉은 경주에 자리한 왕릉에 비해 전체적인 규모도 작고 왕릉을 둘러싼 분위기도 신라의 다른 왕릉과는 사뭇 다르다.

 고려 초기에 조성된 경순왕릉은 전체적인 분위기와 그 형식이 고려보다 조선시대 왕릉과 흡사하다. 그 까닭은 왕릉이 만들어진 이후 전쟁 등으로 왕릉의 자리가 잊혀졌다가, 조선 영조 때 후손에 의해 발견되어 복원되었기 때문이다. 경순왕릉의 둥근 능은 조선 왕릉과 흡사하며, 무덤 아래 조성한 판석, 무덤을 보호하기 위하여 둘러놓은 곡장과 혼유석도 비슷하다. 경순왕은 주방부인과의 사이에 아들 마의태자와 범공을 두었으며, 고려로 투항한 후에 왕건의 큰딸 낙랑공주와 결혼하여 살다 생을 마쳤다.

아이들과 함께 가 볼 만한 맛집

| 망향비빔국수 |

40년 동안 전해 내려온 매콤한 비빔국수 맛집. 메뉴는 비빔국수 하나뿐이다.
자극적이게 맵지 않고, 매콤달콤한 비빔국수 양념이 이 집의 인기비결.

●주소 경기 연천군 청산면 궁평리 231-2 ●전화 031-835-3575
●홈페이지 www.manghyang.com
●영업시간 10:00~20:30 ●휴무 연중무휴
●가격대 5,000원~10,000원대 ●주차 가능

| 아씨보쌈 |

많은 가맹점을 가진 아씨보쌈의 본점이다. 달달한 마늘이 올라간
마늘 보쌈이 이 집의 대표메뉴. 족발과 보쌈 모두 돼지고기 특유의 누린내가 나지 않아 더 맛있다.

●주소 경기 연천군 전곡읍 전곡리 457-43 ●전화 031-833-5353
●홈페이지 www.assibossam.kr ●영업시간 11:00~22:30
●휴무 첫째주, 셋째주 월요일 ●가격대 5,000원~55,000원 ●주차 가능

| 명신반점 |

화교 출신인 사장님이 만들어 더 믿음이 가는 중국요리 전문점으로 40년의 역사를 가졌다.
달걀 후라이가 올라간 짜장면과 새콤달콤한 맛의 탕수육이 인기메뉴이다.

●주소 경기 연천군 전곡읍 전곡리 305-4 ●전화 031-832-0058
●영업시간 09:30~21:30(마지막 주문은 21:00) ●휴무 첫째주, 셋째주 수요일
●가격대 5,000원~ ●주차 가능

| 콤마 Comma |

음식도 맛있고, 분위기도 좋은 이탈리안 레스토랑. 피자보다는 스파게티가 맛있다.
모던한 인테리어와 친절하게 응대해주는 직원의 모습이 인상적인 곳.

●주소 경기 연천군 전곡읍 전곡리 460-34 2층 ●전화 031-832-0058
●홈페이지 www.cyworld.com/01071442411
●영업시간 목~화요일 11:30~21:30 ●휴무 수요일
●가격대 8,000원~20,000원 ●주차 불가능

경기

동구릉

태·강릉 / 봉선사 / 홍유릉 /
다산유적지

동구릉 주변을 여행하는 방법 :

조선왕조의 영원한 안식처인 동구릉과 주변의 태·강릉, 봉선사, 홍유릉, 다산유적지를 돌아본다.

선조의 원비 의인왕후의 능 앞에서 바라본 석물과 선조의 능

여행 정보
travel information

여행 소요시간 | 총 9시간
여행 시기 | 동구릉과 주변 유적지는 어느 계절에 가더라도 주변경관이 어우러진 멋진 유적지의 풍경을 만날 수 있다. 그중에서도 숲이 우거진 6~7월과 단풍이 물든 10~11월이 가장 매력적이다.
예상 경비 | 4인 가족 기준(성인 2명, 어린이 2명)
• 입장료 : 18,000원(동구릉, 태·강릉, 홍유릉 각각 성인 1,000원, 어린이 무료/봉선사, 다산유적지 무료/실학박물관 성인 4,000원, 어린이 2,000원)
• 식비 : 50,000원~60,000원
• 총 경비 : 68,000원~78,000원(차량유류비 및 주차비, 대중교통비 제외)

교통 정보
traffic information

당일치기로 동구릉과 태·강릉, 봉선사, 홍유릉, 다산유적지를 모두 둘러보려면 자가용이 필수다. 대중교통을 이용해 당일에 모두 둘러보는 것은 불가능하다. 따라서 버스와 택시를 적절하게 활용하거나 만약 대중교통만 이용할 경우 다산유적지를 제외하고 하루 일정을 짜는 것이 바람직하다.

당일여행 추천 코스
travel route

1 태·강릉
09:00~09:40
전형적인 조선 왕릉 살펴보기.

자가용 10~15분 ★   버스 이용시는 40분 소요.

2 동구릉
10:00~12:00
건원릉, 목릉, 경릉을 둘러보고 각각의 특징을 비교해 보기.
☞상세 관람 코스는 P.361

자가용 15분 ★   동구릉 주변 식당가는 도보 10분.
태릉 주변 식당가는 자가용으로 15분 거리에 있다(버스 20분 소요).

3 점심식사
12:20~13:30
태릉과 동구릉 주변에는 다양한 음식점이 있지만 갈비가 특히 유명하다.

자가용 30분 ★   버스 이용시는 70~80분 소요.

4 봉선사
14:00~15:00
한글 현판이 있는 큰 법당을 둘러보고 범종 살펴보기.

자가용 30분 ★   버스 이용시는 70~80분 소요.

5 홍유릉
15:30~16:30
고종황제와 명성황후의 홍릉을 둘러보고 대한제국의 의미를 되새겨 보기.

자가용 30분 ★   버스 이용시는 1시간 40분이나 소요되므로, 다산유적지는 일정상 생략한다.

6 다산유적지
17:00~18:00
다산 생가와 묘역, 기념관 둘러보기.

출발 전, 엄마가 먼저 알아 둘 역사 상식

동구릉에 담긴 역사 이야기

조선왕조의 통치이념을 담아 놓은 유적지

동구릉에 최초로 조성된 태조 이성계의 신도비

실천 철학인 유교에서 중시하는 주요 항목 중 으뜸은 부모에게 효도하고 나라에 충성하는 것이다. 조선왕조의 왕릉 유적지는 전국 18곳에 흩어져 있는데 그 중심은 서울 동쪽 끝자락에 인접한 동구릉이다. 절대 권력자 왕과 왕후가 안치되어 있는 왕릉은 어떤 공간보다 신성한 곳으로 철저한 풍수사상과 유교예법에 의하여 조성되었다. 조선 왕릉 가운데 최고 명당 건원릉을 비롯하여 다양한 형태의 왕릉이 조성되어 있는 동구릉은 조선 왕릉의 최대 규모를 자랑하는 곳이다.

태종 8년(1408년) 태조 이성계가 승하하여 건원릉에 묻힌 것이 동구릉의 시작으로, 처음에는 이곳을 '건원릉'이라고 했다. 이성계는 자신이 죽으면 고향에 돌아가기를 원했지만, 태종은 아버지를 풍수지리적으로 최고의 위치인 이곳 건원릉에 안치하였다. 그후 문종과 선조, 현종 등이 묻히면서 '동오릉', 단의왕후와 최장 기간 왕위를 유지했던 영조 능이 만들어지면서 '동칠릉'이라고 했으며, 문조(효명세자가 사후에 왕으로 추존되면서 얻은 이름)와 헌종이 안장되면서 19세기 중반에 '동구릉'이란 현재의 이름을 얻게 되었다.

아이가 알아야 할 역사 포인트

1 풍수지리설

풍수지리설은 산의 모양이나 땅의 기운, 물의 흐름 등 자연의 모양새와 동서남북 방향에 따라 인간의 길흉화복을 짐작하고 거기에 맞춰 알맞은 장소를 정하는 이론으로, 중국에서 시작되어 삼국시대에 우리나라에 전해졌다. 특히 고려시대에 널리 퍼져 왕과 왕비를 비롯하여 고위직 관료부터 일반 백성들에게까지 널리 보급되었다.

태조 이성계가 잠들어 있는 건원릉의 정자각

태조 이성계가 조선의 도읍을 개경에서 한양으로 새로이 정하려고 했던 것도 바로 풍수지리설을 믿었기 때문이며, 모든 조선의 왕릉도 풍수지리설을 기초로 자리가 정해졌다. 풍수지리설은 오늘날까지 뿌리 깊게 자리하여, 최첨단시대를 살아가는 요즘도 묘 자리를 보거나, 집을 사거나, 가구를 배치할 때 풍수지리를 따지는 사람들이 종종 있다.

② 조선왕조의 장례

유교를 통치이념으로 삼았던 조선왕조는 장례 절차를 무척 중시했다. 국가 차원에서 거행된 왕과 왕후의 장례(국장이라 한다)는 상상을 초월할 정도로 성대했다. 조선왕조 최초의 국장은 태조 이성계가 무척 사랑했던 계비 신덕왕후의 국장이었다. 당시 국장은 불교의식으로 거행되었지만, 이후 조선의 모든 국장은 철저한 유교의 장례 절차를 바탕으로 치러졌다. 조선왕조의 장례 절차는 《주자가례》, 《세종실록오례의》, 《국조오례의》에 명시된 것을 기준으로 하여 '국장도감'이란 임시 행정기관을 통해 진행되었다.

③ 국장도감

국장도감이란 왕이나 왕후가 승하하는 즉시 설치되는 임시 행정기관을 말한다. 국장도감의 책임은 오늘날 총리급에 해당하는 정승이 맡았고, 장관에 해당하는 예조판서와 호조판서 등을 중심으로 50여 명에 달하는 고위직들이 국장도감 일에 참여했다. 왕과 왕후의 국장은 장장 5개월에 걸쳐 진행되면서 그 위엄과 권위를 다하였다. 왕릉의 장소를 선정하고, 왕릉을 조성하며, 국장이 치러지는 기간 동안 시신이 부패하는 것을 막기 위해 한강에서 겨울에 채취한 얼음을 사용하는 자잘한 일까지, 장례에 관한 모든 것을 국장도감에서 담당했다.

④ 조선 왕릉의 형태

조선 왕릉의 형태는 단릉, 쌍릉, 합장릉, 동원이강릉, 삼연릉 등으로 분류된다. 단릉은 왕이나 왕후가 혼자 묻힌 능으로, 대표적인 능이 태조 이성계가 안치된 건원릉이다. 쌍릉은 왕과 왕후의 능이 한곳에 나란히 있는 형식으로 태종과 원경왕후가 묻힌 헌릉이 대표적이다. 합장릉이란 왕과 왕후가 함께 묻힌 능으로 세종과 소헌왕후가 묻힌 여주 영릉이 있다.

동원이강릉이란 왕과 왕후의 무덤이 같은 능역 안에서 계곡이나 언덕 등을 사이에 두고 각각 떨어져 있으나 같은 능 이름을 쓰는 것으로, 세조와 정희왕후의 무덤인 광릉이 최초의 동원이강릉이다. 삼연릉은 3기의 능이 나란히 조성된 것으로 헌종과 효현왕후, 계비인 효정왕후가 함께 잠들어 있는 동구릉의 경릉이 유일하다.

01

조선 왕의 영원한 안식처
동구릉

선조가 잠들어 있는 목릉

교과서 연계 정보

3학년 1학기 사회
2단원 고장의 자랑
3단원 고장의 생활과 변화

3학년 2학기 사회
3단원 다양한 삶의 모습

5학년 1학기 사회
3단원 유교 전통이 자리 잡은 조선

5학년 2학기 사회
1단원 조선 사회의 새로운 움직임

여행 정보

- **주소** 경기도 구리시 동구동 66번지(동구릉로 197)
- **전화** 031-563-2909
- **웹사이트** http://donggu.cha.go.kr
- **개방시간** 3~10월 06:00~18:30, 11~2월 06:00~17:30
- **휴관일** 매주 월요일
- **해설사 동행 관람** 10:00~17:00, 수시로 실시(1시간 소요)
- **입장료** 성인 1,000원, 24세 이하 무료
- **공중화장실** 있음
- **주차장** 유료
- **대중교통** 버스 청량리역과 상봉역에서 간선버스 88, 202 / 강변역에서 지선 1, 1-1, 9-2 / 구리역에서 마을버스2, 마을버스6, 7212, 1020번 이용 자문고고대 하차 후 도보 2분

상세 관람 코스
소요시간 2시간

동구릉은 조선 왕릉 가운데 가장 많은 왕릉이 모여 있는 곳이다. 태조 이성계와 그 후손들이 잠들어 있는 동구릉을 꼼꼼히 살펴보려면 해설사와 동행 관람이 필수다. 방문 전 다양한 정보를 습득했다고 해도 현장에서 직접 듣는 왕릉 이야기는 책이나 인터넷에서 접했던 것과는 확연히 다르다. 이상적인 동구릉 관람을 원한다면 먼저 해설사와 동행하여 유적지를 관람한 후 가족끼리 천천히 휴식을 취하며 원하는 곳을 더 둘러보는 것이 좋다. 시간적 여유가 없다면, 출입구에 비치되어 있는 안내책자를 받아 왕릉을 하나씩 체크하면서 둘러볼 것을 권한다.

start! → 홍살문 → 수릉 → 현릉 → 목릉 → 건원릉 → 휘릉 → 원릉 → 경릉 → 혜릉 → 숭릉 Goal~

동구릉 꼼꼼히 둘러보기

죽음은 누구나 한 번은 거쳐야 하는 통과의례이다. 특히 옛날 사람들은 사후 세계를 믿었기 때문에 지구촌에는 저마다 흥미롭고 독특한 무덤 유적이 다양하다. 조선시대에도 유교 사상을 바탕으로 조상을 섬기는 일을 중시하였고, 따라서 왕이 죽은 후 그 무덤을 만들고 관리하는 일 역시 무척 중요했다. 동구릉은 518년 동안 지속된 조선왕조의 왕과 왕후의 무덤이 완벽하게 보존되어 있는 곳으로, 인류가 보존해야 할 소중한 세계문화유산으로 등재되어 있다.

동구릉의 가을 풍경

조선 왕릉의 상징 동구릉

course 홍살문 → 수릉 → 현릉 → 목릉

동구릉 초입의 홍살문

건원릉 동쪽에 잠들어 있는 선조의 목릉

동구릉에 들어서면 제일 먼저 눈에 띄는 것이 잡귀를 막는 홍살문이다. 홍살문은 각 왕릉 앞에 있는 것이 일반적이나 동구릉은 출입구에서도 홍살문을 볼 수 있다. 왕릉 바로 앞이 아닌 왕릉 구역 입구에 따로 홍살문이 세워진 것은 조선

선조의 목릉을 장식하고 있는 다양한 석물

선조의 원비 의인왕후의 능침 앞에서
바라본 석물과 선조 능

왕릉 중에서 동구릉이 유일한 것으로, 동구릉이 어떤 장소보다 신성한 장소임을 느낄 수 있다.

 홍살문을 지나 이동하면 추존 왕 문조가 잠들어 있는 수릉에 이른다. 살아서 왕위에 오르지 못한 추존 왕의 능인 만큼 조금은 평범하고, 왕릉 주변에 조성해 놓은 석물도 소박하다. 수릉 바로 뒤편에 있는 5대 왕 문종과 현덕왕후의 안식처인 현릉은 전형적인 '동원이강릉'의 형태를 갖추고 있다. 동원이강릉이란 같은 지역 안에 있지만, 각각 다른 언덕에 왕릉과 왕비릉을 조성한 형태로, 각 능이 따로 떨어져 있더라도 이름은 하나를 쓰는 경우를 말한다.

 현릉 동쪽에 있는 목릉은 조선 14대 왕 선조와 정비(첫번째 정실 왕비) 의인왕후, 계비(왕이 다시 결혼하여 얻은 왕비) 인목왕후 세 사람의 무덤을 말한다. 목릉도 동원이강릉이지만, 현릉처럼 왕과 왕후의 능만 있는 게 아니라, 왕의 능과 더불어 정비와 계비의 능이 각각 다른 언덕에 안치된 보기 드문 형태이다.

능 위에 억새풀을 심어 놓은 태조 이성계의 건원릉

최고의 명당 건원릉

course 건원릉

목릉 서쪽 건원릉은 이성계가 잠들어 있는 곳이다. 건원릉 자리는 조정 대신 김인귀가 찾아낸 것을 풍수에 박식했던 영의정 하륜이 직접 방문해 보고 선택한 것으로, 풍수를 모르는 사람도 건원릉에 오르면 이곳이 명당임을 단번에 알 수 있을 정도로 조망이 뛰어나다. 건원릉의 봉분(둥근 모양의 무덤)은 다른 능과 다르게 말끔하지 않고 조금 거칠어 보인다. 조선 왕릉을 상징하는 건원릉의 봉분이 거칠어 보이는 것은 그 위를 억새풀로 꾸몄기 때문이다. 태조 이성계는 죽기 전까지 고향인 함흥에 묻어 달라고 여러 차례 유언을 남겼다. 하지만 태종은 아버지의 유언을 무시하고 이곳에 아버지를 모셨다. 그런 다음 함흥에서 가져온 억새풀을 봉분에 심는 것으로 아버지의 유언을 들어주었다. 그래서 건원릉은 다른 왕릉처럼 깔끔한 잔디가 아닌 억새풀로 덮여 있으며 다소 거칠어 보이는 것이다.

건원릉에 있는 아담한 무인석

원릉은 전형적인 쌍릉이다.

왕과 왕후 그리고 계비가 나란히 잠들어 있는 경릉

course 휘릉 → 원릉 → 경릉 → 혜릉 → 숭릉

건원릉 서쪽에 있는 휘릉은 인조의 계비 장렬왕후가 잠들어 있는 곳이다. 15세 때 왕비가 된 장렬왕후는 인조와의 사이에 자식이 없어 외롭게 살다 65세에 승하하여 이곳에 묻혔다. 평생 슬하에 자식 없이 살았던 장렬왕후는 죽어서도 외롭게 홀로 잠들어 있다.

휘릉 서남쪽에는 52년 동안 왕위를 지킨 영조와 계비 정순왕후가 다정하게 안치되어 있는 원릉이 있고, 그 옆은 경릉이다. 경릉은 7살에 왕위에 오른 24대 헌종과 왕비 효현왕

영조와 계비 정순왕후가 묻혀 있는 원릉

조선 왕릉 중 유일한 삼연릉인 경릉. 헌종과 원비 효현왕후, 계비 효정왕후가 나란히 잠들어 있다.

후와 계비 효정왕후가 나란히 잠들어 있다. 3기로 구성된 능의 형태를 삼연릉이라고 하는데, 경릉은 조선 왕릉 가운데 유일한 삼연릉이다. 경릉은 오른쪽에 헌종이 안치되어 있으며 중앙에 원비 효현왕후가 왼쪽에 계비 효정왕후가 잠들어 있다. 경릉 남쪽에는 경종의 정비 단의왕후가 홀로 잠들어 있는 혜릉이 있으며, 그 옆으로 현종과 그의 비 명성왕후가 잠들어 있는 숭릉이 있다.

정종의 정비 단의왕후가 홀로 잠들어 있는 혜릉

북한 지역까지 포함하여 총 42기의 조선 왕릉 가운데 무려 9기가 동구릉에 모여 있으니, 동구릉은 조선 왕릉을 상징하는 우리나라 대표 유적지이라고 할 수 있다. 동구릉은 조선 왕조의 시조를 모셔 놓은 왕릉답게 명당으로 손꼽히는 장소로, 수많은 풍수학자들과 명나라 사신들도 주변과 잘 어우러진 건원릉을 보고는 '어찌 이와 같은 하늘이 만든 땅이 있는가? 필시 인공으로 만든 산이로다.'라고 감탄했다는 기록이 《조선왕조실록》에 수록되어 있다.

혜릉 정자각에서 바라본 주변 풍경

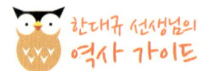

능으로 가는 길을 제대로 걸어 보세요.

동구릉은 조선 왕릉을 대표하는 유적지예요. 또한 아름다운 숲과 넓은 잔디밭을 도심에서 누릴 수 있어, 뛰어놀기 좋은 휴식 공간이기도 하지요. 하지만 왕릉으로 가는 길만큼은 차분한 마음가짐으로 걸어 보세요. 각 능으로 가는 길은 돌아가신 역대 왕의 혼이 다니는 '신도'와 왕들이 다니는 '어도'로 나뉘어져 있어요. 신도는 왕이 다니는 어도보다 폭이 넓고 높이도 더 높아요. 이는 조선왕조의 통치이념인 유교의 조상숭배 정신을 따르고 있다는 것을 잘 보여 주지요. 능으로 걸어가면서 신도와 어도를 구별해 보세요.

동구릉 서쪽에 자리한 혜릉의 가을 풍경

02

웅장한 왕후의 능
태·강릉

중종의 계비 문정왕후에게 제사를 올렸던 태릉의 정자각

여행 정보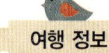

- **주소** 서울특별시 노원구 공릉동 산 223-19번지(화랑로 681)
- **전화** 02-972-0370
- **웹사이트** http://taegang.cha.go.kr
- **개방시간** 2~5월 09:00~18:00, 6~8월 09:00~18:30, 9~10월 09:00~18:00, 11~1월 09:00~17:30
- **휴관일** 매주 월요일
- **해설사 동행 관람** 10:00~17:00 수시로 실시(30~50분 소요)
- **입장료** 성인 1,000원, 24세 이하 무료
- **공중화장실** 있음
- **주차장** 무료
- **대중교통** 지하철·버스 1호선 석계역 6번 출구에서 73, 1155, 1156번 버스 이용 / 6·7호선 태릉입구역 7번 출구에서 73, 1155, 1156, 1225번 버스 이용

태릉은 조선 제11대 왕 중종의 계비 문정왕후가 잠들어 있는 곳이다. 태릉은 한 사람만 안치되어 있는 단릉으로, 전형적인 왕후의 능이다. 봉분 아래 십이지신상이 새겨진 병풍석과 난간석이 조성되어 있으며, 주변에는 석양, 석호, 석상, 무인석, 문인석이 서 있다. 문정왕후는 어린 명종을 대신하여 8년 동안 수렴청정(어린 왕 대신 국정을 처리하는 것)을 펼쳤다. 문정왕후는 원래 남편 중종이 묻힌 삼성동 정릉에 묻히고 싶어 했다. 그러나 왕릉을 조성하는 도중 큰 장마로 정릉에 물이 차오르자, 정릉 대신 태릉에 문정왕후를 모시게 되었다.

　태릉의 동쪽 숲길을 따라가면 명종과 그의 비 인순왕후가 잠들어 있는 강릉이 있는데, 현재는 개방되지 않고 있다. 강릉은 부부의 능 2기가 나란히 있는 전형적인 쌍릉이다.

03

승려들이 학문을 닦고 정진하는 사찰
봉선사

봉선사는 세조의 능을 지키는 절이었다.

여행 정보

- **주소** 경기도 남양주시 진전읍 부평리 255번지
- **전화** 031-527-1956
- **웹사이트** www.bongsunsa.net
- **개방시간** 24시간
- **휴일** 연중무휴
- **해설사 동행 관람** 없음
- **입장료** 무료
- **공중화장실** 있음
- **주차장** 무료
- **대중교통** 청량리역 환승센터에서 지선버스 707번 이용. 장현초등학교에서 마을버스2로 환승 / 의정부역 동부광장 버스정류장에서 지선버스 21번 이용 / 강남역에서 광역버스 7007번 이용, 광릉내 하차 후 21번으로 환승

동구릉 북쪽에 자리한 봉선사는 고려 광종 때 창건된 고찰이다. 처음 이곳의 이름은 봉선사가 아니라 운학사였다. 봉선사란 사찰명은 세조의 비 정희왕후가 승하한 세조를 추모하고 왕릉을 지키기 위하여 89칸에 달하는 규모로 사찰을 증축하면서 붙여진 이름으로, 봉선사의 현판(문 위에 거는 액자)은 예종이 직접 써서 하사한 것이다.

승려들이 학문을 닦고 정진하는 사찰로 유명한 봉선사는 한양 가까운 곳에 위치한 탓에 전쟁이 발생할 때마다 큰 피해를 입었는데, 가장 큰 피해는 6.25전쟁 때였다. 당시 14채에 달하는 건물이 모두 잿더미가 되었고, 이후 복원 작업을 통해 큰법당, 범종각, 청풍루, 요사채 등이 세워졌다. 봉선사는 우리나라 최초로 '대웅전'이란 한자 대신 '큰법당'이란 한글 현판을 내건 사찰이기도 하다.

04
고종과 명성황후가 잠들어 있는 곳

홍유릉

커다란 석물이 많은 유릉

여행 정보
- **주소** 경기도 남양주시 금곡동 141-1번지(홍유릉로 352-1)
- **전화** 031-591-7043
- **웹사이트** http://geumgok.cha.go.kr
- **개방시간** 2~5월 09:00~18:00, 6~8월 09:00~18:30, 9~10월 09:00~18:00, 11~1월 09:00~17:30
- **휴관일** 매주 월요일
- **해설사 동행 관람** 10:00~17:00, 수시로 실시(30~50분 소요)
- **입장료** 성인 1,000원, 24세 이하 무료

남양주시 금곡동에는 518년 동안 이어 온 조선왕조의 종지부를 찍은 홍릉과 유릉이 있는데, 둘을 통틀어 홍유릉으로 부른다. 홍릉은 파란만장한 삶을 살았던 제26대 왕인 고종과 명성황후가 함께 잠들어 있는 곳이다. 고종황제보다 먼저 세상을 떠난 명성황후는 청량리 인근 홍릉에 묻혔다가 1919년 고종이 승하하자 현재 위치로 옮겨졌다. 그러면서 능 이름은 그대로 홍릉이 되었는데, 홍릉은 조선 왕릉 가운데 유일하게 왕이 아닌 왕비의 능 이름을 쓰고 있는 곳이다.

1897년 고종은 대한제국을 선포하고 스스로를 황제라 칭했다. 이것은 조선이 중국과 동등한 나라임을 세상에 알리기 위

1. 순종과 그의 두 왕비가 함께 잠들어 있는 유릉 2. 조선 왕릉 최초로 일자형으로 세워진 정자각의 내부

한 상징이었다. 따라서 고종황제의 무덤은 명나라 태조의 능을 본떠 만든 중국 황제릉의 양식으로, 이전의 조선 왕릉과 여러 면에서 다르다.

가장 눈에 띄는 것이 제사의식을 올리는 정자각이다. 과거 정자각이 'ㅜ'자 모양인데 반해 홍릉은 '一'자 형이다. 무덤 앞에 세워졌던 문인석과 무인석, 동물 형상의 석물을 정자각 앞에 세운 것도 이전 왕릉에서는 찾아볼 수 없었던 것이다.

유릉은 조선왕조의 마지막 왕릉으로, 마지막 황제 순종과 순명효황후, 계비 순정효황후가 한 능에 모셔져 있다. 유릉은 하나의 능에 세 명이 합장되어 있는 유일한 왕릉이다.

- 공중화장실 있음
- 주차장 무료
- 대중교통 버스 2호선 잠실역에서, 광역버스 1000, 1115, 1200 이용 / 1호선 청량리역에서 • 지선버스 30, 65, 165-3 • 좌석버스 330-1, 1330-2, 1330-3, 1330-5, 3300 • 광역버스 765, 765-1, 1330, 1330-1, 1330-4, 1330-44 이용

조선 최초로 황제라는 칭호를 사용한 고종황제와 명성황후가 잠들어 있는 홍릉

05

다산 정약용이 태어난 곳
다산유적지

전형적인 중부 지방의 양반 가옥 형태를 보여 주는 여유당

여행 정보

- **주소** 경기도 남양주시 조안면 능내리 산 85-2번지
- **전화** 031-590-2481
- **웹사이트** www.nyj.go.kr/dasan/index.jsp
- **개방시간** 09:00~18:00
- **휴관일** 연중무휴
- **해설사 동행 관람** 없음
- **입장료** 여유당과 다산문화관, 다산기념관은 무료.
- **공중화장실** 있음
- **주차장** 무료
- **대중교통** 버스 청량리역에서 지선버스 167, 광역버스 2000-1, 마을버스8 이용 / 국철 팔당역에서 지선버스 167, 광역버스 2000-1, 마을버스8 이용 / 운길산역에서 버스 56번 이용

남한강이 바라다보이는 남양주시 조안면에는 다산 정약용 선생이 탄생한 생가 여유당이 있다. 현재 여유당이 있는 자리는 원래 다산 정약용 선생이 태어난 정확한 장소가 아니다. 원래 자리는 지금의 여유당에서 서쪽으로 200여 미터쯤 떨어진 곳으로, 현재 주차장으로 사용되고 있다. 지금 위치에 여유당을 세우게 된 것은 1925년에 발생한 대홍수로 생가터가 완전히 소실되었기 때문이다.

여유당이란 현판이 붙어 있는 사랑채와 안채로 구성된 다산 생가는 대실학자의 생가답게 소박함이 느껴진다. 전형적인 중부 지방의 양반 가옥을 잘 보여 주는 여유당 주변에는 다산을 재조명해 보는 다산문화관이 있으며, 여유당 뒤편 아담한 동산에는 편안한 느낌을 주는 정약용 선생이 묻힌

실학박물관
- **주소** 경기도 남양주 조안면 능내리 27-1번지
- **전화** 031-579-6000
- **웹사이트** www.silhakmuseum.or.kr
- **개방시간** 10:00~18:00
- **휴관일** 둘째, 넷째 월요일
- **해설사 동행 관람** 없음
- **입장료** 성인 4,000원, 18세 미만 2,000원

정약용 선생에 관한 다양한 자료를 관람할 수 있는 다산문화관

묘가 있다. 이것은 정약용 선생과 부인의 합장묘이다. 여유당 서쪽에는 선생의 신주를 모셔 둔 사당과 동상, 그리고 선생이 저술한 책자 사본과 자료를 전시해 놓은 다산기념관이 있다. 한편 새롭게 개관한 실학박물관에는 정약용 선생을 비롯한 조선시대 선각자들이 남긴 실학에 관한 다양한 자료가 전시되어 있다.

다산유적지에 세워 놓은 정약용 선생의 동상

다산 정약용의 생가 유적지

아이들과 함께 가 볼 만한 맛집

| 태릉숯불갈비 |

배나무 사이사이에 테이블이 있어 과수원에 온 기분이 든다.
석쇠에 구워먹는 달달한 갈비와 통마늘을 함께 구워먹으면 그 맛이 환상적이다.
함께 나오는 밑반찬도 맛깔스럽다.

- **주소** 경기 구리시 갈매동 215-47 **전화** 02-972-3335
- **영업시간** 10:00~23:00 **휴무** 명절
- **가격대** 11,000원~25,000원 **주차** 가능

| 허참이네 태릉 참배 갈비 |

방송인 허참이 자신의 이름을 걸고 운영하는 숯불갈비 전문점.
달달한 양념이 잘 배인 갈비가 부드럽고 맛도 좋다.

- **주소** 경기 구리시 갈매동 163-104 **전화** 031-573-3392
- **영업시간** 10:00~22:00
- **휴무** 연중무휴 **가격대** 5,000원~26,000원 **주차** 가능

| 동구릉 갈비 |

돼지 갈비뿐 아니라 아이들이 좋아하는 불고기도 맛있다.
넓고 쾌적한 실내와 직원의 서비스도 만족스럽다.

- **주소** 경기 구리시 안창동 67-3 **전화** 031-563-6208
- **홈페이지** http://me2.do/FOrdVH2c **영업시간** 10:00~23:00
- **휴무** 명절 **가격대** 7,000원~33,000원 **주차** 가능

| 최고집 해물찜 칼국수 |

싱싱한 해물이 듬뿍듬뿍 들어간 해물 칼국수 전문점.
동구릉 주차장 바로 옆에 위치해 찾아가기 쉽다. 낙지 한 마리가 그대로 올라간 해물 칼국수는
맛뿐 아니라 양도 만족스럽다.

- **주소** 경기 구리시 안창동 67-18 **전화** 031-563-9010
- **홈페이지** bcadm.kr/choigozip **영업시간** 화~일요일 11:00~22:00
- **휴무** 월요일 **가격대** 6,000원~58,000원 **주차** 가능

경기

남한산성

남한산성행궁 / 남한산성역사관 /
현절사 / 장경사

남한산성을 여행하는 방법

무능한 왕권의 상징하는 현장 남한산성과 남한산성행궁, 남한산성역사관, 현절사, 장경사 등을 돌아본다.

남한산성행궁의 좌승당과 내행전 모습

여행 정보
travel information

여행 소요시간 | 총 2~3시간
여행 시기 | 남한산성 유적지는 걷기에 적합한 봄과 가을에 찾는 것이 제격이다. 신록으로 가득한 5~6월이나 온통 단풍으로 물든 10~11월이 좋다.
점심식사 | 식당은 남한산성행궁과 남한산성역사관 사이에 몰려 있다. 특히 한식집이나 두부요리 전문점이 가 볼 만하다. 대부분의 식당은 걸어서 5분 정도 거리에 있다.
예상 경비 | 4인 가족 기준(성인 2명, 어린이 2명)
• 입장료 : 6000원(남한산성 무료/남한산성 행궁 성인 2,000원, 어린이 1,000원)
• 식비 : 40,000원 내외
• 총 경비 : 46,000원 내외(차량유류비 및 주차비, 대중교통비 제외)

교통 정보
traffic information

남한산성과 남한산성행궁을 중심으로 주변 사찰을 둘러보는 행궁 주변 코스(1코스)는 대중교통을 이용하여 둘러보는 데 큰 불편이 없다. 산성 코스(2코스)까지 둘러보려면 1코스를 마치고 2코스로 이동할 때 자가용이 있으면 편리하다.

출발 전, 엄마가 먼저 알아 둘 역사 상식

남한산성에 담긴 역사 이야기

비상사태에 대비한 남한산성

《삼국사기》를 비롯한 옛 문헌에 따르면 최초 이곳에 성을 축성한 이는 백제의 시조 온조대왕으로 알려져 있다. 이후 통일신라시대에 이곳에 주장성을 축성했다는 기록이 있고, 고려시대의 특별한 기록은 찾아볼 수 없다. 조선시대 《세종실록지리지》에는 남한산성을 일장산성으로 기록하고 있으며, 둘레가 3,993보(1보는 한 걸음 정도의 거리), 우물이 7개 있었다는 것 외에도, 각종 군사시설과 농지의 면적까지 구체적으로 수록되어 있다.

해발 483미터의 청량산을 기점으로, 연주봉, 벌봉, 한봉을 잇는 성곽의 길이는 11.76킬로미터(본성 9.05킬로미터, 옹성 2.71킬로미터)에 달한다. 남한산성이 이런 틀을 갖춘 시기는 후금의 위협이 고조되었던 인조 2년(1624년)이었다. 인조의 명을 받은 총융사 이서는 팔도에서 소집한 인력으로 산성을 축성하였는데 공사에 동원된 인력 중에는 승려가 많았다. 이서는 2년 동안 6,297보에 달하는 성곽과 행궁, 옹성 3곳, 성문 4곳, 암문 16곳, 누각 115곳,

남한산성 북문에 해당하는 전승문. 남문에 비해 규모가 작고 성벽도 낮다.

경기 ★ 남한산성

우물 80개, 연못 45곳을 건설하였다.

인조 14년(1636년) 청나라가 침공한 병자호란이 발생하자 인조는 왕실을 이곳 남한산성 행궁 옮겨 와 47일 동안이나 전투를 벌였다. 이후 남한산성은 숙종, 정조, 순조 때 보강공사와 증축공사가 진행되었다. 남한산성행궁은 여러 왕들이 경기도 동남쪽에 모셔진 왕릉을 참배하기 위하여 이동할 때면 머물다 갔던 곳이다.

국난극복의 현장 남한산성과 행궁은 6.25전쟁 때 소실되었던 것을 복원한 것이다. 남한산성의 중심 행궁에는 우리나라에 건설된 행궁으로는 유일하게 조선 왕과 왕후의 신주를 모셔 둔 좌전(종묘 기능, P.77 참조)과 하늘을 제사를 올릴 수 있는 우실(사직단 기능, P.75 참조)이 세워져 있다.

우리 아이가 알아야 할 역사 포인트

 산성

산성은 산악 지역에 쌓은 성을 말한다. 흙, 나무, 돌을 이용해 축성하는 산성은 주거지를 만들기 위한 것이 아니라 적을 방어하기 위한 목적으로 건설된 군사시설이다.

국토의 대부분이 산지로 이루어진 우리나라는 삼국시대 때부터 주요 길목마다 산성을 건설하여 적을 방어해 왔다. 산성은 지형에 따라 축성하는 형태

지형에 맞춰 효과적으로 축성한 남한산성의 성곽

가 달라지는데, 산이 많은 우리나라는 고로봉형, 마안형, 사모형, 산봉형이 주류를 이룬다. 남한산성은 높은 봉우리 사이를 연결하는 전형적인 고로봉형 산성에 속한다. 북한 지역을 포함한 우리나라에는 2,000개가 넘는 산성이 건설되었으며 각 지역에 세워진 산성은 그 고을의 문화와 백성을 지키는 방패가 되어 주기도 했다.

 병자호란

병자호란은 인조 14년(1636년) 병자년에 청나라의 침략으로 벌어진 전쟁이다. 인조는 임진왜란 때 조선을 도와준 명나라를 받들고, 조선의 국경 지방에서 도둑질이나 일삼는 여진족이 세운 후금을 업신여기며 친명배금정책을 펼쳤다. 그러나 명나라의 힘은 약해져 갔고, 그

사이 힘을 키운 후금은 청으로 이름을 바꾼 후 조선에게 신하의 나라가 되라고 계속 강요했다. 조선이 이를 따르지 않자, 청나라는 12만 명을 이끌고 조선을 침략하였다.

인조는 남한산성으로 옮겨 13,000여 명의 군사로 청나라 태종의 12만 대군과 대치하면서 전투를 벌였다. 죽을 힘을 다해 싸웠지만 한정된 식량과 군사로는 대군을 막는 데 역부족이었다. 결국 인조는 산성에서 삼전도(지금의 서울 송파 삼전나루)까지 나와 항복을 하게 되었다. 이때 신하의 예를 취하기 위해 청나라 황제를 향해 세 번이나 절을 했는데, 한 번 절을 할 때마다 세 번씩 이마를 땅에 대었고, 인조의 머리에서는 피가 흘렀다.

병자호란은 많은 피해를 남겼다. 소현세자와 봉림대군(후에 인조를 이어 왕이 된 효종)을 볼모로 데려가고, 그 외 수많은 백성이 포로로 잡혀 갔다. 그후 조선은 청일전쟁 때까지 청나라의 눈치를 살펴야 했다.

3 행궁

왕이 이동할 때 일정 기간 머물 수 있도록 건설한 궁궐이 행궁이다. 대표적인 장소로는 수원 화성행궁, 강화도행궁, 남한산성행궁 등이 있다. 고려 때부터 시작된 행궁은 대부분 왕가를 위한 시설로 건설되었던 반면, 남한산성행궁은 전쟁에 대비하여 세운 행궁이란 점에서 차이가 있다.

전쟁으로 소실된 터 위에 복원해 놓은 남한산성행궁

병자호란 투쟁의 현장
남한산성

남한산성의 주 출입문에 해당하는 지화문(남문)과 성곽

교과서 연계 정보

3학년 1학기 사회
2단원 고장의 자랑
3단원 고장의 생활과 변화
4학년 1학기 사회
1단원 우리 지역의 자연환경과 생활 모습
5학년 1학기 사회
2단원 다양한 문화를 꽃피운 고려
6학년 1학기 사회
1단원 우리 국토의 모습과 생활
6학년 2학기 사회
2단원 세계 여러 지역의 자연과 문화
3단원 정보화, 세계화 그리고 우리

여행 정보

- **주소** 경기 광주시 중부면 산성리 산 1번지
- **전화** 031-743-6610
- **웹사이트** www.ggnhss.or.kr *스마트폰에서 '남한산성' 무료 앱 다운로드 가능
- **개방시간** 산성 24시간 연중무휴
  행궁 4~10월 10:00~18:00, 11~3월 10:00~17:00
  남한산성역사관 3~10월 10:00~18:00, 11~2월 10:00~17:00
- **휴관일** 행궁·남한산성역사관 매주 월요일
- **해설자 동행 관람** 행궁 11:00, 13:00, 14:00, 16:00(주말과 공휴일에는 10:00, 12:00, 15:00에도 진행됨) / 남한산성역사관 10:00~17:00, 수시로 실시
- **입장료** 성인 2,000원, 18세 미만 1,000원 / 남한산성역사관 무료
- **공중화장실** 있음
- **주차장** 유료
- **대중교통** 지하철과 버스 이용이 가능하다. 단 행궁 주변을 본 후 산성 코스까지 하루에 둘러보려면 자가용이 필요하다. 지하철 5호선 마천역 1번 출구에서 등산로 이용 도보 1시간 버스 8호선 산성역 2번 출구에서 9, 52번 버스 이용 / 분당선 야탑역에서 9번 버스 이용

행궁 주변
1코스 Start!

3시간 소요

지화문(남문) → 도보 10분 (자가용 3분, 행궁 주차장 이용) → 남한산성행궁 → 도보 5분 → 침괘정

↓ 도보 5분

연무관 ← 도보 10분 ← 수어장대 ← 도보 5분 ← 숭렬전

↓ 도보 5분

남한산성역사관 → 도보 10분 이내 → 현절사 Goal~

상세 관람 코스
각 코스의 소요시간 2~3시간

광범위한 남한산성을 둘러보려면, 출발에 앞서 계획을 세우고 동선을 최소화시켜야 한다. 출입문과 성곽, 행궁을 둘러보는 데 걸리는 시간은 적어도 반나절, 여기에 주변에 위치한 사찰 등을 두루 관람하려면 하루는 잡아야 한다. 따라서 아이와 함께라면 1코스와 2코스 중에 하나를 선택하여 무리없이 둘러보는 것도 좋은 방법이다. 자가용으로 이동하더라도 걸어 다녀야 하는 지역이 많으니, 준비를 단단히 한다.

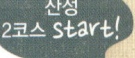
산성
2코스 Start!

2시간 소요

장경사 → 도보 30분 → 장경사 신지옹성 → 도보 30분 → 동장대터 Goal~

적을 방어하고 출입자를 통제했던 남한산성 지화문

남한산성 꼼꼼히 둘러보기

남한산성행궁의 정전과 영녕전.
남한산성행궁은 종묘를 갖춘 유일한 행궁이다.

삼국시대부터 이미 전략 요충지였던 한강 주변에는 크고 작은 성들이 축성되었다. 여러 성곽 중 조선왕조 도읍 한양과 기획도시 수원화성을 제외한 나머지 성곽은 군사적 목적으로만 축성된 것들이다. 한양을 지키기 위해서 동쪽의 광주, 서쪽의 강화, 남쪽의 수원, 북쪽의 개성, 이렇게 네 지역에 성을 쌓고 한양을 빙 둘러싸게 했다.

동쪽 광주에 있는 성곽이 남한산성인데, 조선시대 산성 중에서 최대 규모를 자랑한다. 남한산성은 규모도 크지만 처음 축성한 이후에 여러 차례 보수 과정을 거치며 시대별 건축술을 엿볼 수 있게 해 주어 문화재로서 가치가 높다.

남한산성의 상징인 지화문과 행궁

`course 1` 지화문 → 행궁

남한산성으로 통하는 출입문은 사대문과 여러 개의 작은 암문이 있는데 자동차를 이용할 경우 남쪽 지화문이나 동쪽 좌익문을 이용해야 한다. 둘중 어떤 곳에서 출발해도 상관없으나 여기서는 남쪽 지화문으로 입장하는 방법을 소개한다.

먼저 남한산성의 제일 큰 문인 지화문에 차를 주차하고 동쪽이나 서쪽으로 이어진 성곽을 따라 300미터쯤 이동하여 성문과 주변을 둘러보자. 주변을 훤히 내려다볼 수 있는 곳에 위치한 위풍당당한 성문과 전각은 한눈에도 적을 방어하기에 최적의 장소임을 알 수 있다. 또한 경사면에 따라 축조된 성곽은 주어진 자연지형을 활용했던 선조들의 지혜를 엿볼 수 있는 부분이기도 하다.

남한산성 지화문 안쪽에 세워진 묘비

지화문 북쪽에는 남한산성 행궁이 있다. 행궁은 외행전을

남한산성행궁의 중심인 정전에 해당하는 외행전

중심으로 내행전과 좌승당, 일장각, 이위정 등 10여 채와 후원으로 구성되어 있다. 왕의 집무실로 지은 외행전은 평상시에는 광주유수의 집무실로 사용하였다. 20여 명이 모여 토론을 펼칠 수 있는 규모를 갖춘 외행전은 서울에 있는 궁궐에 비해 작지만 전체적인 분위기는 별반 다르지 않다. 외행전 뒤편에는 내행전이 있다. 내행전은 왕과 세자의 침전으로 사용했던 곳으로 남한산성행궁 건물 가운데 규모가 제일 크다. 내행전은 여느 사대부 주택의 안채와 비슷하다. 화려하지 않은 실내는 조선 왕실의 검소함을 잘 보여 준다.

행궁에서 제일 큰 건물인 내행전. 왕의 침전이자 휴식처였다.

행궁 안에는 백제와 통일신라시대 유적도 남아 있다. 백제유적지는 행궁 후원 지역으로, 이곳에서 다양한 백제시대 토기와 생활용품이 발견되었고, 신라시대 건물터는 외행전 앞마당 유리지붕 건물 안에 보존되어 있다. 행궁 건너편에서는 다른 행궁에서 볼 수 없는 조선왕조의 신주를 모신 좌전, 하늘을 제사를 올렸던 우실도 볼 수 있다. 조상에 예를 다하고 하늘을 숭배했던 조선왕조의 유교 통치이념을 확인할 수 있는 곳이다.

조선시대 이전, 백제와 신라 유적이 남아 있는 행궁 후원

산속에 세워진 또 다른 한양

course 1 침괘정 → 숭렬전 → 수어장대

행궁 앞 언덕, 은행나무 아래에는 1751년 복원된 침괘정이란 아담한 건물이 있다. 혹자는 이 건물이 백조 온조대왕이 사용했던 곳이라 하고, 어떤 학자는 화약을 제조에 사용되었던 돌절구가 많은 것을 내세워 무기를 제작했던 장소라고도 하지만, 침괘정이 어떤 용도로 사용되었는지 확실하지 않다.

침괘정에서 소나무 숲길을 따라 조금 오르면 숭렬전과 마주한다. 숭렬전은 백제의 시조 온조대왕과 남한산성 축성을 담당했던 이서 장군을 모신 사당이다. 숭렬전에 신분이 다른 왕과 장군의 신주를 함께 모시게 된 것은 이곳 행궁에 머물던 인조의 꿈에 두 사람이 나타난 것이 계기였다고 한다.

숭렬전에서 서쪽으로 이동하면 남한산성의 주봉인 청량산 아래 세워진 수어장대가 있다. 수어장대는 적의 동태를 살피고 지시를 내렸던 2층짜리 망루로, 영조의 명으로 생겨났다.

온조대왕과 남한산성을 축성한 이서 장군의 신주가 모셔진 숭렬전

적의 동태를 살피기 위해 세운 수어장대

행궁 앞에 새롭게 복원된 침괘정. 무기와 화약을 만들었던 곳으로 추정하고 있다.

병자호란의 역사가 있는 곳

course 1 　연무관 → 남한산성역사관 → 현절사

수어장대에서 행궁을 지나 초등학교에 이르면, 병사들을 훈련을 시켰던 지휘소 연무관이 있다. 이곳에서 훈련받는 군사들 중에 무예가 뛰어난 사람을 골라 한양으로 보냈다. 원래 연무관은 왕의 군사를 훈련시킬 만큼 넓은 장소였으나 도로가 개설되고 상점이 들어서면서 현재는 건물과 일부 훈련장만 남아 있다.

군사들을 훈련시켰던 장소인 연무관

　연무관에서 5분 정도 더 가면 남한산성역사관이 있다. 이곳은 남한산성의 역사뿐만 아니라, 남한산성의 자연생태계와 지형, 남한산성 축성 연혁과 다양한 문화재까지 쉽게 이해하는 데 도움을 주고 있다. 유네스코 잠정문화유산에 등재된 남한산성의 성곽을 한눈에 파악할 수 있도록 만들어 놓은 모형은 남한산성의 전체적인 자연지형과 유적지의 위치를 파악하는 데 그만이다. 역사관 북쪽 현절사는 병자호란 당

끝까지 청나라에 투항할 것을 거부했던 홍익환, 윤집, 오달제 등의 충절을 알리기 위하여 건축한 현절사

시 청나라에 항복하는 것을 끝까지 반대했던 홍익환, 윤집, 오달제 등의 우국충절을 기리기 위해 세운 절이다.

지혜로운 산물 남한산성

course 2 장경사 → 장경사 신지옹성 → 동장대터

이번 코스는 남한산성 동쪽을 둘러보는 코스다. 장경사와 장경사 신지옹성, 동장대터까지 여유롭게 돌아보려면 2시간은 잡아야 한다. 먼저 장경사 주차장에 차를 세우고 장경사부터 둘러본다.

장경사는 남한산성의 사찰 중 옛 모습이 그대로 남아 있는 유일한 곳이며, 남한산성 성곽과도 가까워 옛 정취를 만끽하기에 더없이 좋다. 장경사가 성곽 인근에 세워진 까닭은 남한산성 축성을 위해 전국에서 동원된 승병들의 숙식을 해결할 목적으로 창건되었기 때문이다. 남한산성이 축성된 후에도 전국에서 뽑힌 270명의 승병을 훈련시켜 항상 성곽 주

병자호란 당시 전투 장면을 그려 놓은 그림과 남한산성의 모형

남한산성이 축성된 후에도 많은 승병들이 머물며 성곽을 순찰하고 관리했던 장경사

적의 움직임과 출입자의 동태를 살피기 위하여 만들어 놓은 전각

변을 감시하고 경계하는 일을 담당했던 사찰이기도 하다.
　장경사 주차장에서 성곽을 따라 이동하다보면 동쪽 산자락을 따라 조성되어 있는 남한산성 외성이 보인다. 능선과 협곡을 적절하게 이용하여 건설한 성곽의 높이는 6미터에 불과하지만 적군의 위치에서 성곽을 보면 족히 10미터가 훨

적의 움직임을 살펴보기 위하여 감시초소를 세워 놓았던 군포지터

장경사

남한산성으로 접근하는 것을 일차적으로 차단하는 장경사 산지옹성

성곽 위에 몸을 숨기기 위하여 낮은 담장을 따로 건설해 놓은 여장. 동장대터에서 발견할 수 있다.

동장대터

씬 넘어 보인다. 지형이 조금 완만한 곳에는 적군을 일차적으로 미리 방어하기 위하여 타원형의 장경사 신지옹성을 세워 아예 성곽으로 접근을 막고 있다. 뿐만 아니라 주요 지점마다 암문 같은 비밀 출입문과 전쟁을 유리한 위치에서 치르기 위한 다양한 군사시설이 갖춰져 있다.

장경사 신지옹성에서 동장대터까지 이어지는 구간은 가파른 구역으로 이곳의 성곽은 평지에 세운 것보다 높이가 조금 낮다. 그것은 다른 지역보다 험하고 급한 경사로 때문에 적들이 접근하는 것 자체가 쉽지 않기 때문이다.

가파른 계단을 오르면 남한산성과 주변을 내려다볼 수 있는 군사시설인 동장대가 있던 자리, 동장대터에 이른다. 청량산 정상보다 더 높은 515미터의 벌봉과 일직선으로 이어지는 동장대터에는 여러 암문(적이 알 수 없게 작게 만든 성문)을 비롯하여 병사들이 적의 공격으로부터 몸을 숨길 수 있는 여장 같은 시설물을 적소에 건설해 놓았다.

능선과 계곡을 절묘하게 이용한 남한산성의 성곽은 자연과 조화를 이룰 뿐만 아니라, 성 안에서는 성곽이 거의 평지에 있어 적을 방어하기에 좋고, 성 밖에서는 험하고 웅장해 보였다. 한강 유역을 지키는 전진기지이자, 수도를 방어하는 역할을 했던 남한산성, 이곳은 열 배가 넘는 청나라 대군을 상대했던 우리 민족의 강인한 정신력을 상징하는 곳이자, 나라의 임금이 청나라에 투항할 수 밖에 없었던 굴욕의 장소이기도 하다. 남한산성은 우리의 침략사와 더불어 선조들의 지혜, 아름다운 건축미까지 느낄 수 있는 소중한 유적지이다.

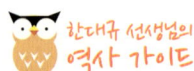

수어장대에서 또 다른 이름을 찾아볼까요?

수어장대는 산성에서 가장 높은 곳에 자리 잡고 있어, 이곳에서 서울과 성남 시내를 한눈에 내려다 볼 수 있어요. 병자호란 때 인조가 직접 군대를 지휘하며 45일간 대항했던 곳이기도 하지요. 이곳은 병자호란의 치욕을 잊지 말자는 뜻에서 '무망루'라는 또 다른 이름을 가지고 있어요. 영조 때 수어장대를 2층 누각으로 만들면서 수어장대의 바깥쪽에는 '수어장대(守禦將臺)'라고 쓴 편액을, 안쪽에는 '무망루(無忘樓)'라고 쓴 편액을 걸었어요. 지금은 수어장대 동쪽에 따로 비각을 만들고 그 안으로 '무망루' 편액을 옮겼지요. 수어장대에 가면 '무망루(無忘樓)'라는 글자를 찾아보세요.

지형과 주변 환경을 고려하여 높이와 방향을 달리한 남한산성 성곽

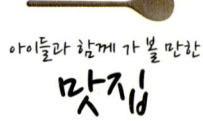

아이들과 함께 가 볼 만한
맛집

| 오복손두부 |

3대째 두부 요리만을 선보이는 남한산성의 맛집. 이 집의 대표메뉴인 주먹두부를 하나 시키면, 정갈한 밑반찬과 새콤한 볶음 김치, 순두부도 함께 나온다.

- **주소** 경기 광주시 중부면 산성리 413 **전화** 031-746-3567
- **영업시간** 09:00~22:00 **휴무** 명절
- **가격대** 5,000원~50,000원 **주차** 가능(유료)

| 산성손두부 |

옛날 방법 그대로 두부를 만드는 집. 직접 만든 두부를 큼지막하게 썰어 버섯과 양파, 떡을 넣고 칼칼한 양념을 해서 보글보글 끓여 먹는 두부 전골을 추천한다.

- **주소** 경기 광주시 중부면 산성리 414 **전화** 031-749-4763
- **영업시간** 09:00~21:00
- **휴무** 명절 **가격대** 5,000원~40,000원 **주차** 가능

| 반월정 |

30년 전통의 산채 정식 전문점. 옛 한옥을 개조해 만든 외부와 아름답게 꾸며놓은 테라스가 인상적이다. 산채 정식을 전문으로 하는 집답게, 다양한 산나물을 맛볼 수 있다.

- **주소** 경기 광주시 중부면 산성리 607 **전화** 031-743-6562
- **영업시간** 12:00~21:00 **휴무** 명절 **가격대** 10,000원~50,000원 **주차** 가능

| 백제장 |

공기 맑고 운치 있는 남한산성 중턱에 자리 잡은 한식집이다. 앞마당에 오래된 고목과 조각품이 눈에 띈다. 제철 산채 나물과 생선, 닭볶음, 찌개 등 푸짐하게 차려 나오는 산채 정식이 맛있다.

- **주소** 경기 광주시 중부면 산성리 589 **전화** 031-746-4296
- **영업시간** 10:30~21:00 **휴무** 연중무휴
- **가격대** 10,000원~50,000원 **주차** 가능

경기

영릉

신륵사 / 명성황후생가 /
고달사지 / 파사성

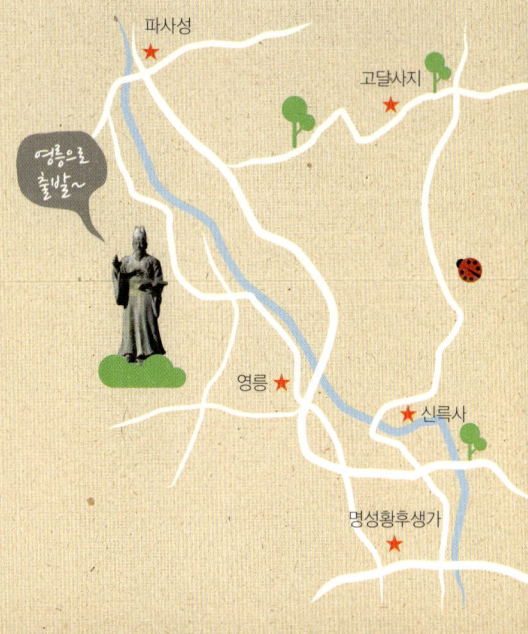

영릉 주변을 여행하는 방법 :

위대한 성군이 잠들어 있는 여주 영릉과 그 주변의 신륵사, 명성황후생가, 고달사지, 파사성을 둘러본다.

편안하고 아늑한 분위기의 영릉

여행 정보
travel information

여행 소요시간 | 총 8시간

여행 시기 | 숲과 산, 구릉과 강이 어우러진 영릉과 주변 유적지는 사계절 어느 때 방문해도 매력적인 풍경을 접할 수 있다. 특히 꽃이 만발하는 봄이나 시원한 강변에서 여유로운 시간을 만끽할 수 있는 여름이 매력적이다. 5~7월 사이가 가장 좋다.

예상 경비 | 4인 가족 기준(성인 2명, 어린이 2명)
- 입장료 : 10,000원(영릉 성인 5,000원, 어린이 무료 / 신륵사 성인 2,000원, 어린이 1,000원 / 명성황후생가 성인 1,000원, 청소년 700원, 어린이 500원/고달사지와 파사성 무료)
- 식비 : 40,000원 내외
- 총 경비 : 50,000원 내외(차량유류비 및 주차비, 대중교통비 제외)

교통 정보
traffic information

여주 영릉과 주변을 여행할 때는 대중교통보다 자가용을 이용하는 것이 편리하다. 영릉, 신륵사, 명성황후생가만 둘러보는 일정은 대중교통도 별 문제가 없지만, 고달사지와 파사성까지 대중교통을 이용해 둘러볼 경우 일부 구간은 택시를 이용하는 것이 효과적이다.

당일여행 추천 코스
travel route

1 영릉
09:00~11:00
최초의 부부 합장 왕릉을 살펴보고 야외전시관과 세종관 둘러보기.
☞ 상세 관람 코스는 P.399

자가용 10분 ★ 버스 이용시 15~20분 소요.

2 신륵사
11:10~12:10
조사당과 전탑 살펴보기.

도보 10분 ★ 신륵사 주변 식당으로 걸어서 이동한다.

3 점심식사
12:20~13:30
여주·이천 쌀을 맛 볼 수 있는 백반집이나 한식집에서 식사.

자가용 10분 ★ 버스 이용시 15분 소요.

4 명성황후생가
13:40~14:20
생가와 기념관 둘러보기.

자가용 30~40분 ★ 버스 이용시 60분 소요.

5 고달사지
15:00~15:30
국보 고달사지부도 꼼꼼히 살펴보기.

자가용 20~30분 ★ 버스 이용시 30분 소요.

6 파사성
16:00~17:00
돌로 쌓은 성곽을 따라 걸으며 주변 경관 둘러보기.

출발 전, 엄마가 먼저 알아 둘 역사 상식

영릉에 담긴 역사 이야기

백성을 사랑했던 세종대왕

1. 한글 창제에 관한 기록을 담아 놓은 《훈민정음》 2. 세종대왕 동상

세종은 태조 6년(1397년) 태종과 원경왕후의 셋째 아들로 태어났다. 1418년 왕세자였던 세종의 형 양녕대군이 폐위되면서, 왕세자로 책봉되었고 그해 22세의 나이로 조선의 4대 왕이 되었다.

  세종대왕은 31년이라는 긴 재위 기간 동안 수많은 업적을 남겼다. 세종 2년(1420년) 집현전을 설치하여 인재를 양성하고, 학문 진흥에 힘썼으며, 특히 정치의 근본은 백성의 민심에 있다고 강조하였다. 훈민정음을 만들게 된 것도 백성들의 어려움을 해결하고 백성과 소통하고자 했던 세종의 노력의 결과라고 할 수 있다.

별을 관측하는 기구인 혼천의는 세종 때 만들어졌다. 간의보다 좀더 발전된 형태다.

  한글은 인류의 문자 중에서 창제자와 창제년도가 명확한 몇 안 되는 문자이다. 유네스코에서 해마다 문맹 퇴치를 위해 노력한 사람에게 '세종대왕 문맹 퇴치상'을 주고 있을 정도로 한글은 가장 배우기 쉬운 글자로 평가되고 있다. 또한 세종은 과학기술의 중요성을 강조하여 과학자들을 양성하고, 측우기와 자격루 등 많은 발명품을 선보이게 했다. 결과적으로 세종대왕 시기인 15세기에 우리나라 과학기술은 비약적으로 발전하게 되었다.

  세종이 우리 역사에 남긴 업적을 생각하면, 영릉은 다

른 왕릉에 비해 너무 검소하지 않나 하는 생각이 들 수도 있다. 합리적이고 과학을 중시했던 성군 세종이 있는 영릉을 둘러보는 것은 아이들에게 지금을 있게 해 준 우리 선조들의 노력과 정신을 느껴 볼 수 있는 기회를 마련해 줄 것이다.

우리 아이가 알아야 할 역사 포인트

국조오례

국조오례는 국가적인 행사를 치르는 데 필요한 예법과 절차를 말하는 것으로 '길례', '흉례', '군례', '빈례', '가례' 이렇게 다섯 가지가 있다. '길례'는 나라에서 거행하는 제사의식, '흉례'는 왕이나 왕후의 장례의식(국장), '군례'는 군대를 점검하거나 군사들의 무예를 살펴보는 등의 군사의식, '빈례'는 외국사신을 맞이하는 접대의식, '가례'는 왕가의 결혼의식에 관한 예와 절차를 다루고 있다. 이 다섯 가지 예법에 관한 규정을 책으로 만들어 놓은 것이 《국조오례의》이다.

2 왕가의 능 이름과 위치

조선왕조는 건국과 더불어 유교를 통치이념이자 지배사상으로 삼았다. 따라서 조선왕조는 왕가의 장례 예법을 무척 중시하였을 뿐만 아니라, 무덤의 호칭과 위치까지 기준을 정해 나누고 있다. 최고 권력자인 왕과 왕후가 잠든 곳은 '왕릉'으로, 왕세자와 그의 비가 묻힌 곳은 '원'이라 부르고, 대군, 공주, 옹주(후궁의 딸), 후궁이 묻힌 장소를 '묘'라고 칭했다. 또한 왕릉은 기본적으로 궁궐에서 100리(약 40킬로미터) 안에 조성했는데, 이 규정을 벗어나 멀리 조성된 대표적인 왕릉은 단종이 묻힌 영월의 장릉과 이곳 여주 영릉이다.

영릉을 지키고 있는 무인석과 석물

재실

재실이란 보통 능 주변에 있는 건물로, 능을 관리하고 제사 준비를 위하여 세워진 건물을 말한다. 재실은 국가 차원에서 관리하는 왕릉뿐 아니라 일반 양반가 무덤에서도 흔히 볼 수 있는 건축물이다. 목조 건축인 재실은 화재로 소실되는 경우가 많아 원래 모습을 간직한 곳을 찾기란 쉽지 않다. 그러나 효종과 인선왕후의 제사를 준비하던 영릉의 재실은 완벽한 모습을 갖추고 있는 유일한 재실로, 보물 제1532호로 지정되어 있다.

대왕의 영원한 안식처

영릉

자연을 그대로 이용하여 완성해 놓은 효종의 능

교과서 연계 정보

3학년 1학기 사회
2단원 고장의 자랑
3단원 고장의 생활과 변화
3학년 2학기 사회
3단원 다양한 삶의 모습
5학년 1학기 사회
3단원 유교 전통이 자리 잡은 조선

여행 정보

- **주소** 경기 여주군 능서면 왕대리 산 83-1번지(영릉로 265-50)
- **전화** 031-885-3123
- **웹사이트** http://sejong.cha.go.kr
- **개방시간** 2~5월 09:00~18:00, 6~8월 09:00~18:30, 9~10월 09:00~18:00, 11~1월 09:00~17:30
- **휴관일** 매주 월요일
- **해설사 동행 관람** 사전 예약으로 진행(예약전화 031-887-2868)
- **입장료** 성인 500원, 24세 이하 무료
- **공중화장실** 있음
- **주차장** 무료
- **대중교통** 주변 유적지를 둘러보려면 자가용이 편리하다.
  버스 서울 고속버스터미널과 동서울터미널에서 1시간에 2대씩 출발 / 여주 버스터미널 바이더웨이 앞 버스승강장에서 52-2, 52-6, 54-2번 버스 이용

상세 관람 코스
소요시간 2시간

경기도 여주에 위치한 영릉은 조선 왕릉 유적지 중 유일하게 다채로운 볼거리를 제공해 주는 곳이다. 두 곳의 영릉을 중심으로 세종대왕이 직접 저술한 서적부터 악기, 발명품이 전시되어 있는 전시 공간을 꼼꼼히 둘러보려면 충분한 시간이 필요하다. 영릉을 보다 상세히 관람하고 싶은 방문객은 방문 일정을 정한 후, 전화를 통해 미리 해설사 동행 관람을 신청하도록 한다. 입구에는 안내책자가 비치되어 있으며, 각 구역마다 휴식 공간이 마련되어 있어 아이들과 천천히 둘러보기에도 좋다.

영릉 꼼꼼히 둘러보기

여주 영릉은 세종과 소헌왕후, 효종과 인선왕후의 안식처가 있는 곳이다. 두 왕릉의 이름은 한자는 다르지만 똑같이 '영릉'이다. 입구에서 가까운 쪽에 있는 영릉(英陵)은 세계적으로 잘 알려진 세종과 그의 비 소헌왕후의 능이고, 소나무 숲길 동쪽에 있는 또 다른 영릉(寧陵)은 효종과 인선왕후가 안장된 곳이다.

세종대왕과 소헌왕후가 잠들어 있는 영릉 입구의 홍살문

세종대왕릉이라고도 하는 세종과 소헌왕후의 영릉은 한 능에 두 분을 함께 모신 합장릉이지만, 효종과 인선왕후의 영릉은 합장릉이 아니다. 게다가 왕과 왕비의 능이 나란히 있지 않고 앞뒤로 놓여 있는 특이한 형태여서 이름이 같은 두 왕릉을 쉽게 구분할 수 있다.

서울에 있던 세종의 영릉이 이곳에 옮겨 오고, 효종의 영릉

별을 관측하여 위하여 만들었던 간의

이 왕릉에서 보기 드문 독특한 모습을 하고 있는 것은 나쁜 것을 피해 가며 능의 자리를 신중히 정했기 때문인데, 이것으로 당시 풍수지리설의 영향력을 짐작할 수 있다.

세종의 열정을 보여 주는 야외전시장과 세종관

> **course** 세종대왕 동상 → 야외전시장 → 세종관

세종대왕의 업적을 한눈에 볼 수 있는 야외전시장과 세종관을 관람하는 것은 아이들에게 살아 있는 교과서를 보여 주는 것과 같다.

먼저 출입문 우측에 세워진 세종대왕 동상을 둘러보고 야외전시장 쪽으로 천천히 걸어가 보자. 야외전시장에서는 우리나라 성인이라면 누구나 아는 척할 수 있고, 아이들도 반드시 알아야 할 유명한 발명품들을 볼 수 있다. 경복궁에서 별자리를 관측하는 데 사용했던 '간의'라는 천문기구와 태양의 위치에 따라 달라지는 그림자로 시간을 측정했던 해시계 '앙부일구', 물을 이용해 정확한 시간을 측정했던 물시계 '자격루', 세계 최초의 '측우기' 등 세종대왕 때 발명한 각종 발명품이 아이들의 흥미를 자극한다.

야외전시장 서쪽에 있는 세종관은 세종대왕 초상화를 중심으로 주요 서적들과 악기 등을 전시하고 있다. 세종대왕

세계 최초의 측우기. 강수량을 측정할 수 있는 기구이다.

장영실이 발명한 물시계 자격루

세종대왕 동상

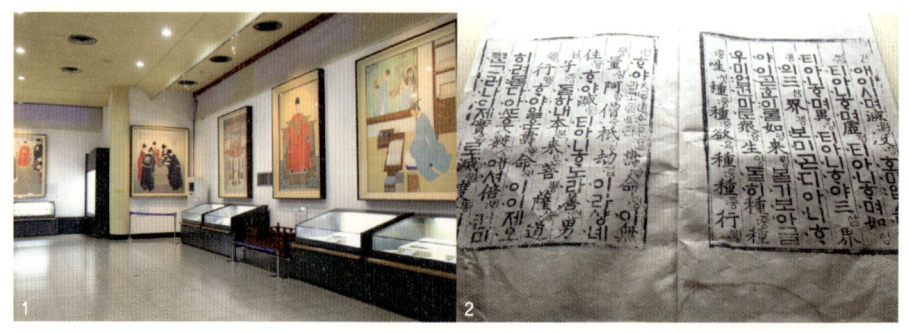

1. 세종대왕에 관한 다양한 자료와 발명품 등이 전시되어 있는 세종관 내부 2. 《훈민정음》에는 한글에 관한 다양한 기록이 서술되어 있다.

의 한글 창제 과정을 알 수 있는 《훈민정음 언해본》을 비롯하여 《용비어천가》, 《석보상절》, 《월인천강지곡》, 《월인석보》 등을 이곳에서 볼 수 있으며, 박연 등이 발명한 여러 종류의 악기도 보관되어 있어, 마치 거대한 역사 교과서를 보는 듯하다.

세종대왕을 모시기 위한 명당을 찾아서

course 영릉(英陵)

세종대왕과 소헌왕후가 묻혀 있는 영릉은 조선왕릉 최초의 합장릉이다. 합장릉이란 왕과 왕후가 하나의 능에 잠들어 있는 형태를 말한다. 그런데 영릉의 경우는 합장이라 하더라도 하나의 능 안에 두 개의 관을 안치하여 왕과 왕후의 시

혼유석이 2개라는 것은 능은 하나지만 두 사람의 능이란 것을 말해 준다.

조선 왕릉 가운데 최초로 왕과 왕후가 한 능 안에 안치되어 있는 세종대왕 영릉

혼령의 능을 찾을 수 있게 표시하는 의미로 세운 망주석. 왕릉 상단 좌우에 세워져 있다.

왕의 침소와 내전을 지키는 내시를 상징하는 석양(돌로 만든 양)

신이 따로 있다. 능 앞에 놓인 두 개의 혼유석은 왕과 왕후가 함께 있음을 말해 주고 있다.

세종은 소헌왕후가 승하하자 왕비의 시신을 경기도 광주 서강에 안치하였다. 그리고 4년 뒤 세상을 떠나며 소헌왕후와 함께 아버지와 어머니가 잠들어 있는 서울 내곡동 헌릉의 서쪽 영릉에 안치되었다. 그런데 풍수지리학적으로 내곡동 영릉의 위치가 좋지 않다는 이야기가 계속 나오면서 20년 동안 영릉의 위치를 두고 토론을 벌인 끝에 결국 예종 원년(1469년)에 지금의 위치로 옮겨 왔다.

영릉은 태조의 건원릉이나 태종의 헌릉에 비해 아담하다. 조선의 어떤 군주보다 백성과 신하들로부터 많은 칭송을 받았던 세종대왕릉이 소박한 이유는 이곳으로 옮겨 오면서 국조오례를 철저히 지켰기 때문이다. 세조는 왕릉 조성에 과대한 국력을 낭비하는 것을 막기 위하여 국조오례를 철저히 지킬 것을 강조해, 이후 조성된 왕릉은 그 규모가 초기 왕릉에 비해 작아졌다. 국조오례에 따라 조성된 영릉은 병풍석과 지대석 등이 없지만 이후 여러 왕릉의 표본이 되었다.

세종대왕 영릉을 둘러싸고 있는 곡장. 곡장은 능 주변으로 쌓은 나지막한 담을 말한다.

왕과 왕후가 앞뒤로

course 영릉(寧陵) → 재실

효종과 인선왕후가 앞뒤로 잠들어 있는 또 하나의 영릉

인선왕후의 능. 다른 왕릉과 달리 경사면을 그대로 이용하였다.

세종대왕릉에서 소나무 숲길을 따라 700미터쯤 동쪽으로 이동하면 효종과 인선왕후가 잠들어 있는 또다른 영릉을 만날 수 있다. 조선 17대 왕 효종은 인조의 둘째 아들로, 병자호란 때 청나라에 8년 동안 볼모로 끌려갔다 돌아와 왕위에 오른 임금이다. 청나라에게 당한 굴욕을 가슴에 깊이 새긴 효종은 왕권을 강화하고 북벌정책을 펼쳐, 청나라를 정벌할 기회를 노리며 군사제도를 개혁, 강화한 것으로 높이 평가된다. 또한 오랜 전쟁으로 붕괴 위기에 이른 경제를 되살리고자 백성의 세금 부담을 크게 덜어 주고, 역사적으로 가장 오래 유통된 화폐인 '상평통보'를 처음 만들기도 했다.

영릉은 왕과 왕후의 능이 나란히 있는 일반적인 쌍릉과 달리, 왕과 왕후의 능이 다른 높이에 앞뒤로 앉아 있는데, 이것은 풍수지리설에서 비롯된 것이다. 인선왕후가 승하하면서 건원릉 서쪽에 있던 효종의 능을 이곳으로 옮겨 올 때, 두 능을 나란히 놓으면 좋은 혈을 비켜 가기 때문에 어쩔 수 없이 위아래로 배치했다고 한다. 위쪽이 효종, 아래쪽이 인선왕후의 능으로, 이런 독특한 형태는 조선 왕릉 가운데 영릉이 유일하다.

효종과 인선왕후 능 아래쪽에는 제사의식을 준비하는 곳

경사면을 이용하여 석물을 배치해 놓은 효종의 영릉

종묘제례의식와 행사에 사용하기 위해 세종과 박연 등이 발명한 악기

제사의식을 준비하는 공간으로 사용했던 영릉 재실

이었던 재실이 있다. 소담스러운 영릉 재실은 원형 상태를 완벽하게 유지하고 있어 왕릉 재실의 원형이 어떤 형태를 갖추고 있는지 알 수 있는 중요한 유적이 되고 있다.

세종대왕과 소헌왕후, 효종과 인선왕후가 잠들어 있는 왕릉 유적과 한적함을 제공하는 숲길, 세종대왕의 애민정신이 고스란히 녹아 있는 세종관, 열정적인 창조정신을 읽을 수 있는 야외전시장까지, 영릉에는 흥미로운 볼거리가 지천에 깔려 있다. 영릉은 단순한 왕릉을 넘어 위대한 군주의 정신과 철학을 눈으로 확인하고 피부로 느낄 수 있는 커다란 역사박물관이다.

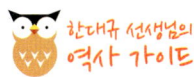

명당의 기운을 느껴 볼까요?

세종대왕의 영릉은 태조의 건원릉, 정조의 건릉과 함께 3대 명당으로 알려져 있어요. 이곳은 원래 어느 양반집의 산소 자리였어요. 영릉을 옮길 적절한 터를 찾던 중 이곳을 발견하게 되어, 원래의 산소는 다른 곳으로 옮기고, 영릉의 자리가 되었지요. 이곳이 한양에서 너무 멀다는 이유로 신하들과 종친들이 영릉을 옮기는 것에 반대하기도 했지만, 찬성한 쪽에서는 한강 뱃길을 이용하면 한양에서 하루만에 갈 수 있다고 주장해 결국 일이 성사되었다고 해요. 명당으로 영릉을 옮긴 덕분에 조선왕조의 역사가 100년 더 늘어났다는 말도 있답니다. 가족들과 함께 영릉을 거닐며, 명당의 좋은 기운을 몸으로 느껴 보세요.

02

흥미로운 설화가 전해지는

신륵사

신륵사에 세워진 전각. 신륵사는 다양한 건축물과 유물을 보유한 고찰이다.

여행 정보

- **주소** 경기도 여주군 여주읍 천송리 282번지
- **전화** 031-885-2505
- **웹사이트** www.silleuksa.org
- **개방시간** 24시간
- **휴관일** 연중무휴
- **해설사 동행 관람** 없음
- **입장료** 성인 2,000원, 18세 미만 1,000원
- **공중화장실** 있음
- **주차장** 무료
- **대중교통** 서울 고속버스터미널과 동서울터미널에서 1시간에 2대씩 출발 / 여주 버스터미널에서 신륵사행 버스 이용

영릉 동쪽 남한강변에는 천년 고찰 신륵사가 있다. 신륵사는 신라시대 원효대사가 창건한 사찰로 알려져 있다.

신륵사 창건에 관해서는 흥미로운 설화가 많이 전해진다. 원래 이곳에 연못이 있었는데, 어느날 원효대사의 꿈에 흰 옷을 입은 도사가 나타나 이곳이 신성한 자리라고 알려 주어 연못을 메우고 절을 지었다는 이야기도 있고, 고려 때 나옹선사가 이 근처에서 성질 나쁜 말을 '신기한 굴레'로 다스렸다 하여 '신륵사'라는 이름이 생겨났다는 설도 있다. 하지만 모두 설화일 뿐 문헌에 남아 있는 내용은 아니다.

신륵사는 1376년 나옹선사가 이곳에서 세상을 떠나며 유명한 절이 되었고, 세종대왕의 영릉이 여주로 옮겨 오면서 큰 규모의 사찰이 되었으나 지금은 많이 축소되었다.

신륵사의 중심은 대웅전이지만 가장 오래 된 건물은 대웅

화려한 단청을 자랑하는 신륵사 대웅전

보물로 지정된 신륵사 다층탑과 삼층석탑

전 뒤편 조사당이다. 이곳은 나옹, 지공, 무학대사의 영정이 모셔져 있는 곳이다. 보물 제180호로 지정된 조사당 내부에는 나무로 만든 지장삼존을 비롯해 29구에 달하는 불상이 모셔져 있다.

조사당에서 계단을 따라 오르면 우리나라 보물급 유물이 이곳에 가득하다. 고려 말 부도(승려의 사리나 유골을 모신 탑) 양식의 전형을 보여 주는 보제존자석종, 비천하는 용이 조각된 석등, 나옹선사를 추모하는 보제존자석종비를 비롯해, 대웅전 앞의 다층탑, 대장경을 보관하기 위해 대장각을 세웠다는 내용을 담은 대장각기비, 남한강을 내려다보고 있는 전탑도 모두 우리나라 보물로 지정되어 있는 유물이다.

원효대사가 창건한 신륵사

03

명성황후의 삶을 엿볼 수 있는
명성황후생가

여주읍에 자리한 명성황후 생가

여행 정보

- **주소** 경기도 여주군 여주읍 능현리 245-3번지 (명성로 71)
- **전화** 031-880-4021
- **웹사이트** www.empress myeongseong.kr
- **개방시간** 3~10월 09:00~18:00, 11~2월 09:00~17:00
- **휴관일** 매주 월요일
- **해설사 동행 관람** 10:00~17:00, 수시로 실시(20분 이내 소요)
- **입장료** 성인 1,000원, 중·고등학생 700원, 초등학생 500원
- **공중화장실** 있음
- **주차장** 유료
- **대중교통** 버스 서울 고속버스터미널과 동서울터미널에서 1시간에 2대씩 출발 / 여주 버스터미널에서 안성, 장호원행 버스 이용, 점봉초등학교 앞 하차 후 도보 5분

여주 시내에는 조선 말 열강의 틈바구니에서 뛰어난 외교술을 펼쳤던 고종황제의 원비 명성황후의 생가가 있다. 명성황후 8세까지 살았던 이곳은 전형적인 양반 가옥으로 절반 정도가 원래 모습으로 보존되어 있으며 나머지는 새롭게 복원한 건물이다. '명성황후가 태어나신 옛 마을'이란 의미를 담고 있는 비석 '명성황후탄강구리비'가 세워져 있다.

명성황후 생가 옆에는 올바른 역사관을 정립시키기 위하여 건립한 명성황후기념관이 있다. 기념관은 특별관과 명성황후전시관으로 구성되어 있다. 조선왕조의 역사와 고종황제에 관한 자료를 중심으로 열강의 침략에 관한 내용이 전시되어 있는 특별관은 아이들에게 나라를 지키는 데 필요한 것이 무엇인지 스스로 인지할 수 있도록 꾸며져 있다. 명성황후전시관에는 명성황후 친필 서찰과 직접 집필한 서가집 등 황후의 개인적인 삶을 엿볼 수 있는 자료로 가득하다.

04

석조 유물의 보고

고달사지

원종대사혜진탑비. 우리나라 보물 제6호로 지정되어 있다.

여행 정보

- **주소** 경기도 여주군 북내면 상교리 411-1번지
- **전화** 031-887-3566
- **웹사이트** www.yj21.net(문화관광)
- **개방시간** 24시간
- **휴관일** 연중무휴
- **해설사 동행 관람** 없음
- **입장료** 무료
- **공중화장실** 있음
- **주차장** 무료
- **대중교통** 버스 여주 버스터미널에서 고달사행 버스 하루 2~4번 운행. 여주 버스터미널에서 양평행 버스 이용. 주암리 삼거리에서 하차 후 도보 30분

신륵사 북서쪽에는 세월의 무상함을 느끼게 만드는 옛 고달사 자리가 있다. 석조 유물이 많은 고달사에는 예로부터 전해져 내려오는 전설이 하나 있다. 고달이라는 석공이 가족이 굶어 죽는 줄도 모르고 혼신의 힘을 다해 석조물을 만들고는 스스로 승려가 되어 득도했다는 것이다. 사찰명이 고달사가 된 것도 고달이란 석공의 이름에서 따온 것이라는 전설이 전해지고 있다.

지금은 옛 고달사 자리를 알리는 넓은 터와 석조 유물만 남아 있지만, 옛 고달사는 신라 경덕왕 23년(764년)에 창건된 이후 고려시대까지 경기 남부지역을 대표하는 사찰이었다. 고달사지는 우리나라 석조 유물의 보고이다. 국보 제4호로 지정된 승탑 '고달사지부도'를 비롯하여 보물 제6호 고달사 원종대사혜진탑비, 보물 제7호 원종대사혜진탑, 보물 제8호 고달사지석불좌 등은 하나같이 호방한 기상을 담고 있다.

05

삼국시대의 성곽

파사성

남한강이 내려다보이는 군사요충지에 만들어 놓은 파사성

 여행 정보

- **주소** 경기도 여주군 대신면 천서리 산 9번지
- **전화** 031-887-3566
- **웹사이트** www.yj21.net(문화관광)
- **개방시간** 24시간
- **휴관일** 연중무휴
- **해설사 동행 관람** 없음
- **입장료** 무료
- **공중화장실** 있음
- **주차장** 무료
- **대중교통** 대중교통이 불편하므로 자가용을 추천한다. 버스 여주 버스터미널에서 양평행 버스 이용 파사성 입구에서 하차 후 도보 30분

고달사지 북쪽 파사산에는 삼국시대 때 축성한 파사성이 있다. 해발 250미터에 이르는 정상을 중심으로 남한강을 내려다보며 남북으로 뻗어 있는 파사성은 신라 파사왕 때 축성했다는 설과 고대 이 지역에 있던 파사국에서 축성했다는 두 가지 설이 있다. 하지만 기록은 어디에도 남아 있지 않으며, 학자에 따라서도 축성한 국가와 시기에 대한 주장이 달라, 정확히 언제 누가 주도해서 축성했는지 알 수 없다. 다만 발굴 과정에서 확인된 신라 토기와 파사성을 쌓은 축성기법은 신라와 밀접한 연관이 있음을 말해 주고 있다.

산성 성벽의 높이는 낮은 곳은 1.4미터, 가장 높은 곳은 6.25미터에 이른다. 성벽의 폭도 지형에 따라 다르고 일부

정상을 중심으로 남북으로 뻗어 있는 파사성

구간은 흔적만 존재하는 곳도 있다. 파사산 정상 서북쪽 커다란 바위에는 고려시대 마애여래상이 조각되어 있다. 학자들은 이를 두고 이곳에 파사성과 관련된 사찰이 있었다고 추정하고 있다. 파사성에 관한 기록은 임진왜란이 일어나자 유성룡이 승병(승려로 구성된 병사)을 동원하여 성을 보강했다는 것과 김정호의 대동여지도에 파사성이 표기되어 있다는 게 전부이다. 현재 파사성은 상당 부분 복원되어 있으며 지금도 일부 구간은 공사가 진행 중이다.

1. 파사성 유적지 2. 바위에 새겨 놓은 불상, 파사성 서북쪽에 있다.

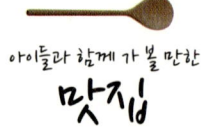

아이들과 함께 가 볼 만한
맛집

| 소문난 집 태호네 |

전국 최고의 미질을 자랑하는 여주쌀로 밥을 지어 밥맛이 일품이다.
여주쌀밥정식, 타조요리, 버섯전골 등의 메뉴를 선보인다.

- **주소** 경기 여주군 여주읍 천송리 294-3 ● **전화** 031-882-1663
- **영업시간** 09:00~20:00 ● **휴무** 연중무휴
- **가격대** 10,000원~ ● **주차** 가능

| 대장금 |

직접 구해 온 약초를 사용해 만든 음식을 내놓는 곳이다. 훈제한 오리를 연잎에 싸서
압력솥에 쪄 기름기를 제거해 나오는 훈제 오리 연잎 찜이 이 집의 대표 메뉴다.

- **주소** 경기 여주군 여주읍 천송리 299-5 ● **전화** 031-885-9065
- **영업시간** 09:00~20:00
- **휴무** 명절 ● **가격대** 10,000원~80,000원 ● **주차** 가능

| 굴뚝집 |

직접 만든 손두부 요리가 맛있는 한식집이다. 주인 부부가 직접 재배한 콩으로 만든
두부를 사용한 두부구이정식과 두부 전골을 추천한다.

- **주소** 경기 여주군 여주읍 천송리 534 ● **전화** 031-866-7096
- **영업시간** 09:00~20:00 ● **휴무** 명절
- **가격대** 5,000원~20,000원대 ● **주차** 가능

| 흥부네 보리밥 쌀밥 |

화학조미료를 사용하지 않은 담백한 맛의 한식 전문점. 신선한 채소와
다양한 나물 반찬이 푸짐하게 차려 나온다. 뜨끈한 보리밥에 나물을 넣고 장을 비벼 먹는다.

- **주소** 경기 여주군 여주읍 천송리 299-8 ● **전화** 031-885-8085
- **홈페이지** cityfood.co.kr/h9/heungbunebolibab
- **영업시간** 월~토요일 09:00~20:00 ● **휴무** 일요일
- **가격대** 7,000원~10,000원대 ● **주차** 가능

경기

칠장사

석남사 / 청룡사 / 안성남사당공연장 / 미리내성지

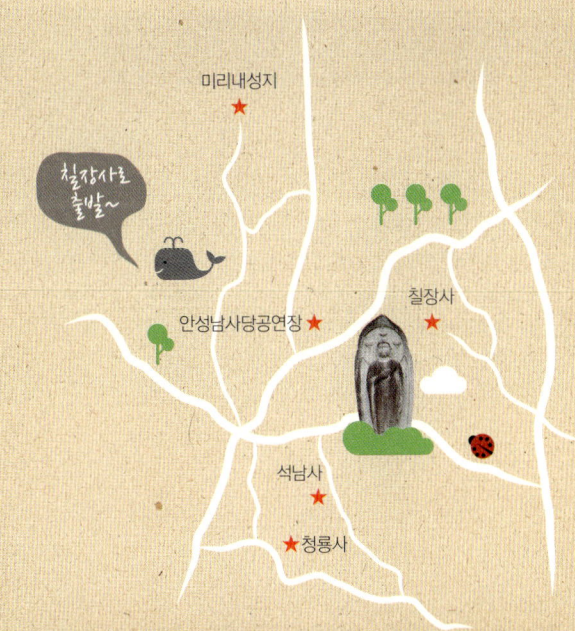

칠장사 주변을 여행하는 방법

자연의 멋을 그대로 보여 주는 안성 칠장사와 그 주변의 청룡사, 석남사, 미리내성지를 돌아본다.

칠장사로 통하는 일주문인 천왕문

여행 정보
travel information

여행 소요시간 | 총 9시간

여행 시기 | 아담한 산자락에 위치한 칠장사, 청룡사, 석남사, 미리내성지, 남사당공연장을 둘러보는 시기는 신록이 가득한 늦봄이나 계곡에 발을 담글 수 있는 6~8월 사이에 찾는 것이 좋다. 이 시기에는 야외무대에서 펼쳐지는 공연을 감상할 수 있다.

예상 경비 | 4인 가족 기준(성인 2명, 어린이 2명)
- 입장료 : 12,000원(칠장사, 청룡사, 석남사, 미리내성지 무료 / 남사당 공연 성인 5,000원, 어린이 1,000원)
- 식비 : 40,000원 내외
- 총 경비 : 52,000원 내외(차량유류비 및 주차비, 대중교통비 제외)

교통 정보
traffic information

당일치기로 칠장사, 석남사, 청룡사, 남사당공연장, 미리내성지를 둘러보려면, 자가용을 이용해야 한다.
대중교통을 이용할 경우 칠장사와 청룡사 정도만 둘러보는 것이 적합하다. 이 경우 직접 가는 버스가 없어 안성에서 갈아타고 이동해야 한다. 운행편수가 적으니 버스시간 확인은 필수.

당일여행 추천 코스
travel route

1 칠장사 09:00~10:30
대웅전 옆에 위치한 석불입상과 혜소국사비 관람하기.
☞상세 관람 코스는 P.419

자가용 50분 ★   버스 이용시 2시간 소요.

2 석남사 11:20~12:00
양산전을 살펴보고, 주변 풍경 감상하기.

자가용 이용 ★

30분 소요

3 점심식사 12:00~13:30
석남사에서 청룡사로 이동 중 점심식사

자가용 이용 ★   석남사에서 청룡사까지 자가용 30분 소요. 버스 이용시 1시간 소요.

4 청룡사 13:30~14:30
대웅전 기둥을 받치고 있는 배흘림기둥 살펴보기.

자가용 30분 ★   버스 이용시 30분 소요

5 안성남사당공연장 15:00~16:50
공연이 열리는 주말 상설공연 관람하기. 토요일과 일요일의 공연시간이 다르니 주의.

자가용 30분 ★   버스 이용시 30분 소요

6 미리내성지 17:20~18:00
김대건 신부 경당 둘러보기.

출발 전, 엄마가 먼저 알아 둘 역사 상식

칠장사에 담긴 역사 이야기

1. 오른쪽이 봉업사 석불입상 2. 대웅전 동쪽에 있는 거북이 모양의 자연석

드라마 같은 변화무쌍한 이야기를 담고 있는 사찰

죽산면 칠현산 아래 자리한 칠장사는 어떤 사료에도 기록되어 있지 않지만 신라 선덕여왕 5년(636년)에 자장율사가 지은 것으로 전해져 내려오고 있다. 구체적으로 기록에 등장한 시기는 고려 현종 때로 혜소국사가 현종의 명을 받아 1014년에 대대적으로 칠장사를 증축했다는 기록이 남아 있으며, 고려 충렬왕 34년(1308년)에도 증축공사가 이뤄졌다. 또한 1383년 왜구의 침략으로 《고려역조실록》을 이곳으로 옮겨 와 보관하는 등 나라의 주요 사찰로 자리매김하였다.

이렇듯 고려시대의 대표 사찰이었던 칠장사는 임진왜란으로 많은 전각이 잿더미가 되었다. 이때 혜소국사의 사리가 있는 9층탑도 소실되었다. 나라에서 백성들에게 불교를 적극적으로 권장했던 고려와 달리 불교를 탄압했던 조선시대에 칠장사는 오히려 더 번창했다. 광해군은 칠장사를 아버지 영창대군의 명복을 비는 사찰로 지정하고, 친필족자를 비롯해 '오불회괘불탱화' 등을 하사했다. 광해군이 내린 유물은 국보로 지정되어 칠장사에 보관되어 있다. 칠장사는 고종 24년(1887년) 발생한 대화재로 대부분의 전각이 소실되고, 현재의 아담한 모습이 되었다.

아름다운 연꽃 문양이 새겨진 칠장사 대웅전의 창살

우리 아이가 알아야 할 역사 포인트

 괘불탱화

탱화는 불교에서 부처, 보살, 성현들을 그려 넣은 그림이다. 탱화는 크게 대웅전 같은 법당에 거는 '후불탱화'와 야외에 걸기 위하여 제작한 '괘불탱화'로 구분된다. 괘불탱화는 법당 밖에서 큰 법회나 의식을 행할 때 절의 문 앞에 세우는 당간지주에 걸어 놓고 예불을 올리는 데 사용한다. 괘불탱화는 법당 안에 설치되는 후불탱화에 비해 크다. 보통 폭이 3~4미터, 길이는 5~10미터에 달하는 것이 많으며, 대형 괘불탱화는 10미터가 넘는 것도 있다. 칠장사 '오불회 괘불탱화'는 조선시대 때 제작된 대표적인 괘불탱화로 비단 위에 그린 불교화이다.

 당간지주

당간은 야외에서 큰 법회나 의식을 행할 때 탱화를 걸어 두는 길쭉한 장대이다. 칠장사 입구에도 9.75미터 높이의 원통형 철통 당간을 볼 수 있다. 이 당간을 양쪽에서 지탱해 주는 두 개의 돌기둥을 당간지주라고 한다.

 국사

국가의 대표 승려를 지칭한다. 신라는 최초로 국가 차원의 최고 승려를 두고 '국통'이라고 불렀다. '국사'란 칭호를 사용한 것은 고려시대이다. 생전에 '왕사'로 불리다 사후에 '국사'로 높여 부르는 것이 일반적이었다. 국사에 등극한 승려는 사후에 비문이 적힌 탑을 세워 업적을 알렸다. 칠장사에 세워진 혜소국사비도 이런 절차에 따라 제작된 것이다. 이렇게 고려시대에는 불교를 국교로 정하고 승려에게 계급까지 줄 정도로 숭불정책을 폈다. 이러한 국사제도는 조선시대 초기까지 이어졌다.

 임꺽정

임꺽정은 조선 중기 경기도 양주에서 짐승을 잡는 백정의 아들로 태어났다. 임꺽정은 신분 차별에 불만을 품고 도적질을 시작하였는데, 관아의 곡식을 털어 배고픈 백성들에게 나누어 주는 등 서민들로부터 많은 지지를 받았다. 이렇게 임꺽정이 일반 도둑과 다르게 의로운 일을 하게 된 것은 칠장사의 승려 병해대사의 가르침을 받은 덕분이다. 임꺽정이 난을 일으키고 관군을 피해 숨었던 곳도 바로 이곳 칠장사이다. 조선시대 3대 의로운 도둑으로는 홍길동, 임꺽정, 장길산을 꼽는다.

01

흥미로운 이야기로 가득한 고찰
칠장사

칠장사의 공기순환을 위하여 바닥에 구멍을 만들어 놓았다.

교과서 연계 정보

3학년 1학기 사회
2단원 고장의 자랑
3단원 고장의 생활과 변화

3학년 2학기 사회
1단원 고장 생활의 중심지
3단원 다양한 삶의 모습

5학년 1학기 사회
1단원 하나된 겨레
2단원 다양한 문화를 꽃피운 고려

5학년 2학기 사회
1단원 조선 사회의 새로운 움직임

여행 정보

- **주소** 경기도 안성시 죽산면 칠장리 764번지
- **전화** 031-673-0776
- **개방시간** 24시간
- **휴관일** 연중무휴
- **해설사 동행 관람** 없음
- **입장료** 무료
- **공중화장실** 있음
- **주차장** 유료
- **대중교통** 버스가 1일 4회 뿐이므로 주변 유적지를 둘러보려면 자가용 이용을 추천한다. 버스 안성 터미널에서 37, 370, 380 버스 이용. 죽산 터미널에서 하차해 칠장사행 3-2 버스 이용(06:40, 9:30, 13:10, 18:30에 출발)

상세 관람 코스
소요시간 2시간

밋밋해 보이는 겉모습과 달리 칠장사에는 볼거리가 많다. 칠장사 관람은 천왕문을 출발해 대웅전을 둘러본 후, 혜소국사비 등 주변을 보고 내려오는 것이 효과적이다. 대웅전에서는 휘어진 나무를 그대로 사용한 배흘림기둥을 놓치지 말자. 부처님오신날처럼 커다란 행사가 열리는 날에만 국보로 지정된 칠장사 '오불회괘불탱화'를 볼 수 있다는 점도 참고하도록 한다.

칠장사 꼼꼼히 둘러보기

칠현산 아래 자리를 틀고 있는 칠장사의 외관은 평범함 그 자체다. 유명 사찰처럼 대웅전이 웅장한 것도 아니고, 수십 채에 달하는 건물로 이루어진 사찰도 아니다. 18세기 초 칠장사가 한참 번창했을 당시에는 56개에 달하는 전각을 갖춘 웅장한 모습을 한 적도 있었지만 대화재로 대부분 소실되었고, 현재는 용주사의 관리를 받고 있는 작은 절로 남아 있다.

사천왕상이 있는 천왕문. 칠장사로 통하는 일주문이다.

흥미로운 건물 배치

course 천왕문 → 명부전

오랜 세월 칠장사를 오가는 사람들을 맞이한 천왕문을 지나 절 안으로 들어서면 뭔가 다른 사찰의 건물 배치가 눈에 들어온다. 일주문에서 대웅전까지 일직선상으로 배치된 여느 사찰과 달리, 칠장사의 일주문을 들어서면 동쪽으로 스님들의 수행공간과 범종각, 누각, 탑 등이 자유롭게 배치되어 있고, 북쪽으로 시선을 꺾어야 대웅전이 보인다. 오랜 역사를

칠현산 중턱에서 내려다본 천년 고찰 칠장사 전경

7인의 악당이 수행하는 모습을 그려놓은 명부전 벽화. 수행을 통해 현인으로 탄생했다는 전설이 전해진다.

칠장사 천왕문의 사천왕상

자랑하는 칠장사가 이런 독특한 형태를 갖추게 된 것은 의도적인 것이 아니라, 화재로 인하여 주요 전각이 사라지면서 자연스럽게 만들어진 결과다.

범종각과 대웅전 사이에는 저승의 심판관인 사왕을 모셔놓은 명부전이 있다. 보통 사찰 벽화는 부처님 생이나 업적, 보살상, 혹은 불교와 연관이 깊은 동물 그림으로 장식되어 있는데, 칠장사 명부전 벽화는 특이하게도 험상궂은 얼굴을 한 사람들이 점령하고 있다. 이 사람들은 칠장사에 쳐들어왔다가 스님의 설법에 감명을 받고 현인으로 다시 태어났다는 설화 속의 주인공 7인의 악당이다. 그 악당들을 교화시켜 현인으로 만든 승려가 혜소국사다.

칠장사 명부전에 새겨진 7인의 악당을 맞이하는 승려

자연을 담아낸 대웅전

course 대웅전 → 봉업사 석불입상

1400년이란 오랜 역사와 걸맞지 않게 자그마한 칠장사 대웅전은 소박하고 정겹다. 두께가 고르지 않은 장대석을 여러 겹 쌓아 올린 주춧돌이며, 두께가 서로 다르고 좌우로 휜 나무를 그대로 활용한 배흘림기둥 등 대웅전을 구성하고 있는 모든 것에는 하나같이 자연스러움이 흐른다. 실내 분위기도 비슷하다. 연꽃 문양이 장식된 조각과 색 바랜 천장화에서 아늑하고 푸근함이 느껴진다.

대웅전 옆에는 독특한 석불이 서 있다. 높이 198센티에 달하는 '봉업사 석불입상'은 보물 제983호로 원래 인근 사찰인 봉업사에 있던 것을 죽산중학교로 옮겼다가 다시 칠장사로 옮겨 온 것이다. 봉업사 석불입상은 우리나라 불상에선 좀처럼 볼 수 없는 독특한 형태를 지니고 있다. 늘씬한 키, 우

인도양식을 느낄 수 있는
보물 제983호 봉업사 석불입상

칠장사 대웅전에서 예불을 올리는 승려. 고즈넉한 분위기가 아름답다.

1. 사찰의 오랜 세월을 느끼게 해 주는 칠장사의 창살
2. 자연 상태의 나무를 손질하지 않고 그대로 이용한 칠장사 대웅전 기둥

아한 허리, 둥근 어깨, 작은 눈, 독특한 코, 두툼한 입술 등 인도 불상을 연상시킨다. 봉업사 석불입상은 고려 불교양식에 인도의 영향을 받은 통일신라양식이 혼합된 것으로, 고려 석불의 수작으로 평가받고 있다.

전설과 현실 사이 혜소국사비

course 혜소국사비

대웅전 관람 후 승탑이 늘어선 오솔길을 지나면 옛 백련암터에 이른다. 백련암은 혜소국사가 이곳을 쳐들어온 7인의 악당을 수행의 길로 이끌어 현인으로 만들었다는 전설의 장소다. 이곳에는 보물 제488호로 지정된 '혜소국사비'가 있다. 높이 227센티, 너비 127센티에 달하는 혜소국사비는 고려 문종 14년(1060년)에 세워진 비석이다. 현재 비문을 새긴 몸체(비신), 비석의 받침돌(귀부), 비석의 제일 위부분에 있는 용이 새겨진 조각(이수)이 해체되어 따로 보관되어 있다.

혜소국사비를 받쳤던 석조대좌

용이 새겨진 혜소국사비 귀두 부분

혜소국사비는 검은 대리석에 용이 새겨져 있는데, 왕의 비석에나 장식할 수 있는 용이 여기에 조각되어 있는 것으로 보아 혜소국사가 고려 왕실이 인정한 최고의 승려였음을 알 수 있다. 혜소국사비에 새겨진 비문은 칠장사와 혜소국사, 그리고 고려 불교를 정확히 파악하는 데 소중한 자료가 되

고 있다.

혜소국사비 동쪽에는 산신을 모시는 산신각이 있다. 산신각은 산신으로 추앙하는 백발 노인이나 호랑이 그림, 조각상을 모셔 두고 있는데, 이는 다른 불교국가에서는 찾아볼 수 없는 공간으로 불교가 우리나라에 토착화되는 과정에서 민간신앙과 결합되어 생겨난 것이다. 혜소국사비 서쪽에는 혜소국사에 의해 악인에서 현인으로 교화된 일곱 제자들을 모셔둔 나한전이 있다.

1400년 역사를 자랑하는 천년 고찰 칠장사는 국보급 문화재와 흥미로운 이야기가 가득한 곳이다. 추측으로만 전해지는 창건 역사, 7인의 악당이 이곳에서 혜소국사의 설법을 듣고 현인이 되었다는 전설, 이곳에서 무예를 연마했다는 궁예 이야기, 의적 임꺽정 이야기 등 칠장사 곳곳에서 이 이야기들의 흔적을 찾아보는 것도 관람의 재미를 더할 것이다.

보물 제488호로 지정된 혜소국사비

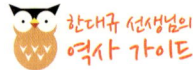

부처님의 손을 자세히 살펴볼까요?

불상이나 탱화를 보면 부처님의 손 모양이 조금씩 달라요. 부처님의 감정을 손으로 표현하는 것을 '수인'이라고 해요. 부처님이 보리수 아래에 앉아 깊은 생각에 잠겨 있을 때 취한 수인은 '선정인' 또는 '삼마지인'이라고 해요. 선정인은 두 손을 펴서 손바닥을 위로 향한 채 왼손을 아래로 하여 겹치고, 두 엄지손가락의 끝을 서로 마주하는 모양이에요. 이외에도 여러가지 수인이 있답니다. 부처님의 손을 보면서 함께 손동작을 만들며 그 뜻을 이야기해 보세요.

불자의 소망이 담긴 자그마한 돌탑들

02

신라 문무왕 때 세워진 대사찰

석남사

고려시대 불교 건축물과 불상이 보존되어 있는 영산전

여행 정보

- **주소** 경기도 안성시 금광면 상충리 508번지
- **전화** 031-676-1444
- **개방시간** 24시간
- **휴관일** 연중무휴
- **해설사 동행 관람** 없음
- **입장료** 무료
- **주차장** 무료
- **공중화장실** 있음
- **대중교통** 대중교통이 불편하므로 자가용 이용을 추천한다.
 안성 버스터미널에서 100번 버스 이용. 상촌마을 하차 후 도보 20분

경기도와 충청북도 경계에 해당하는 서운산 북쪽에는 한적한 고찰 석남사가 있다. 석남사는 신라 문무왕 20년(680년)에 창건된 고찰로, 신라 문성왕과 고려 광종 때는 혜거국사에 의하여 대규모 증축공사가 이루어지기도 했다. 지금은 자그마한 절집으로 명맥을 유지하는 석남사이지만, 고려 때 석남사는 수백 명의 승려들이 거주했던 대사찰이었다.

 석남사의 번영은 유교를 통치이념으로 삼았던 조선시대 때도 이어졌다. 유교를 섬기고 불교를 억압하던 조선시대였지만 세조는 석남사에 친필로 작성한 교지를 내려 승려들의 부역을 면제해 줄 정도로 석남사의 위상은 높았다.

 수십 채에 달했던 석남사 건물은 임진왜란 때 소실되었고 지금은 그 흔적만 알아볼 수 있는 주춧돌과 영산전, 자그마한 석탑만 남게 되었다.

03

고려시대 사찰의 전형

청룡사

1. 청룡사 대웅전 2. 대웅전의 벽화 3. 휘어진 나무를 그대로 이용해 건축한 청룡사 대웅전

여행 정보

- **주소** 경기도 안성시 서운면 청룡리 28번지
- **전화** 031-672-9103
- **웹사이트**
  www.cheongryongsa.or.kr
- **개방시간** 24시간
- **휴관일** 연중무휴
- **해설사 동행 관람** 없음
- **입장료** 무료
- **주차장** 무료
- **공중화장실** 있음
- **대중교통** 안성 터미널에서 20번 버스를 이용하여 갈 수 있지만 운행 편수가 적어 불편하며, 자가용 이용을 추천한다.

석남사 남쪽에 자리한 청룡사는 비교적 짧은 역사를 지닌 사찰이다. 공민왕 13년(1364년) 때 나옹왕사에 의하여 크게 중축된 후 청룡사로 불리게 되었는데, 사찰을 증축하던 나옹왕사가 푸른 용이 구름을 타고 하늘에서 내려오는 꿈을 꾸고는 작은 암자였던 이곳에 청룡사란 이름을 붙여 주었다고 한다.

일주문에서 바라본 청룡사의 중심인 고즈넉한 대웅전은 보물 제824호로 지정되어 있다. 대웅전은 휘어진 고목을 그대로 이용하여 완성한 건축물로 유명하다. 대웅전에 쓸 나무를 손질하지 않고 사용한 것은 자연과 더불어 살았던 선조들의 삶과도 무관하지 않지만, 더 중요한 것은 경제적으로 부담을 최소화시키려는 의도였다. 전국을 떠돌며 활동하던 남사당패는 일거리가 없던 겨울마다 이곳 청룡사에 머물며 긴 겨울을 보냈다고 한다.

04

최초의 여성 춤꾼 바우덕이가 이끌던 남사당패의 공연
안성남사당공연장

1. 안성남사당공연장에 공연을 펼치는 모습 2. 외줄타기 공연을 펼치는 모습 3. 공연장 외관

여행 정보

- **주소** 경기도 안성시 보개면 복평리 34번지
- **전화** 031-678-2518
- **웹사이트** www.namsadangnori.or.kr
- **휴관일** 연중무휴
- **해설사 동행 관람** 없음
- **주말 상설공연**
  토요일 16:00~18:00,
  일요일 14:00~16:00
- **공연 관람** 성인 5,000원. 청소년 2,000원. 어린이 1,000원(사전 인터넷 예약 가능)
- **주차장** 무료
- **공중화장실** 있음
- **대중교통** 대중교통이 불편하니 자가용 이용을 추천. 버스 안성 버스 터미널에서 15-1번 이용(1일 6편)

남사당은 조선 후기에 결성된 풍물놀이패로 사람들이 많이 모이는 장터와 부자들의 집을 오가며 다양한 공연을 펼쳤던 서민 유랑극단이다. 안성 남사당패 풍물놀이는 남사당놀이의 한 가지로, 경기도와 충청도를 잇는 길목에 자리한 안성에서 자연스럽게 생겨난 것이다.

 안성남사당패의 거점은 청룡사였다. 청룡사에서 배고픈 긴 겨울을 넘길 수 있도록 배려해 주면서 남사당패들이 하나 둘씩 이곳에 모여들었고, 조선 말부터 청룡사는 자연스럽게 안성남사당패의 본거지가 되었다. 초기 안성남사당패를 이끌었던 인물은 남자가 아닌 여자였다. 최초 안성남사당패의 우두머리는 당시 15세의 바우덕이로, 그녀와 안성남사당패들은 전국을 돌며 서민의 애환을 달래 주었다.
안성남사당공연장에서 펼치는 공연은 농악, 길놀이, 인사굿, 줄타기, 무동서기 등 10여 종류에 이른다.

05

김대건 신부가 잠들어 있는 성지

미리내성지

1. 김대건 신부의 묘소 위에 건축한 김대건 신부 경당 2. 김대건 신부 기념 성당 내부 3. 미리내성지에 있는 김대건 신부 묘

여행 정보

- **주소** 경기도 안성시 양성면 미산리 141번지
- **전화** 031-674-1256
- **웹사이트** www.mirinai.or.kr
- **개방시간** 24시간
- **휴관일** 연중무휴
- **해설사 동행 관람** 없음
- **입장료** 무료
- **주차장** 무료
- **공중화장실** 있음
- **대중교통** 주변을 함께 둘러보려면 자가용을 추천한다.
  버스 안성 버스터미널에서 미리내 행 버스 이용. 시간 확인 필수 (전화 031-673-3456)

순우리말로 은하수라는 의미를 담고 있는 '미리내' 성지는 우리나라 가톨릭의 상징적인 장소이다. 김대건 신부가 순교했을 때 서울 용산 왜고개에 안장했던 시신을 40일만에 몰래 이곳으로 옮기면서, 이곳은 가톨릭 성지가 되었다. 그후 병인박해 때 순교한 이윤일 신부 외에도 계속되는 종교박해로 순교한 성인들의 시신이 안치되면서 세상에 알려지게 되었다.

성지의 중심은 김대건 신부의 무덤이 있던 곳에 세워진 경당이다. 미리내성지 안쪽에 자리한 김대건 신부 경당은 소박한 외관만큼이나 내부도 간결하게 꾸며져 있다. 미사에 필요한 최소한의 용품과 김대건 신부의 초상화가 전부지만 경건함이 느껴진다. 경당 앞에는 김대건 신부와 페레올 주교 등 순교자가 안장되어 있다.

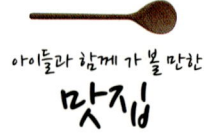

아이들과 함께 가 볼 만한 맛집

| 풍물기행 |

작은 민속박물관 같은 토속 음식점으로 운치있는 외관과 구수한 충청도 사투리가 적혀있는 푯말이 눈에 띈다. 한방을 넣고 조리한 한방 보쌈이 이 집의 대표메뉴.

- 주소 경기도 안성시 서운면 청용리 102 ● 전화 031-677-5289
- 영업시간 11:30~21:30 ● 휴무 매월 둘째주, 넷째주 월요일
- 가격대 7,000원~32,000원 ● 주차 가능

| 담소원 |

커다란 갈비의 모양이 골프채를 닮아 이곳의 갈비를 골프채갈비라고 부른다. 냄새도 전혀 나지 않고, 질기지 않아 아이들과 함께 먹기에도 안성맞춤이다.

- 주소 경기 안성시 숭인동 13 ● 전화 031-677-7766
- 영업시간 11:00~22:00
- 휴무 명절 ● 가격대 6,000원~35,000원 ● 주차 가능

| 북경반점 |

20여 년째 안성 시민들에게 큰 사랑을 받고 있는 중국요리 전문점이다. 바삭바삭하게 튀겨낸 탕수육과 달걀 후라이를 얹은 볶음밥의 맛은 어렸을 적 먹었던 중국요리 맛을 생각나게 한다.

- 주소 경기 안성시 서인동 70-2 ● 전화 031-674-2356
- 영업시간 11:00~21:00
- 휴무 명절 ● 가격대 6,000원~30,000원대 ● 주차 가능

| 파스타 스토리 Pasta Story |

수제 소스를 고집하는 곳으로 다양한 파스타를 선보인다. 다양한 세트메뉴를 선보여 저렴한 가격에 파스타를 맛볼 수 있고, 안성 시내에 있어 찾아가기 어렵지 않다.

- 주소 경기 안성시 동본동 11-2 ● 전화 031-673-3331
- 영업시간 11:30~22:00 ● 휴무 매월 첫째주, 셋째주 월요일
- 가격대 8,000원~30,000원대 ● 주차 불가능

찾아보기

ㄱ

강화산성 276
강화성공회성당 275
강화역사박물관 290
경복궁 55
경순왕릉 353
경찰박물관 143
경희궁 144
고구려성곽 352
고달사지 409
고려궁지 263
교산리고인돌군 294
국립고궁박물관 74
국립민속박물관 73
국립서울과학관 52
국립중앙박물관 165
국사당 200

ㄴ

남산 147
남산골한옥마을 162
남한산성 375
남한산성역사관 386
남한산성행궁 383
농업박물관 142

ㄷ

다산유적지 375
덕수궁 101
도라전망대 314
동구릉 355
말바위 197
명동성당 123
명성황후생가 408
몽촌역사관 239
몽촌토성 237
미리내성지 429

ㅂ

반구정 312

방이동 고분군 220
백범김구기념관 184
보광사 335
봉선사 369
봉은사 218
부근리고인돌군 281

ㅅ

사직단 75
서대문독립공원 140
서대문형무소역사관 130
서오릉 301
서울성곽 187
서울역사박물관 145
석남사 426
석촌동 고분군 221
선·정릉 205
성균관 53
수원화성 243
수원화성박물관 258
숙정문 197
숭례문 120
숭의전 351
신륵사 406

ㅇ

안성남사당공연장 428
안중근의사기념관 160
암사동유적 225
어린이박물관 180
영릉 393
오상리고인돌군 295
용미리 마애이불입상 334
용산신학교 182
용주사 260
우정총국 98
운현궁 96
윤관유적지 333
융·건릉 261
임진각 평화누리공원 315

ㅈ

자운사원 317
장경사 387
장정리5층석탑 293
장정리 석조여래입상 292
장충단공원 145
전곡리유적 339
전등사 277
전쟁기념관 181
조계사 99
종묘 77
중명전 118

ㅊ

창경궁 50
창덕궁 31
청룡사 427
초지진 278
칠장사 423

ㅌㅍ

탑골공원 94
태·강릉 368
파사성 410
파주삼릉 332
풍납토성 236

ㅎ

한성백제박물관 240
행주산성 297
헌·인릉 222
현절사 386
혜화문 196
홍유릉 370
화성행궁 258
환구단 121
흥국사 337
흥인지문 194

N서울타워 156

우리 아이
역사 여행

2014년 4월 1일 초판 2쇄 인쇄
2014년 4월 11일 초판 2쇄 발행

지은이 | 이형준
발행인 | 이원주

발행처 | (주)시공사
출판등록 | 1989년 5월 10일 (제3-248호)

주소 | 서울시 서초구 사임당로 82 (우편번호 137-878)
전화 | 편집 (02)2046-2847 · 영업 (02)2046-2800
팩스 | 편집 (02)585-1755 · 영업 (02)588-0835
홈페이지 | www.sigongsa.com

ISBN 978-89-527-7012-7

본서의 내용을 무단 복제하는 것은 저작권법에 의해 금지되어 있습니다.
파본이나 잘못된 책은 구입하신 서점에서 교환해 드립니다.
값은 뒤표지에 있습니다.